DER RICHTIGE START IN DEN TAG

DER RICHTIGE START IN DEN TAG

ANDACHTEN FÜR JEDEN MORGEN

JOYCE MEYER

Titel der Originalausgabe: Starting your day right
Originalverlag: FaithWords Hachette Book Group, New York, U.S.A.

Joyce Meyer Ministries GmbH
Postfach 76 10 01
22060 Hamburg
www.joyce-meyer.de
Tel. +49 (0) 40/88 88 4 11 11

ISBN 978-3-939627-32-6

Bestellungen bitte an die oben stehende Adresse richten.

3. überarbeitete Auflage, März 2012

Verwendete Bibelausgaben:
SLT: *Schlachter Bibel* © 2000 Genfer Bibelgesellschaft. Wiedergegeben mit freundlicher Genehmigung. Alle Rechte vorbehalten.
NGÜ: *Neue Genfer Übersetzung* © 2009 Genfer Bibelgesellschaft, CH-1204 Genf.
EU: *Einheitsübersetzung der Heiligen Schrift* © 1980 Katholische Bibelanstalt, Stuttgart.
ELB: *Elberfelder Bibel* © 1985/1991/2006 SCM R.Brockhaus im SCM-Verlag GmbH und Co. KG, Witten.
AMP: *The Amplified Bible* © 1954, 1962, 1965, 1987 by The Lockman Foundation.

Übersetzung: Ewald und Amber Sutter, Reimer Dietze, Thomas Ruchelka
Umschlag: Sebastian Tobies
Satz: Satz & Medien Wieser, Stolberg
Druck und Verarbeitung: CPI books GmbH, Ulm

Nur auf Gott wartet still meine Seele;
denn von ihm kommt meine Hoffnung.
Psalm 62,6 (SLT)

Einleitung

Gott möchte, dass Sie Ihr Leben genießen. Jesus sagte: »Ich bin gekommen, damit sie das Leben haben *und* genießen und es im Überfluss haben (in Fülle, bis es überfließt)« (Johannes 10,10). Ihr Alltag kann mit überfließender Freude, die auch auf das Leben anderer Einfluss nimmt, erfüllt sein. Sie können diese Freude den ganzen Tag über erfahren, wenn Sie lernen Ihren Tag richtig zu beginnen - indem Sie Zeit mit Gott verbringen, sein Wort lesen, beten, und auf seine Führung hören.

Jeden Morgen auf Gott zu hören, erfüllt Sie mit Erwartung und Wohlwollen für einen besseren Tag, und diese Tage addieren sich zu einem besseren Leben. Der Herr möchte, dass Sie ihn immer in Ihrem Blickfeld behalten, damit Sie ihm folgen können. Er ist bereit, Sie morgens aufzuwecken und Ihre Ohren für seine Anweisungen zu öffnen. Wenn Sie ihn mit Ihrem ganzen Herzen suchen, wird er Ihre Kraft erneuern und Ihre Wege frei machen (siehe Jesaja 40,31; Sprüche 3,6).

Ich habe dieses Buch* geschrieben, um Sie daran zu erinnern, welche Vorteile es hat, wenn man seinen Tag mit Gott beginnt. Es wurde nicht geschrieben, um

Ihre persönliche Zeit mit ihm zu ersetzen, sondern um sie zu erweitern und um Sie zu Ihrer eigenen täglichen Begegnung mit Gott zu führen, sodass Sie jeden Tag Ihres Lebens genießen werden. Er wird Ihnen helfen, zu lernen, ausgeglichener zu sein, Selbstbeherrschung zu erlangen und ein Leben zu führen, das einen positiven Einfluss auf andere hat. Ich ermutige Sie, früh an jedem Morgen Gott zu suchen und darauf zu warten, dass er Ihnen die Richtung für den kommenden Tag in Ihren Geist festschreibt. Gott wird Ihr Herz mit Wissen erfüllen, das Sie zur richtigen Zeit erleuchten wird. Sobald Sie einmal die Stärkung erfahren, die es Ihnen bringt, wenn Ihr Tag mit Gott beginnt, werden Sie nie wieder einen Tag ohne ihn beginnen wollen.

Der richtige Start in den Tag

Beginnen Sie Ihren Tag richtig

So oft ich aber sprach: »Mein Fuß ist wankend geworden!«, hat deine Gnade, o Herr, mich gestützt.
PSALM 94,18 (SLT)

Es scheint, dass manche Menschen »mit dem falschen Fuß aufstehen«. Es geht ihnen gut, wenn sie aufwachen, aber sobald irgendetwas schiefgeht, verlieren sie ihr Gleichgewicht und gehen mit gesenktem Kopf durch den Rest des Tages. Es macht den Anschein, als könnten sie nicht mehr aufholen, sobald sie einmal schlecht gestartet sind.

Wenn uns früh morgens jemand beleidigt, kann uns unser Ärger den ganzen Tag in Verteidigungsstellung halten. Wenn wir den Tag hektisch beginnen, scheinen wir uns nicht mehr beruhigen zu können. Aber heute können unsere Füße fest in Gottes Wort verwurzelt werden. Es gibt keine »miesen Tage«, wenn Gottes Wort uns unterstützt, stärkt und leitet.

Stehen Sie auf und setzen Sie sich in Bewegung

Ich bin müde vom Seufzen; ich schwemme mein Bett die ganze Nacht, benetze mein Lager mit meinen Tränen … Weicht von mir, ihr Übeltäter alle; denn der Herr hat die Stimme meines Weinens gehört!

PSALM 6,7.9 (SLT)

Noch bevor wir völlig wach geworden sind, bietet sich Satan an, uns zu täuschen und ist bereit, uns vernichtende Gedanken in den Kopf zu setzen. Er will, dass wir hoffnungslos, ohne Glauben und negativ sind. Er will auf keinen Fall, dass wir positiv sind, wenn wir morgens aufstehen. Er will, dass wir schlechte Laune haben, selbstsüchtig und voller Hass, Bitterkeit, Verachtung, Zweifel, Unglaube und Furcht sind - und auf jeden um uns herum wütend.

Aber, Dank sei Gott, durch Jesus Christus wurden wir von all diesen negativen Mustern erlöst. Wir können dem Teufel widerstehen und auf Gottes Macht vertrauen, die uns befähigt, heute siegreich zu leben.

Bleiben Sie mit Gott in Verbindung

Wohl dem (fröhlich, glücklich, erfolgreich und beneidenswert ist), der nicht wandelt und lebt nach dem Rat der Gottlosen [ihrem Rat, ihren Plänen und Zwecken folgend] ... sondern seine Lust und Freude hat am Gesetz des Herrn und über sein Gesetz (den Vorschriften, Anweisungen und Lehren Gottes) nachsinnt (sinniert und es studiert) Tag und Nacht.

PSALM 1,1-2 (SLT, AMP)

Bleiben Sie heute mit Gott in Verbindung; bleiben Sie hellhörig auf seine Stimme. Es mag sein, dass Sie einen Plan für den Tag haben, aber vielleicht führt Sie Gott in eine völlig andere Richtung, wenn Sie gegenüber dem Heiligen Geist empfänglich sind. Seien Sie mutig genug, mit dem zu fließen, wovon Sie in Ihrem Herzen fühlen, dass Gott möchte, dass Sie es tun.

Heute wird ein guter Tag werden. Hören Sie auf die Stimme Gottes, die Sie leiten wird. Seien Sie entschlossen, im Geist zu wandeln und bleiben Sie heute im Fluss von Gottes Führung.

Meiden Sie die »Schleuderer«

O Gott, du bist mein Gott; früh suche ich dich! Meine Seele dürstet nach dir … in einem dürren, lechzenden Land ohne Wasser, dass ich deine Macht und Herrlichkeit sehen darf, gleichwie ich dich schaute im Heiligtum. Denn deine Gnade ist besser als Leben; meine Lippen sollen dich rühmen.

PSALM 63,2-4 (SLT)

In der Bibel gab es Menschen, die »Schleuderer« genannt wurden. Diese besiegten ihre Feinde, indem sie Steine schleuderten und Dreck in ihre Brunnen warfen und damit die lebenswichtigen Wasserquellen verseuchten (siehe 2. Könige 3,25). Wir alle kennen Personen, die mit Anschuldigungen, Verurteilungen, Kritik und Nörgeleien auf andere einwerfen. Wir wollen sicherlich keine »Schleuderer« in unserem Leben, und wir wollen auch selber nicht zu »Schleuderern« werden.

Seien Sie kein »Schleuderer«, der Ihren eigenen Glauben und den Glauben der Menschen um Sie herum verseucht. Mit Gott Zeit zu verbringen, wird Sie mit »lebendigem Wasser« erfüllen (siehe Johannes 7,38). Sie werden auferbaut werden und den ganzen Tag über eine Quelle der Ermutigung für andere sein.

Kommen Sie in den Fluss

Mit dem Strom deiner Wonne tränkst du sie. Denn bei dir ist die Quelle des Lebens, in deinem Licht schauen wir das Licht! Erweise deine Gnade auch weiterhin denen, die dich kennen, und deine Gerechtigkeit (Errettung) denen, die aufrichtigen Herzens sind!

PSALM 36,9-11 (SLT, AMP)

Ich bin nie eine großartige Schwimmerin gewesen. Ich mag nicht sehr gut gegen den Strom schwimmen können, aber ich kann mich über Wasser halten. Es ist wunderbar, dem Wasser zu vertrauen, dass es uns tragen und mit der Strömung mitziehen kann. Wir können Gott vertrauen, dass er uns sicher in den Stromschnellen über Wasser halten und uns zu stillen Gewässern tragen wird.

Die Bibel sagt, Gottes Barmherzigkeit und Güte sind »jeden Morgen neu« (siehe Klagelieder 3,22-23). Seine Barmherzigkeit ist nicht nur einfach da und wartet auf uns; sie ist an jedem neuen Tag *neu*, frisch, fließend und voller Kraft. Wir müssen in die Strömung von Gottes Fluss des Lebens früh an jedem Morgen eintauchen und lernen, uns von der Kraft seiner Gegenwart tragen zu lassen.

Ruhen Sie sich aus

Ich aber werde dein Angesicht schauen in Gerechtigkeit (Richtigkeit, Recht und rechtem Stand dir gegenüber); ich werde völlig gesättigt sein, wenn ich erwache und deinen Anblick schaue [und mit dir liebliche Gemeinschaft verbringe].

PSALM 17,15 (SLT, AMP)

Jeden Abend geht die Sonne über all unseren Problemen und begangenen Fehlern unter. Aber etwas Wundersames geschieht während wir schlafen - der Herr schenkt uns physische, geistige und emotionale Ruhe. Wir sind erneuert und neu gekräftigt, dem nächsten Tag entgegenzutreten.

Heute mögen wir mit denselben Problemen aufwachen, mit denen wir gestern eingeschlafen sind - Problemen, mit denen wir glaubten nicht mehr fertig werden zu können. Aber irgendwie stellen wir heute fest, nach genügend Ruhe und Schlaf, *ich schaffe das; ich kann dem Problem heute wieder entgegentreten.* Gott verspricht, unsere Kraft zu erneuern, wenn wir in ihm ruhen.

Freuen Sie sich heute

Es freue sich das Herz derer, die den Herrn suchen. Fragt nach dem Herrn und nach seiner Macht; sucht und sehnt euch nach seinem Angesicht und seiner Gegenwart allezeit. Gedenkt [ernsthaft] seiner Wunderwerke, die er getan hat, seiner Wunderzeichen und der Urteilssprüche seines Mundes!

1. CHRONIK 16,10-12 (SLT, AMP)

Vielen Menschen ist nicht bewusst, wie wichtig der Morgen ist, besonders die ersten Momente, in denen wir wach sind. Gott lässt die Sonne für uns aufgehen. Er freut sich darauf, dass wir aufwachen und wieder mit ihm reden.

David, der Psalmist, hat viel über den Morgen geredet. Er sagte: »Dies ist der Tag, den der Herr gemacht hat; wir wollen jubeln und uns an ihm freuen« (siehe Psalm 118,24; EU). David *fühlte* sich nicht immer danach, sich zu freuen, aber er *entschloss* sich, sich an Gottes neuem Tag zu erfreuen.

Sobald Sie aufstehen, sehen Sie sich im Spiegel an, lächeln Sie und sagen: »Ich werde einen guten Tag haben, weil Jesus mich liebt.«

Beginnen Sie freudig

Ich weiß, mein Gott, dass du die Herzen prüfst und an Aufrichtigkeit Gefallen hast. Mit aufrichtigem Herzen habe ich dies alles gegeben und ich habe mit Freuden gesehen, wie auch dein Volk, das sich hier eingefunden hat, dir willig spendet. Herr ... erhalte diese Gesinnung für immer im Herzen deines Volkes! Lenke sein Herz auf dich!

1. CHRONIK 29,17-18 (EU)

Mein Mann scheint immer fröhlich zu sein. Fünf Minuten nach dem Aufwachen summt und singt Dave schon, oder er hört sich Musik an, während er sich für den Tag fertig macht. Vor ein paar Jahren noch wollte ich am Morgen keine Musik hören. Ich wollte kein Singen, kein Summen oder sonst irgendein Geräusch hören. Ich wollte Stille haben, um denken zu können.

Heute brauche ich am Morgen immer noch ein wenig mehr Stille als Dave. Aber wir haben beide den Weg gefunden, wie wir unseren Tag richtig beginnen können. Wir richten unser Herz und unseren Verstand darauf aus, Gott zu folgen. Und es funktioniert.

Hören Sie auf sein Ziel

Wer ist der Mann, der den Herrn ehrerbietig fürchtet und anbetet? Ihm weist er den Weg, den er wählen soll. Er selber wird in Ruhe und Behaglichkeit wohnen ... Das Geheimnis [der lieblichen und zufriedenstellenden Gemeinschaft] des Herrn ist für die, die ihn fürchten (verehren und anbeten).

PSALM 25,12-14 (AMP)

Es ist Gott, der uns jeden Morgen aufweckt. Wenn er uns nicht über Nacht am Leben erhalten würde, würde es keinerlei Bedeutung haben, welchen Wecker wir haben! Der Prophet sagte: »Er weckt mich, ja Morgen für Morgen weckt er mir das Ohr, damit ich höre, wie Jünger hören« (siehe Jesaja 50,4; ELB).

Noch bevor Sie aus dem Bett aufstehen, hören Sie darauf, was Gott Ihnen zu sagen hat. Es wird ein guter Tag werden, wenn Sie ihn mit einem wachsamen Ohr beginnen und sich Zeit nehmen, ihn zu hören. Gott ist begierig darauf, Ihnen den Plan für heute zu offenbaren.

Erwarten Sie etwas Neues

Herr, in der Frühe wirst du meine Stimme hören; in der Frühe werde ich dir zu Befehl sein und Ausschau halten.

PSALM 5,4 (SLT)

Wenn Sie jeden Morgen aufstehen und immer genau das Gleiche tun, kann es sein, dass Sie nach einem Monat ziemlich gelangweilt davon sind. Aber gleich nach dem Aufwachen Gott zu suchen, wird nie langweilig werden. Er wird immer eine neue Offenbarung für Sie bereit haben.

Bleiben Sie in einer Erwartungshaltung, indem Sie immer mal etwas anderes während Ihrer Zeit mit Gott machen. Sie könnten an einem Morgen singen, um den Herrn zu preisen, an einem anderen christliche Musik hören, am dritten Morgen Gottes Wort lesen und am darauffolgenden Morgen in seiner Gegenwart verweilen und sein Wort bekennen. Lassen Sie sich vom Heiligen Geist leiten, während Sie lernen, es zu genießen, Ihren Tag mit Gott zu beginnen.

Entwickeln Sie gottgefällige Gewohnheiten

So nehmt euch nun diese meine Worte zu Herzen und in eure Seele ... indem ihr davon redet, wenn du in deinem Haus sitzt oder auf dem Weg gehst, wenn du dich niederlegst und wenn du aufstehst. Und schreibe sie auf die Pfosten deines Hauses und an deine Tore.

5. MOSE 11,18-20 (SLT)

Jeden Tag auf Gottes Führung zu warten ist etwas, zu dem Sie sich am Anfang vielleicht *zwingen* müssen, aber mit ein wenig Übung wird es ganz natürlich für Sie werden, Ihren Tag auf diese Weise zu beginnen. Neue Gewohnheiten entwickeln sich, indem man beständig ist. Bald schon werden Sie sich ein Leben, in dem Sie nicht jeden Morgen Gott suchen, gar nicht mehr vorstellen können.

Gott befahl seinem Volk immer, aufzuschreiben, wenn sie sich an etwas erinnern sollten. Vielleicht müssen Sie Notizzettel, die Sie daran erinnern, Gott zu suchen, im ganzen Haus verteilen, um Ihr neues Vorhaben in die Tat umzusetzen.

Sehnen Sie sich nach Gottes Gegenwart

Meine Seele verlangt nach dir [o Herr] in der Nacht; ja, mein Geist in mir sucht dich ernsthaft; denn [erst] sobald deine Gerichte die Erde treffen, lernen die Bewohner des Erdkreises Gerechtigkeit (Aufrichtigkeit und rechten Stand mit Gott).

JESAJA 26,9 (SLT, AMP)

Wenn wir hungrig genug sind, besorgen wir uns etwas zu essen. Und wenn wir nichts zu essen bekommen bevor wir das Haus verlassen, fahren wir zu einem Fast-Food-Restaurant und nehmen etwas mit. Oder wir lassen uns von einem Lieferservice etwas zu essen bringen.

Wenn wir nach Gott hungrig genug sind, finden wir auch einen Weg, in seine Gegenwart zu kommen. Wir sollten *so hungrig* nach der Gegenwart Gottes sein, dass wir auf keinen Fall das Haus verlassen oder irgendein Projekt in Angriff nehmen, bevor wir nicht etwas Zeit mit ihm verbracht haben.

Seien Sie nicht zu beschäftigt

Gnadenbeweise und liebevolle Güte des Herrn sind's, dass wir nicht gänzlich aufgerieben wurden, denn seine [zärtliche] Barmherzigkeit geht nicht zu Ende; sie ist jeden Morgen neu, und deine Beständigkeit und Treue ist groß und reichlich!

KLAGELIEDER 3,22-23 (SLT, AMP)

Wenn wir zu beschäftigt sind, um Zeit mit Gott zu verbringen, dann sind wir wirklich zu beschäftigt, und wir arbeiten in unserem Leben auf ein Desaster hin. Wir müssen Gott bitten, uns zu zeigen, welche Dinge wir in unserem Leben loswerden können, die keinerlei Früchte tragen.

Gott sagt in seinem Wort: »›Wach auf, du Schläfer, und steh auf von den Toten! Dann wird Christus sein Licht über dir leuchten lassen.‹ Gebt also sorgfältig darauf Acht, wie ihr lebt ... Macht den bestmöglichen Gebrauch von eurer Zeit, gerade weil wir in einer schlimmen Zeit leben« (Epheser 5,14-16; NGÜ). Gott möchte, dass wir in der Kraft seiner Macht stark und stets mit dem Heiligen Geist erfüllt sind.

Beten und hören Sie

Lass mich früh deine Gnade hören, denn auf dich stütze ich mich und auf dich vertraue ich! Lass mich den Weg erkennen, auf dem ich gehen soll; denn zu dir erhebe ich meine Seele.

PSALM 143,8 (SLT, AMP)

Wir müssen beten und dann innehalten und hören. Manchmal können wir Gott als eine leise, kleine Stimme tief aus unserem Herzen hören. Oftmals wird Gott durch unser inneres Zeugnis sprechen, sodass wir die Wahrheit »einfach wissen« und sie uns freisetzt. Plötzlich wissen wir, was wir tun sollen und was nicht.

König David hatte viel darüber zu sagen, Gott am Morgen zu suchen. Er betete am Morgen und wachte und wartete darauf, dass Gott zu seinem Herzen sprach. Ich finde es schön zu wissen, dass sich Gott unsere Gebete anhört. Genauso mag er es auch, wenn wir auf seine Antworten hören.

Nutzen Sie, was Sie bereits wissen

Sättige uns am Morgen mit deiner Gnade, so werden wir jubeln und uns freuen in allen unseren Tagen.
PSALM 90,14 (ELB)

Beten Sie heute Morgen: »Herr, ich warte darauf, dass du mich führst.« Während Sie den Herrn ehren, indem Sie mit wachsamen Ohren auf seine Antwort warten, kann es sein, dass Sie sofort hören, wie er etwas Spezifisches zu Ihnen sagt. Es könnte Ihnen vorkommen, als ob er Wegweisung für diesen Tag direkt in Ihren Geist schreibt. Vielleicht versucht der Teufel Ihnen weiszumachen, dass es nicht wirklich Gott war, der zu Ihnen gesprochen hat. Oder Satan könnte Ihnen, während Sie darauf warten, von Gott zu hören, einflüstern, dass Sie Ihre Zeit verschwenden.

Es ist wichtig, die Wahrheit von Gottes Wort zu kennen, damit Ihnen die Führung, die Gott in Ihr Herz sät, nicht durch Zweifel weggeschnappt wird. Vielleicht zeigt Ihnen Gott nicht den kompletten Ablaufplan für den kommenden Tag, aber er *wird* Ihren Weg ebnen, wenn Sie ihn auf all Ihren Wegen anerkennen (siehe Sprüche 3,6).

Seien Sie fröhlich

Der Herr ist meine Stärke und mein Lied, und er wurde mir zum Heil. Stimmen des Jubels und des Heils ertönen in den Zelten der Gerechten: Die Rechte des Herrn hat den Sieg errungen!

PSALM 118,14-15 (SLT)

Fröhlichkeit ist das Ergebnis einer radikalen, den Rahmen sprengenden Beziehung mit Gott. Wenn wir im Sieg wandeln wollen, dann müssen wir etwas Zeit in unsere Beziehung mit dem Herrn investieren. Es gibt über seinen Plan für uns viel zu entdecken.

Unsere Zufriedenheit wird nicht von Dauer sein, wenn wir Gott nicht gehorchen und ihn nicht mit ganzem Herzen suchen. Gott will, dass wir wirklich mit ihm sprechen und auf seine Antworten achtgeben. Verbringen Sie heute Morgen genug Zeit mit ihm, um den ganzen Tag lang im Sieg zu wandeln.

Verschenken Sie Qualitätszeit

Ich sage aber: Wandelt und lebt [ständig] im [Heiligen] Geist [auf ihn eingehend und von ihm kontrolliert und vom Geist geführt], so werdet ihr die Lust des Fleisches (der menschlichen Natur ohne Gott) nicht vollbringen.
GALATER 5,16 (SLT, AMP)

Viele Gläubige dienen Gott mit ihrer Zeit, aber verpassen es, Qualitätszeit in seiner Gegenwart zu verbringen. Gott möchte, dass wir in ihm *bleiben*, nicht nur gelegentlich vorbeischauen. Jesus sagte: »Wenn ihr in meinem Wort bleibt [an meinen Lehren festhaltet und danach lebt], so seid ihr wahrhaftig meine Jünger« (siehe Johannes 8,31).

Jesus wird in Ihrem Herzen tatsächlich verweilen, sich niederlassen, bleiben und dauerhaft Wohnung nehmen! Seine Gegenwart wird bewirken, dass Sie tief in der Liebe verwurzelt werden, dadurch seine Liebe begreifen können und durch und durch mit der Fülle Gottes erfüllt werden (siehe Epheser 3,17-19).

Empfangen Sie im Glauben

Ich bitte dich, wenn ich Gnade gefunden habe vor deinen Augen, so lass mich doch nun deine Wege wissen, dass ich dich erkenne [beständig immer tiefer und intimer mit dir bekannt werde, immer stärker und deutlicher wahrnehmend und erkennend und verstehend], damit ich Gnade finde vor deinen Augen ... Und der Herr sprach: Meine Gegenwart wird mit dir gehen und ich werde dir Ruhe geben.

2. MOSE 33,13-14 (AMP)

Alles was wir von Gott empfangen, wird durch den Glauben empfangen. Wenn Sie darauf warten, dass er zu Ihrem Herzen spricht, glauben Sie einfach, dass er zu Ihnen sprechen *wird*, auch wenn Sie nicht gleich etwas hören.

Glauben Sie, dass Sie erwarten können, seine Hand den ganzen Tag lang in Ihrem Leben wirken zu sehen, weil Sie ihn anerkannt haben. Machen Sie dann den nächsten Schritt nach vorne, wissend, dass er Sie auf dem rechten Weg führen wird, weil Sie ihn darum gebeten haben. Es ist eine der größten Freuden im Leben, zusehen zu können, wie Gottes Gunst in unserem Leben wirkt.

Jagen Sie dem Segen nicht nach

Wohl denen, die du erwählst und in deine Nähe holst, die in den Vorhöfen deines Heiligtums wohnen. Wir wollen uns am Gut deines Hauses sättigen, am Gut deines Tempels.

PSALM 65,5 (EU)

Statt dem Segen nachzujagen, müssen wir Gott nachjagen. Wenn wir Gott nachjagen, wird er uns mit Segen nachjagen. Das ist ein Grund, warum das Königreich Gottes manchmal als »umgekehrt funktionierendes Königreich« bezeichnet wird.

Gottes Wirtschaft funktioniert nicht so, wie wir es erwarten würden. Erstes ist Letztes und Letztes ist Erstes. Wenn wir mehr haben wollen, müssen wir etwas von dem, was wir bereits haben, hergeben. Um in Gottes Königreich groß zu sein, müssen wir den Nöten anderer dienend begegnen. Und wenn wir Segen empfangen wollen, müssen wir unsere Gedanken davon abwenden. Gott weiß, was wir wollen und was wir brauchen. Er will uns Segnungen schenken, um die wir noch nicht einmal gebeten haben.

Fallen Sie nicht auseinander

Doch er sagte zu mir: Lass dir an meiner Gnade (meiner Gunst und liebevollen Güte und Barmherzigkeit) genügen [sie ist für dich im Angesicht jeglicher Gefahr ausreichend und befähigt dich, die Last mit Würde zu tragen], denn meine Stärke und Kraft wird vollkommen gemacht (erfüllt und vervollständigt) und zeigt sich am effektivsten in [deiner] Schwachheit.

2. KORINTHER 12,9 (AMP)

Brechen Sie auf und verbringen Sie Zeit mit Gott, bevor Sie auseinanderbrechen. Egal wie stark und gesund Sie sind, egal wie alt Sie sind, egal was Sie zu wissen meinen, ohne Gott werden Sie matt und müde werden.

Gott wird nicht müde und das Wort sagt, er gibt Kraft den ohnmächtig *und* matt Gewordenen und gibt jenen Stärke, die keine Kraft mehr haben. Diejenigen aber, die auf den Herrn harren, die ihn erwarten, suchen und auf ihn hoffen, werden in ihrer Kraft erneuert werden (siehe Jesaja 40,29-31). Gott möchte Ihre Kraft vermehren. Nehmen Sie sich immer dann mit ihm alleine Zeit, wenn Sie neue Kraft benötigen.

Warten Sie auf den Herrn

Befolge die Anordnungen des Herrn, deines Gottes, dass du in seinen Wegen wandelst, seine Satzungen, seine Gebote, seine Rechte und seine Zeugnisse hältst, wie es im Gesetz Moses geschrieben steht, damit du Gelingen hast in allem, was du tust und wohin du dich wendest.
1. KÖNIGE 2,3 (SLT)

Warten Sie auf den Herrn, wenn Sie beten. Das bedeutet, ihn zu suchen, zu erwarten und auf Gott zu hoffen. Dies ist kein passiver Geisteszustand, sondern ein erwartungsvoller.

Sagen Sie zu ihm: »Gott, meine Hoffnung ist in dir. Ich glaube, dass du an meinen Problemen arbeitest. Ich glaube, dass du meinen Tag vorbereitest. Du postierst Engel überall, wo ich hingehe, den kompletten Weg entlang, von dem du bereits weißt, dass ich ihn heute gehen werde. Danke Herr, dass du ein Pionier bist, der mir bereits vorausgegangen ist und den Weg bereitet hat, damit ich heute einen gesegneten Tag habe.«

Herr, was kommt als Nächstes?

Zeige mir, Herr, deine Wege, lehre mich deine Pfade! Führe mich in deiner Treue und lehre mich; denn du bist der Gott meines Heiles. Auf dich hoffe ich allezeit.

PSALM 25,4-5 (EU)

Beginnen Sie Ihren Tag mit den Worten: »Ich freue mich auf diesen Tag, Gott. Ich kann es kaum erwarten zu sehen, was du tun wirst. Ich glaube, dass du mich erhalten, mir helfen, mich segnen und mir Gunst erweisen wirst. Ich liebe dich, Vater. Ich warte auf dich, Herr und ich höre auf dich.«

Bitten Sie Gott, alles in Ihren Geist zu legen, von dem er möchte, dass Sie es wissen. Bitten Sie ihn, Ihnen zu zeigen, was kommen wird und was Sie tun sollen (siehe Johannes 16,13). Er wird Ihnen den Weg weisen und Sie werden vieles haben, wofür Sie ihn heute preisen können.

Lassen Sie sich erneuern

Gott hat erwählt ... das Schwache der Welt, um das Starke zuschanden zu machen. Und Gott hat auch erwählt (mit Absicht ausgesucht) das Unedle der Welt und das Unbedeutende und Gebrandmarkte und mit Abscheu behandelte, sogar das, was nichts ist, damit er entthrone und zunichtemache, was etwas ist, damit sich vor ihm kein sterblicher Mensch rühme [in der Annahme von Herrlichkeit].

1. KORINTHER 1,27-29 (AMP)

Wenn Sie schwach im Glauben, im Verstand, im Körper, in Disziplin, in Selbstbeherrschung oder in Entschlossenheit sind, warten Sie einfach auf Gott. Er wird in Ihrer Schwachheit stark sein.

Jesaja 40,31 lehrt, dass Sie verändert *und* in Kraft *und* Stärke erneuert werden, wenn Sie Gott erwarten, nach ihm Ausschau halten und auf ihn hoffen; sie werden laufen und nicht ohnmächtig *oder* müde werden. Die Bibel sagt nicht »hoffentlich, vermutlich oder wahrscheinlich«; sie verkündet, dass Sie *ohne Zweifel* erneuert *werden*.

Er wird Sie belohnen

So tut nun Buße (ändert eure Meinung und euren Sinn); kehrt um und bekehrt euch [zu Gott], dass eure Sünden ausgetilgt (ausradiert, weggewischt) werden, damit Zeiten der Erquickung (der Erfrischung nach der Hitze, des Belebens mit frischer Luft) vom Angesicht des Herrn kommen.

APOSTELGESCHICHTE 3,19 (SLT, AMP)

Erfolgsprinzipien werden in Ihrem Leben nicht ausreichen, wenn Sie nicht Zeit mit Gott verbringen und seinem Heiligen Geist erlauben, Ihr Ratgeber zu sein und Ihnen Offenbarung und Verständnis darüber zu schenken, was an jedem Tag zu tun ist. Wenn Sie aber in Gottes Plan fließen, werden Sie lernen, nicht mehr ständig herausfinden zu wollen, wie alles wohl zu Ihrem Besten zusammenwirken wird.

Lernen Sie, immer Gottes Angesicht und nicht seine Hand zu suchen. Halten Sie dann Ihre Hände offen und seien Sie bereit, von ihm zu empfangen. Gott ist gut; Sie können dem vertrauen, was er Ihnen als Aufgabe ins Herz legt.

Investieren Sie in jemanden

Der Gottlose borgt und zahlt nicht zurück [denn er könnte unfähig sein]; der [kompromisslose] Gerechte aber ist gütig und gibt [denn er ist fähig].

PSALM 37,21 (ELB, AMP)

Gehen Sie heute das Risiko ein, in das Leben eines anderen hineinzuinvestieren, vor allem wenn Gott Ihnen dies aufträgt. Es kann passieren, dass Sie jemandem etwas Wertvolles geben und im Nachhinein erfahren, dass diese Person das Geschenk verprasste, wie sie es in der Vergangenheit auch schon immer getan hat. Aber erinnern Sie sich daran, dass Gott in Sie investiert hat, und er möchte, dass Sie bereit sind, ebenfalls in jemand anderen zu investieren.

Jesus ist gestorben um *jedem* eine Chance zu geben. Nicht jeder nimmt diese Gelegenheit wahr, die er uns vorgelegt hat, aber wir alle haben die gleiche Chance, ein überfließendes Leben zu genießen. Wenn Sie jemandem helfen und diese Person damit falsch umgeht, ist das eine Sache zwischen ihr und Gott. Danken Sie, dass Sie in der Lage sind zu geben, und tun Sie dann, was auch immer Gott Ihnen zu tun aufträgt.

Gott wird Sie bewahren

[Was mich betrifft] bin ich elend und arm, doch der Herr gedenkt meiner und macht für mich Pläne. Du bist meine Hilfe und mein Retter. O mein Gott, säume nicht!
PSALM 40,18 (AMP)

Gott hat für jeden Einzelnen von uns einen Plan und die guten Dinge, die uns widerfahren, geschehen nicht zufällig. Alle guten und vollkommenen Gaben kommen von Gott (siehe Jakobus 1,17). Es ist aufregend, eine Beziehung mit Gott zu haben, wenn wir uns bewusst werden, dass er uns sanft zu seinem Segen hinleitet und führt.

Wenn Gott zu Ihnen spricht und Sie es das erste Mal nicht verstehen sollten, wird er Ihnen erneut eine Gelegenheit geben und Sie immer weiter lehren, bis Sie ganz sicher sind, welchen Weg Sie einschlagen sollen. Jesus ist gekommen, die Verlorenen zu suchen und zu erretten (siehe Lukas 19,10). Das bedeutet, dass er Sie finden wird, falls Sie vom Weg abkommen sollten.

Lieben Sie zuerst Gott

Kommt und seht die Taten Gottes! Staunenswert ist sein Tun an den Menschen.

PSALM 66,5 (EU)

Unsere Aufmerksamkeit gilt zuallererst dem, was wir am meisten lieben. Gott möchte in unserem Leben an erster Stelle stehen (siehe 2. Mose 20,3). Jesus sprach: »Du sollst den Herrn, deinen Gott, lieben mit deinem ganzem Herzen und mit deiner ganzen Seele und mit deinem ganzen Verstand. Dies ist das größte und erste Gebot« (Matthäus 22,37-38; ELB).

Was würde in Ihrem Leben passieren, wenn Sie so darauf bedacht wären, Gott zu suchen, dass Sie einen Babysitter für Ihre Kinder engagieren, oder sogar einen Urlaubstag nutzen würden, nur um etwas Zeit mit dem Herrn verbringen zu können? Sie können es sich nicht leisten, *keine* Zeit mit Gott zu verbringen. Schenken Sie ihm Ihre volle Aufmerksamkeit und nehmen Sie sich vor, alles, was er für Sie tut, bewusst zu beobachten.

Bekennen Sie Gottes Versorgung

Nun noch ein Letztes: Lasst euch vom Herrn Kraft geben, lasst euch stärken durch seine gewaltige Macht!
EPHESER 6,10 (NGÜ)

Wenn Sie sich im Glauben schwach fühlen, bitten Sie Gott, Ihnen zu zeigen, wie Sie beten sollen. Die Bibel sagt in Judas 1,20-21 und 1. Korinther 14,2-4 deutlich, dass Sie sich selbst im heiligen Glauben auferbauen, wenn Sie im Heiligen Geist beten. Im Heiligen Geist beten bewirkt, dass Sie Fortschritte machen und seine Führung wird Sie bewahren und in Ihnen die Erwartung und Geduld erhalten, dass Gottes Barmherzigkeit Ihren Tag segnen wird.

Es gibt für niemanden eine Entschuldigung, in Zweifel und Unglauben zu ertrinken, da Gott uns doch seinen Geist gegeben hat, der uns im Gebet und durch Verweilen in seiner Gegenwart mit Glauben erfüllt. Beginnen Sie heute zu bekennen, was Ihnen durch Gott alles zuteilgeworden ist. Proklamieren Sie, dass Ihren Nöten bereits begegnet worden ist, weil das Wort es so sagt (siehe Philipper 4,19).

Behalten Sie Ihren Frieden

Fürchtet allein den Herrn und dient ihm treu, mit eurem ganzen Herzen; denn seht, wie mächtig er sich an euch erwiesen hat!

1. SAMUEL 12,24 (AMP)

Um Frieden zu haben, richten Sie Ihre Augen auf Gott. Ziehen Sie sich alleine zurück, um mit Gott Gemeinschaft zu haben. Und wenn Sie sich in Ihrem Schrank zwischen Ihre Schuhe setzen und Ihre Kleidung über Ihren Kopf hängen müssen, um dies zu erreichen, dann tun Sie das! Denken Sie dann an all das, was Gott für Sie getan hat.

Jesus sagte, dass wir uns in unser geheimstes Käm merlein zurückziehen sollen, wenn wir zum Vater beten, und er wird uns öffentlich für die Zeit, die wir mit ihm verbracht haben, belohnen (siehe Matthäus 6,6). Verpassen Sie nicht Gottes überfließenden Segen für Ihr Leben.

Bereiten Sie sich vor, andere zu lieben

Die Nacht ist vorgerückt, der Tag aber ist nahe. So lasst uns nun ablegen die Werke der Finsternis und anlegen die Waffen des Lichts!
RÖMER 13,12 (SLT)

Noch bevor Ihre Füße am Morgen den Boden berühren, ziehen Sie die ganze Waffenrüstung Gottes an, mit welcher Sie alle feurigen Pfeile des Feindes auslöschen können (siehe Epheser 6,13-17). Legen Sie den Gürtel der Wahrheit, den Brustpanzer der Gerechtigkeit und die Bereitschaft der Verkündigung des Evangeliums des Friedens an.

Lassen Sie sich Ihren Frieden am Morgen nicht vom Teufel rauben. Beginnen Sie mit Gott zu reden, sogar noch bevor Sie aufstehen. Sagen Sie zu ihm: »Ich liebe dich, Herr, und ich brauche heute deine Hilfe. Stärke mich bitte, damit ich in der Frucht des Geistes wandle. Hilf mir dabei, den ganzen Tag lang im Frieden zu wandeln. Hilf mir, meine Gedanken bei dir zu behalten, Herr.«

Genießen Sie unerschütterliches Vertrauen

In Frieden leg ich mich nieder und schlafe ein; denn du allein, Herr, lässt mich sorglos ruhen.
PSALM 4,9 (EU)

Manchen Menschen kommt es so vor, als ob ihr Leben ein emotionales Chaos wäre, obwohl sie ein Recht auf Stabilität hätten. Stabilität, Frieden und Kraft gibt es in der Gegenwart Gottes. Die Menschen brauchen nicht zuzulassen, dass sie von Gefühlen kontrolliert werden; sie können lernen, an dem geheimen Ort des Allerhöchsten zu verweilen.

Im Wort heißt es: »Wer an dem geheimen Ort des Höchsten sitzt, wird stabil *und* gefestigt unter dem Schatten des Allmächtigen bleiben [dessen Macht kein Widersacher widerstehen kann]. Ich sage über den Herrn: Er ist meine Zuflucht und meine Burg, mein Gott, auf den ich mich stütze *und* verlasse, *und* dem ich [zuversichtlich] vertraue!« (Psalm 91,1-2; AMP).

Deshalb sollten wir an dem Ort verweilen, an dem wir die Gegenwart des Allmächtigen erfahren.

Warten Sie zielgerichtet

Meine Seele [wie auch mein Leib] ist sehr erschrocken und beunruhigt; und du, Herr, wie lange [bis du zurückkehrst und mir Frieden zusprichst]? Kehre doch wieder zurück [zu meiner Erleichterung], Herr, rette mein Leben; rette mich um deiner beständigen Liebe und Gnade willen.

PSALM 6,4-5 (SLT, AMP)

Vermeiden Sie es, eine negative Einstellung zu bekommen, wenn Sie auf Ihre Umstände schauen. Warten Sie aktiv darauf, dass Gott Ihnen Kraft gibt, in der Frucht des Geistes zu wandeln (Galater 5,22-23). Warten Sie zielgerichtet, still darauf hörend, dass er spricht, begierig darauf zu sehen, dass er handelt.

Sagen Sie ihm: »Herr, ich empfange Kraft, dein Botschafter und dein Zeuge zu sein. Dein Wort sagt mir, dass ich diejenigen lieben soll, die mich misshandeln. Obwohl es schwierig ist, dies in die Tat umzusetzen, empfange ich die Kraft von dir, um heute liebevoll zu sein.«

Seien Sie dann auf die Gelegenheiten bedacht, gottgefällig zu handeln, so wie er Ihnen Kraft dazu gibt.

Ergreifen Sie die Initiative

Hab Erbarmen und sei mir gnädig! Gewähre deinem Knecht deine Stärke (Macht und Unbeugsamkeit gegenüber der Versuchung).
PSALM 86,16 (AMP)

Jesus warnte seine Jünger in Bezug auf das, was er durchzustehen hatte, weil er wusste, dass es für sie auch schwierig werden würde. Er sagte: »Betet, damit ihr nicht in Versuchung geratet« (siehe Matthäus 6,13; 26,41; EU). Er sagte nicht: »Wartet mit dem Beten bis ihr versucht *worden seid* oder bis ihr der Versuchung nachgegeben *habt* oder bis ihr bis zum Hals in Sünde und Perversion steckt!« Jesus lehrt uns, die Initiative zu ergreifen, was Webster (englisches Wörterbuch) definiert als »Handeln in weiser Voraussicht unter Berücksichtigung zukünftiger Probleme, Nöte oder Veränderungen.«

Viele der Israeliten waren schon von den Schlangenbissen getötet worden, bevor der Rest endlich sagte: »Bete für uns, Mose, denn wir haben gesündigt« (siehe 4. Mose 21,4-9). Sie hätten schon viel früher einsehen müssen, dass sie Gottes Hilfe brauchten! Warten Sie nicht, bis Sie in Schwierigkeiten stecken, bevor Sie Gott suchen. Bitten Sie ihn, Sie heute vor Verführung zur Sünde zu bewahren.

Erlauben Sie Gott, Sie zu stärken

Mein Leben löst sich auf und weint vor Kummer; richte mich auf und stärke mich nach [den Versprechen in] deinem Wort! Halte den Weg der Lüge und Untreue [dir gegenüber] fern von mir und begnadige mich mit deinem Gesetz!

PSALM 119,28-29 (SLT, AMP)

Es ist notwendig, dass wir tagtäglich gestärkt und erneuert werden. Wir brauchen physische, mentale und emotionale Stärkung. Wir müssen stark sein, damit wir nicht jedes Mal zusammenbrechen, wenn wir mit einer Situation konfrontiert werden, mit der wir nicht gerechnet haben.

Jesus ist derselbe gestern, heute und für immer und er erwartet von uns, dass wir in unserem Leben Stabilität entwickeln. Wir werden gestärkt und erneuert, indem wir von Gott Kraft schöpfen, unseren Glauben trainieren und indem wir tun, was er uns zu tun gibt.

Seien Sie zuversichtlich

Ich will dich von Herzen und voller Hingabe lieben, o Herr, meine Stärke! Der Herr ist mein Fels, meine Burg und mein Retter; mein Gott, meine kühne und feste Stärke, dem ich vertraue und in dem ich mich berge, mein Schild und das Horn meines Heils, meine sichere Festung.

PSALM 18,2-3 (AMP)

Gott kann uns dahingehend stärken, dass wir sogar *mitten in* schwierigen Zeiten Fortschritte machen. Der Psalmist sagt über Gott: »Er macht meine Füße denen der Hirsche gleich [in der Lage, sicher zu stehen *oder* auf den gefährlichen Höhen der Prüfungen und der Schwierigkeiten *vorwärtszukommen*] ... Du hast mich gegürtet mit Kraft zum Kampf« (Psalm 18,34.40; AMP - Hervorhebung durch die Autorin).

Kämpfe und Prüfungen sind nicht dazu da, dass wir unsere Stabilität verlieren. Es sind Gelegenheiten, in denen sich Gottes Stärke beweisen kann. Wir brauchen nicht in unserer Zuversicht zu wanken. Nichts wird uns heute davon abhalten vorwärtszukommen, weil Gott unsere Stärke ist.

Seien Sie stark

Der Herr ist meine Stärke und mein [undurchdringliches] Schild; auf ihn hat mein Herz vertraut, sich verlassen und zuversichtlich auf ihn gestützt, und mir wurde geholfen. Darum frohlockt mein Herz, und ich will ihm danken mit meinem Lied. Der Herr ist ihre [unbiegsame] Stärke und die rettende Festung [mir] seines Gesalbten.

PSALM 28,7-8 (SLT, AMP)

Wir können mit der Erwartung leben, total ausgelaugt zu sein, bevor wir uns überhaupt müde fühlen. Früher bin ich immer davon ausgegangen, dass ich nach meinen Konferenzen körperlich und geistig vollkommen erschöpft sein würde. Dann betete ich darum, dass Gott mir, so wie ich im Gehorsam ihm gegenüber Energie und Kraft investierte, auch Energie und Kraft zurückgeben würde.

Die Bibel sagt, dass Geben Säen bedeutet, woraufhin eine Ernte zu erwarten ist (Galater 6,7-10). Wenn wir unsere Kraft hergeben, werden wir Gottes Kraft ernten. Wir sollten eine Ernte der Kraft in unserem Leben erwarten, wenn wir dem Herrn dienen. Er wird uns heute mit Kraft salben, wenn wir dies von ihm erbitten.

Passen Sie sich an

Setzt allen Eifer daran [an die göttlichen Versprechen], bemüht euch durch Übung in eurem Glauben die Tugend (Vortrefflichkeit, Entschlossenheit, christliche Energie) zu entwickeln, und in [dem Ausüben] der Tugend [entwickelt] die Erkenntnis (Intelligenz).

2. PETRUS 1,5 (AMP)

Manchmal müssen wir unsere Lebensweise ein wenig anpassen, wenn wir weise sein wollen. Es könnte sein, dass wir zu zu viel Aktivität »Nein« sagen müssen. Hebräer 11,1 lehrt uns, dass Glauben die Gewissheit über etwas ist, das wir jetzt nicht sehen. Aber genau wie Gott können wir »dem rufen, was nicht ist, als wäre es da« (siehe Römer 4,17). Dieses geistliche Prinzip gilt im Negativen wie im Positiven. Also müssen wir vielleicht auch ein paar Veränderungen an dem vornehmen, was wir sagen.

Wenn es für Sie schwer ist, morgens aufzustehen, dann sagen Sie nicht: »Ich bin zu müde.« Entfernen Sie all das schwache, müde, jämmerliche, rückgratlose, aufgebende Gerede aus Ihrem Wortschatz. Sagen Sie stattdessen: »Weil der Herr meine Kraft ist, kann ich tun was immer ich heute auch tun muss.«

Gott wird Ihnen helfen

Der Herr wird seinem Volk [unnachgiebige und undurchdringliche] Kraft verleihen; der Herr wird sein Volk segnen mit Frieden!

PSALM 29,11 (SLT, AMP)

Gott zeigt mir in letzter Zeit, dass wir uns seiner gegenwärtigen Versorgungen jetzt bewusst sein müssen, nicht erst in der Zukunft. In Psalm 28,7 sagte David über Gott: »Mir wurde geholfen. Da jubelte mein Herz; ich will ihm danken mit meinem Lied« (EU). Er sagte nicht: »Mir *wird* geholfen *werden.*«

Warten Sie auf Gott, denn Gottes Hilfe wird Sie stärken, damit Sie sich den ganzen Tag lang auf gottgefällige Weise benehmen können, wenn Sie auf ihn vertrauen. Sogar während Sie darauf warten, dass Gottes Plan sich verwirklicht, kann sich Ihr Herz in seiner Gegenwart gewaltig erfreuen. Erzählen Sie jemandem von etwas Gutem, das Gott für Sie getan hat, und erleben Sie dann, wie er in der Gegenwart Ihres Lobes handelt.

Bringen Sie sich selbst als freiwilliges Opfer dar

Denn wir sind für Gott ein Wohlgeruch des Christus.
2. KORINTHER 2,15 (SLT)

Die Bibel sagt, dass Gottes Volk ihm jeden Morgen ein freiwilliges Opfer dargebracht hat. Sie alle hatten unterschiedliche Opfergaben, seien es Tiere, Getreide oder verschiedene Erntegaben (siehe 2. Mose 35). Gott möchte, dass wir ihm unser Leben in hingegebenem Dienst als Opfer darbringen.

Die Bibel sagt uns, dass Gott sich über unser Lobopfer freut (siehe Hebräer 13,15) und dass unsere Gebete als lieblich duftendes Opfer zu ihm emporsteigen. Er möchte, dass wir uns ihm jeden Morgen selbst darbringen und sagen: »Gott, hier bin ich; ich will ein lebendiges Opfer sein.«

Opfern Sie sich selbst zum Dienen

Gebt, dann wird auch euch gegeben werden. In reichem, vollem, gehäuftem, überfließendem Maß wird man euch beschenken; denn nach dem Maß, mit dem ihr messt und zuteilt, wird auch euch zugeteilt werden.

LUKAS 6,38 (EU)

Wissen Sie, was in Römer 12,1 gemeint ist, wenn es da heißt, dass wir uns selbst als lebendiges Opfer darbringen sollen? Es bedeutet, dass wir mit der Macht, dem Eifer und dem Enthusiasmus lebendig sein sollen, die jeder wiedergeborenen Person innewohnen sollten. Es bedeutet, dass wir von Jesus begeistert sein sollen. Wir sollen ihm unseren Mund, unsere Gedanken, unsere Worte, unsere Einstellung, unseren Leib, unsere Hände und unsere Füße opfern, damit er durch uns seinen Dienst vorantreiben kann.

Dies kann bedeuten, dass wir in unserem Leben nicht alles bekommen, was wir gerne hätten, doch Jesus sagt, dass wir alles, was wir um des Evangeliums Willen aufgeben, noch in diesem Leben hundertfältig zurückerhalten werden (siehe Markus 10,29-30). Genießen Sie Gottes Segen im Jetzt. Opfern Sie sich zum Dienst und beobachten Sie, wie der Segen zu Ihnen zurückkommt.

Bringen Sie ein Lobopfer dar

So erkenne denn heute und nimm dir zu Herzen, dass der HERR der alleinige Gott ist im Himmel oben und auf der Erde unten, keiner sonst!

5. MOSE 4,39 (ELB)

Gott zu preisen ist der richtige Start in den Tag. Beginnen Sie bereits gleich nach dem Aufstehen damit, Gott zu danken. In Hebräer 13,15 steht: »Durch ihn lasst uns nun Gott beständig *und* allezeit ein Opfer des Lobes darbringen, das ist die Frucht der Lippen, die voller Dankbarkeit seinen Namen anerkennen *und* bekennen *und* verherrlichen« (SLT, AMP).

Jesus sagte: »Wer an mich glaubt, wie die Schrift gesagt hat, aus seinem Leibe werden Ströme lebendigen Wassers fließen« (Johannes 7,38; ELB). Erkennen Sie den Herrn an und trinken Sie von diesem lebendigen Wasser.

Treten Sie ein in seine Tore

Du sollst den Herrn, deinen Gott, [ehrerbietig] fürchten; ihm sollst du dienen, ihm sollst du anhängen und bei seinem Namen und seiner Gegenwart schwören. Er ist dein Ruhm; er ist dein Gott, der bei dir diese großen und Ehrfurcht gebietenden Dinge getan hat, die deine Augen gesehen haben.

5. MOSE 10,20-21 (AMP)

Es ist nicht gut, nach dem Aufwachen mürrisch zu sein. Wenn wir uns beschweren, wird uns das nicht in die Gegenwart Gottes bringen. Psalm 100,4 sagt, dass wir in seine Tore mit Danksagung und in seine Vorhöfe mit Lobgesang eintreten sollen. Ohne Danksagung werden wir nicht einmal durch seine Tore kommen! Wenn wir in Gottes Gegenwart eintreten wollen, dann müssen wir alles Murren und Beschweren beiseitelegen.

Eine leicht reizbare Einstellung könnte Sie daran hindern, Gottes Gegenwart zu genießen. Denken Sie jeden Morgen an alles was Sie haben, wofür Sie Gott dankbar sein können, und starten Sie dann mit Lob für alles, was er für Sie getan hat, in den Tag.

Verschenken Sie etwas

Ja, der Herr wird geben, was gut ist, und unser Land wird seinen Ertrag abwerfen. Gerechtigkeit wird vor ihm hergehen und seine Fußspuren zu einem Weg machen, dem man folgen kann.

PSALM 85,13-14 (AMP)

Gott ist der ultimative Geber. Er verlangt von uns nicht weniger, als dass wir seinem Beispiel folgen. Ich fordere Sie heraus, jeden Tag Ihres Lebens etwas wegzugeben. Sie denken jetzt vielleicht, dass nichts mehr für Sie übrig bleiben wird, wenn Sie das tun: Aber wenn Sie so geben, wie Sie der Herr führt, dann werden Sie bald so viel erhalten, dass Sie versuchen müssen herauszufinden, wo Sie alles verstauen sollen.

Gott gibt Ihnen Brot zu essen und Samen zu säen (siehe 2. Korinther 9,10). Manche Dinge, die Gott Ihnen zukommen lässt, gibt er Ihnen als Samen, den Sie in das Leben anderer säen können. Bitten Sie Gott, Ihnen zu zeigen, was Sie nach seinem Willen weggeben sollen.

Leben Sie selbstlos

Wer das Korn zurückhält [wenn das Volk es braucht], den verflucht das Volk, aber Segen [von Gott und den Menschen] kommt über das Haupt dessen, der es verkauft. Wer eifrig das Gute sucht, ist auf [Gottes] Wohlgefallen bedacht.

SPRÜCHE 11,26-27 (SLT, AMP)

Ich halte sehr viel davon, einen »gebenden Lebensstil« zu leben. Ich war viele Jahre lang selbstsüchtig bevor ich die Freude erkannte, die es bereitet, zu geben und anderen Menschen zu helfen. Wir brauchen keine Angst davor zu haben, all unser Hab und Gut zu verlieren und mit nichts dazustehen, denn das Wort Gottes ist wahr.

Sie werden voller Freude sein, wenn Sie anfangen, darüber nachzudenken, wie Sie jemand anderen segnen können. Weihen Sie Ihre Gabe Gott, indem Sie sagen: »Herr, ich gebe mich dir. Ich erneuere mein Versprechen und meine Verpflichtung, dir zu gehorchen. Ich will in dir stark bleiben, deshalb suche ich dein Angesicht. Segne mich und mache mich zum Segen für andere.«

Segnen Sie jemanden

Lasst uns nicht müde werden, das Gute zu tun; denn wenn wir darin nicht nachlassen, werden wir ernten, sobald die Zeit dafür gekommen ist.

GALATER 6,9 (EU)

Das Wort sagt: »Denn jeder von uns soll seinem Nächsten gefallen (glücklich machen) zum Guten *und* zu seinem wahrhaftigen Wohlergehen, zur Erbauung [ihn zu stärken und geistlich aufzubauen]« (Römer 15,2; SLT, AMP).

Dies sagt mir, dass unser Verstand voller Ideen sein muss, wie wir Menschen segnen können. Beginnen Sie schon früh am Tag, sich darüber Gedanken zu machen, was Sie tun möchten, um jemanden zu segnen. Überlegen Sie sich etwas, womit Sie jemanden überraschen oder glücklich machen könnten. Sie werden erstaunt sein, wie schnell der Herr Ihnen eine Idee geben wird, wie Sie jemandem etwas Gutes tun können. Freude entspringt daraus, in seinem Namen zu geben.

Seien Sie mit Gott ehrlich

Ich wasche meine Hände in Unschuld und umschreite deinen Altar, o Herr, um dir zu danken mit lauter Stimme und alle deine Wunder zu verkünden.

PSALM 26,6-7 (SLT)

Jeden Morgen müssen wir mit Gott ins Reine kommen. Sollte irgendetwas zwischen uns und Gott stehen, wird es, während wir versuchen zu beten und in seine Gegenwart zu kommen, so lange an uns nagen, bis wir ehrlich damit umgehen. Gott möchte, dass wir unsere Verfehlungen bekennen. Ich habe im Laufe der Jahre in einem Dienst, der sich mit Menschen befasst, und auch im Umgang mit meinem eigenen Fleisch erkannt, dass wir uns sehr ungern mit unseren Fehlern so befassen, wie wir es eigentlich sollten.

Die meisten von uns überlegen sich Ausreden, doch so bleiben wir weiterhin getäuscht. Eine Ausrede ist eine mit Lügen gestopfte Begründung. Die Bibel sagt, dass die Wahrheit uns frei machen wird (Johannes 8,32). Ehrlichkeit mit Gott wird uns freisetzen, den ganzen Tag zu genießen.

Empfangen Sie Gnade

Alle Pfade des Herrn sind Gnade und standhafte Liebe, sogar Wahrheit und Treue für die, welche seinen Bund und seine Zeugnisse bewahren.
PSALM 25,10 (AMP)

Die Israeliten waren in der Wüste verloren, weil sie es nicht einsehen wollten, dass die Probleme auf ihre eigenen Fehler zurückzuführen waren. Sie beschuldigten Mose, Gott und jeden anderen für ihre Sorgen. Sie weigerten sich, Verantwortung für ihre Sünden zu übernehmen, und ihre Unwilligkeit, Buße zu tun, hielt sie davon ab, in das verheißene Land einzutreten.

Bitten Sie um Vergebung, wenn Sie mit Gott reden. »Wenn wir [freiwillig] bekennen, dass wir gesündigt haben, *und* unsere Sünden bekennen, so ist er treu und gerecht (wahrhaftig gegenüber seiner eigenen Natur und seinen Versprechen), dass er uns die Sünden vergibt [entlässt unsere Gesetzlosigkeit] und uns [beständig] reinigt von aller Ungerechtigkeit [alles, das nicht seinem Willen entspricht, seinem Zweck, seinen Gedanken und Handlungen]« (1. Johannes 1,9; AMP). Tun Sie am Morgen Buße, damit Sie Gottes Gnade, Vergebung und Liebe den ganzen Tag lang genießen können.

Empfangen Sie Gottes Geschenke

Seid ihr willig und gehorsam, so sollt ihr das Gute des Landes essen.
JESAJA 1,19 (SLT)

Was bringt es einem, wenn man ein Glas Wasser hat, es aber nicht trinkt? Unser Durst wird erst gelöscht werden, wenn wir es trinken. Jesus sagt: »Wenn jemand dürstet, so komme er zu mir und trinke!« (Johannes 7,37; ELB). Er sagt, dass wir ihn, wenn wir irgendetwas brauchen, darum bitten können und es dann *empfangen*. Die guten Dinge Gottes stehen dem zur Verfügung, der sich einfach ihm ausliefert und seine Segnungen und seine Gnade annimmt.

Die Menschen bitten Gott um Vergebung, vergessen aber zu sagen: »Ich *empfange* diese Vergebung jetzt; ich glaube, dass mir vergeben wurde.« Gnade ist ein Geschenk. Man kann es sich nicht erarbeiten, man kann es sich nicht verdienen und man kann es nicht kaufen. Das Einzige, was man tun kann, ist, es *zu empfangen*. Demütigen Sie sich und nehmen Sie Gottes Vergebung an.

Überfließen Sie mit Gnade

Gott aber ist mächtig, euch jede Gnade im Überfluss zu spenden, so dass ihr in allem allezeit alle Genüge habt und überreich seid zu jedem guten Werk.
2. KORINTHER 9,8 (SLT)

Meine Definition von »bekommen« ist, etwas durch Anstrengung und Mühe zu erhalten, und »empfangen« heißt, als Gefäß zu fungieren und einfach zu nehmen, was angeboten wird. Wir können Barmherzigkeit, Gnade, Kraft, Vergebung und Liebe vom Herrn *empfangen*. Ein neuer Tag ist angebrochen - und Gottes Gnade ist jeden Morgen neu (siehe Klagelieder 3,22-23).

Sie können heute einen ganz neuen Anfang haben. Lassen Sie es zu, dass Gottes Gnade Sie stärkt und heilt, bevor Sie mit den alltäglichen Aufgaben beginnen. Empfangen Sie seine heilende Kraft, und lassen Sie deren Gnade in sich wirken. Heute kann ein müheloser Tag werden, wenn Sie sich auf Gottes Gnade verlassen, die Sie befähigt, das zu tun, wozu er Sie berufen hat.

Treten Sie vor Gottes Thron

So lasst uns nun furchtlos, zuversichtlich und kühn hinzutreten zum Thron der Gnade (dem Thron von Gottes unverdienter Gunst gegenüber uns Sündern), damit wir Barmherzigkeit empfangen [für unsere Missetaten] und Gnade finden zu rechtzeitiger Hilfe [angebrachte und zeitige Hilfe, die gerade dann kommt, wenn wir sie brauchen].

HEBRÄER 4,16 (AMP)

Welch einen großartigen Hohenpriester wir in Jesus haben! Er versteht unsere Erfahrungen, und er weiß, wie es ist, in einem menschlichen Körper zu leben. Er versetzte sich in die Lage, dieselben Versuchungen zu erfahren wie wir, doch er gab ihnen nicht nach.

Er weiß, dass unser Verführer auf der Lauer liegt, und er weiß, dass wir seine Barmherzigkeit und Stärke brauchen. Wir würden selbst dann, wenn wir die reinsten Absichten haben, dabei versagen, Gutes zu tun. Gott beauftragt uns zum Empfangen, nicht dazu, danach zu streben, uns etwas anzueignen, sondern nur für jeden Tag neue Barmherzigkeit zu *empfangen.*

Werden Sie verwandelt

Jetzt aber legt auch ihr das alles [vollständig] ab – Zorn, Wut, schlechte Gefühle gegenüber anderen, Fluchen und Lästerung und schmutziges Beschimpfen und schändliche Redensarten aus eurem Mund! ... Und ... bekleidet ... euch mit dem neuen [geistlichen Menschen], der [beständig] erneuert und neu geformt wird zur [tieferen und vollständigeren] Erkenntnis, nach dem Ebenbild (der Gestalt) dessen, der ihn geschaffen hat.

KOLOSSER 3,8.10 (AMP)

Wenn Sie möchten, dass Ihr Leben anders wird, beten Sie darum, Gottes verwandelnde Kraft zu empfangen. Sagen Sie einfach:

»Gott, bitte vergib mir meine Sünden und verändere mich so, dass ich werde, wie du mich gemeint hast. Ich weiß du bist in mir am Werk, in diesem Augenblick, weil ich zu dir gekommen bin. Du hast gesagt, wenn ich in deinem Wort bleibe und in deine Gegenwart komme, dass ich von Herrlichkeit zu Herrlichkeit in dein Ebenbild verwandelt werde. Danke Herr, dass du dabei bist, mich heute zu verändern.«

Den Glauben daran zu haben, dass Gott in Ihnen am Werk ist, um Sie zu verändern, wird die Manifestation dieser Veränderung mit sich bringen.

Glauben Sie einfach

Wir, die wir zuvor auf den Christus gehofft haben [die wir zuvor unsere Zuversicht in ihn gelegt haben, sind vorherbestimmt und berufen worden zu], leben zum Lob seiner Herrlichkeit!

EPHESER 1,12 (AMP)

In der Welt glaubt man gar nichts, bevor man es nicht gesehen hat. Wenn Sie um etwas beten, dann glauben Sie daran, dass Sie es erhalten, und Sie werden die Manifestation sehen. In Gottes Königreich muss man zuerst glauben, bevor man etwas sieht.

Jesus sagte: »Und alles, was ihr glaubend erbittet im Gebet, das werdet ihr empfangen!« (Matthäus 21,22; SLT). Gottes Ohr ist auf diejenigen gerichtet, die im Glauben zu ihm beten. Petrus war der Einzige, der außer Jesus auf dem Wasser ging, aber er war auch der Einzige, der aus dem Boot ausgestiegen ist. Bevor Sie nicht die Entscheidung treffen zu glauben und dann danach handeln, wird nichts passieren.

Schieben Sie Ausreden beiseite

Ich rufe: Der Herr sei gepriesen!, und ich werde vor meinen Feinden gerettet.
PSALM 18,4 (EU)

In 5. Mose 7,1-2 wies Gott sein Volk an, seine Feinde völlig zu zerstören. Sie sollten keine Gnade zeigen. Wenn Gott zu uns sagt, dass es an der Zeit ist, uns mit unseren negativen, ungläubigen Einstellungen zu befassen, dann ist es auch an der Zeit, unsere Ausreden beiseitezuschieben. Keine Rechtfertigung mehr nach dem Motto: »Jeder ist aber doch negativ; warum sollte ich anders sein?«

Überwinden Sie heute ein paar Dinge in Ihrem Leben. Legen Sie schlechte Gewohnheiten und negative Einstellungen ab und leben Sie die Zukunft weiter, die Gott für Sie hat. Beten Sie: »Herr, hilf mir, mich zu ändern. Zeige mir die Wurzel meines Problems und wie ich damit fertig werden kann. Ich will in meinem Leben ein paar positive Veränderungen.«

Genießen Sie Vergebung

Gesegnet (fröhlich, glücklich, beneidenswert) ist der Mensch, dem der Herr keine Schuld anrechnet, und in dessen Geist keine Falschheit ist.
PSALM 32,2 (AMP)

Wenn wir nicht so leben, wie es Gott uns befohlen hat, dann werden wir ein miserables Leben führen, bis wir unsere Sünden bekennen. Sobald wir alles gründlich vor dem Herrn offenlegen, gibt er uns die Kraft, damit wir von unseren Sünden befreit werden: »Gesegnet (fröhlich, glücklich, beneidenswert) ist er, dem beständig seine Übertretungen vergeben werden, dessen Sünde zugedeckt ist« (Psalm 32,1; AMP).

Das Wort sagt, dass es Gott nach Wahrheit in unserem Innersten verlangt (siehe Psalm 51,8). Also müssen wir mit uns selbst und mit Gott ehrlich sein, wenn wir den Segen von Gottes Vergebung genießen wollen. Bitten Sie Gott, Ihnen zu zeigen, welche Änderungen in Ihrem Leben notwendig sind, und vertrauen Sie darauf, dass seine vergebende Kraft diese Veränderungen beständig in Ihnen hervorbringt.

Suchen Sie früh Gott

Und am Morgen, als es noch sehr dunkel war, stand er auf, ging hinaus an einen einsamen Ort und betete dort.
MARKUS 1,35 (SLT)

Als Jesus uns aufforderte, in ihm und in seinem Wort zu *bleiben*, gebrauchte er das griechische Wort *meno*, welches in Strong's Konkordanz mit »fortsetzen, hausen, ausharren, gegenwärtig sein, verbleiben, stehen, verweilen« übersetzt wird. Wir sollen mit Gott Zeit verbringen - andauernd. Wenn wir das tun, steigen wir in den Fluss seines Planes für unseren Tag ein.

Uns wurde nicht aufgetragen, uns einfach nur zu *wünschen*, dass alles irgendwie zusammenwirkt; uns wurde vielmehr aufgetragen, Gott jeden Tag zu *suchen*, um ein frisches Wort zu erhalten. Wenn wir ihn früh am Tag suchen, werden wir ein »zeitlich passendes Wort« haben, das wir mit anderen teilen können (siehe Sprüche 15,23). Wir können in dem erfolgreich sein, zu dem Gott uns berufen hat, wenn wir seine Anweisungen beachten. Er hat gesagt: »Wenn du mich früh und eifrig suchst, wirst du mich finden« (siehe Sprüche 8,17; AMP).

Verbringen Sie Zeit mit Gott alleine

Du aber, wenn du betest, geh in dein Kämmerlein und schließe deine Türe zu und bete zu deinem Vater, der im Verborgenen ist; und dein Vater, der ins Verborgene sieht, wird es dir öffentlich vergelten.

MATTHÄUS 6,6 (SLT)

Jesus stand früh auf, um mit Gott alleine zu sein, doch Petrus ging ihm nach, um ihm zu sagen, dass alle schon nach ihm suchten (siehe Markus 1,35-37). Wenn Sie sich alleine zurückziehen, um zu beten, kann es Ihnen so vorkommen, als würde Sie gerade dann jeder suchen und etwas von Ihnen wollen. Jesus aber suchte die Zeit alleine mit Gott, damit er sich auf sein Ziel ausrichten konnte.

Immer wieder sehen wir das Bild, dass Jesus alleine betet und dann den Nöten anderer begegnet. Jesus ging durch ganz Galiläa und predigte und trieb Dämonen aus. Wenn ein Aussätziger um Reinigung bat, berührte ihn Jesus, und der Aussatz verschwand gänzlich (siehe Markus 1,39-42). Wenn es Jesus nötig hatte, alleine mit dem Vater zu sein, bevor er anderen dienen konnte, dann trifft das auch auf uns zu.

Sprechen Sie Gottes Gedanken aus

Hört her! Aufrichtig rede ich. Redlich ist, was meine Lippen reden.
SPRÜCHE 8,6 (EU)

Einer unserer größten Fehler, den wir begehen, ist, dass wir manchmal zu schnelle Antworten geben. Wir sagen einfach das, was uns als Erstes einfällt. Nur ein Tor lässt all seinem Unmut freien Lauf (siehe Sprüche 29,11). Diejenigen, die oft und hastig sprechen, sind immer in Schwierigkeiten. So steht in der Bibel: »Wer unbedacht schwatzt, der verletzt wie ein durchbohrendes Schwert; die Zunge der Weisen aber ist heilsam« (Sprüche 12,18; SLT).

Jesus wandelte in Weisheit. Er hatte immer das richtige Wort zur rechten Zeit, sodass er jeden in Staunen versetzte. Wenn wir nicht genug Zeit mit Gott verbringen, werden wir zur falschen Zeit das Falsche sagen. Entscheiden Sie sich heute, auf Gott zu warten, bevor Sie Ihre Meinung äußern.

Seien Sie erfüllt mit Wahrheit

Weil er seine Liebe auf mich hin ausgerichtet hat, darum will ich ihn erretten; ich will ihn hoch hinaufsetzen, weil er meinen Namen kennt und versteht [eine persönliche Kenntnis meiner Barmherzigkeit, Liebe und Freundlichkeit hat – mir vertraut und sich auf mich verlässt, wissend, dass ich ihn niemals verlassen werde, nein, niemals].

PSALM 91,14 (AMP)

Lassen Sie es nicht zu, dass der Teufel Ihre ersten Gedanken am Morgen in Besitz nimmt. Fangen Sie früh damit an, Ihren Tag in die richtige Richtung zu lenken. Sobald Sie aufstehen, sagen Sie dem Herrn, dass Sie ihn lieben. Sagen Sie ihm, dass Sie ihn brauchen und von ihm abhängig sind. Lesen Sie sein Wort und bekennen Sie seine Versprechen, während Sie sich auf den Tag vorbereiten.

Hören Sie sich Lehrvorträge an, während Sie zur Arbeit fahren. Erfüllen Sie sich mit dem Wissen von Gottes Wahrheit. Reden Sie sich nicht in eine Katastrophe, noch bevor der Tag richtig begonnen hat. Sagen Sie stattdessen: »Ich bin die Gerechtigkeit Gottes in Christus; weil er heute bei mir ist, werde ich mich über alle Dinge freuen.«

Bleiben Sie im Einverständnis

[E]rkenne den Gott deines Vaters; diene ihm mit ungeteiltem Herzen und williger Seele; denn der Herr erforscht alle Herzen und kennt jedes Sinnen der Gedanken. Wenn du ihn suchst, lässt er sich von dir finden.

1. CHRONIK 28,9 (EU)

Gottes Wort offenbart einen wundervollen Plan für Ihr Leben. Es zeigt, wie Gott Sie sieht und was er für Sie durch Jesus Christus hat. Halten Sie Ihre Gedanken und Worte im Einverständnis mit Gottes Wort.

Sagen Sie: »Alles, woran ich meine Hände lege, gedeiht und gelingt. Ich bin der Kopf und nicht der Schwanz, oben und nicht unten. Mein Kommen und mein Gehen sind gesegnet. Die Segnungen Gottes jagen mir nach und holen mich ein. Gott ist auf meiner Seite. Ich bin damit gesegnet, ein Segen für jeden zu sein, den ich heute treffe.«

Gehorchen Sie schnell

Da sprach Jesus zu ihnen: Wahrlich, wahrlich, ich sage euch: Nicht Mose hat euch das Brot aus dem Himmel gegeben [was Mose euch gegeben hat, war nicht das Brot vom Himmel], sondern mein Vater gibt euch das wahrhaftige Brot aus dem Himmel.

JOHANNES 6,32 (ELB, AMP)

Jesus sagte, dass wir Gott um das *tägliche* Brot bitten sollen (siehe Matthäus 6,11). Er bezeichnete sich selbst auch als das »Brot des Lebens« (siehe Johannes 6,35). Suchen Sie Gottes Wegweisung am Morgen, um seine täglichen Worte für Sie zu sammeln. Sie werden sich den ganzen Tag wohlgenährt fühlen. Gehorchen Sie schnell, wenn Gott Sie auffordert, etwas zu tun.

Sogar wenn Gott Ihnen eine schwierige Aufgabe aufträgt, zögern Sie nicht und scheuen Sie sich nicht den ganzen Tag davor. Abraham stand früh auf, um Isaak auf dem Altar zu opfern; Gott segnete seinen Gehorsam und sorgte für ein anderes annehmbares Opfer an Isaaks Stelle (siehe 1. Mose 22,1-14). David stand an dem Morgen, an dem er Goliath töten würde, auch früh auf, und durch ihn befreite Gott die Israeliten von ihren Feinden (siehe 1. Samuel 17,20-53). Er wird auch Sie segnen und freisetzen.

Befreien Sie sich von Knechtschaft

Die Sanftmütigen haben es gesehen, sie werden sich freuen; die ihr Gott sucht, euer Herz soll leben!
PSALM 69,33 (ELB)

Wenn es Ihnen immer noch schwerfällt, Ihren Tag richtig zu beginnen, dann beten Sie dieses Gebet:

»Herr, ich kämpfe damit, mir die Zeit zu nehmen, um mit dir Gemeinschaft zu haben und in deinem Wort zu lesen. Ich weiß, dass es kein Gebot ist, mit dir Zeit zu verbringen, es ist ein Vorrecht. Es ist etwas, das meinem Leben zum Guten dient. Ich bete, dass die Fesseln, die Lügen Satans, die mich von meiner Gebetskammer fernhalten und davon abhalten, mit dir Zeit zu verbringen, gelöst werden.

Hilf mir klar zu verstehen, dass dies eine Sache ist, die ich tun muss, um im Sieg leben zu können. Ich bete um eine Salbung, die mich in deine Gegenwart ziehen und mich dazu anspornen möge, dir nachzulaufen. Hilf mir, jeden Morgen richtig zu beginnen.«

Wachen Sie mit Lobpreis auf

Mit jauchzenden Lippen lobt dich mein Mund, wenn ich an dich gedenke auf meinem Lager, in den Nachtwachen nachsinne über dich. Denn du bist meine Hilfe gewesen.
PSALM 63,6-8 (SLT)

Viele Menschen erfahren kein befriedigendes Ende ihres Tages, weil sie es zulassen, dass der Feind sie davon abhält, den Tag richtig zu beginnen. Satan versucht schon früh am Morgen, unsere Gedanken in Besitz zu nehmen. Er möchte uns dazu verleiten, gleich beim Aufwachen an all die falschen Dinge zu denken. Sein Ziel ist es, unseren Frieden zu rauben, indem er uns dazu bringen kann, schon mit dem Läuten des Weckers wütend zu werden. Er arbeitet ständig daran, uns in Situationen zu bringen, die uns verärgern.

Deswegen ist es wichtig zu lernen, wie wir den Teufel schon früh an jedem Tag besiegen können. Jeder Morgen bietet eine neue Gelegenheit, unseren Tag richtig zu beginnen. Preisen Sie den Herrn, sobald Sie Ihre Augen an einem neuen Tag öffnen.

Halten Sie sich an Gott fest

Mein ganzes Wesen folgt dir entschlossen nach und hält sich eng an dir fest; deine Rechte hält mich aufrecht.
PSALM 63,9 (AMP)

Das Wort Gottes hat viel über den Morgen zu sagen. David begann seinen Tag mit Gebet und Hören auf Gott. Er beauftragte die Priester, jeden Morgen aufzustehen und dem Herrn zu danken und ihn zu preisen, genauso am Abend. Er sagte: »Der Herr hat seinem Volk Frieden und Ruhe gegeben« (siehe 1. Chronik 23,25-30; AMP).

Oftmals beten und beten wir, doch wie Lot hören wir nicht zu. Zum Beispiel forderten Engel Lot früh am Morgen auf, aus Sodom zu fliehen, um dessen kommender Vernichtung zu entrinnen (siehe 1. Mose 19,15). Wir können Katastrophen aus dem Weg gehen, wenn wir auf Gottes Anweisungen warten, bevor wir handeln.

Ein großartiger Beginn führt zu einem großartigen Ende. Beginnen Sie Ihren Tag mit Danksagung und Lobpreis und danken Sie dem Herrn erneut am Abend, bevor Sie sich ausruhen, für einen großartigen Tag.

Antworten werden kommen

Harre und hoffe auf und erwarte den Herrn; sei tapfer und fasse Mut und lass dein Herz stark und beständig sein.

PSALM 27,14 (AMP)

Früher wünschte ich mir beim Aufwachen immer, es wäre schon wieder Abend, und am Abend wünschte ich mir, es wäre Morgen; ich genoss mein Leben überhaupt nicht. Jetzt freue ich mich auf jeden neuen Tag. Gott hat das Leben in 24-Stunden-Abschnitte unterteilt; wir schlafen eine gewisse Zeit, und dann wachen wir erfrischt wieder auf, um von vorne anzufangen. Es war Gottes Absicht, dass jeder Morgen ein brandneuer Anfang ist, eine frische Gelegenheit.

Wir können mit dem Gefühl von Hoffnungslosigkeit und ausgelaugt mit den Gedanken ins Bett gehen: »*Ich glaube einfach nicht, dass ich weitermachen kann.*« Aber irgendwie erneuert uns eine gute Nachtruhe und wir wachen wieder mit Glauben auf und denken: »*Vielleicht kommt heute mein Durchbruch und ich werde eine Antwort bekommen; ich kann noch einen Tag durchstehen.*« Danken Sie also Gott für jeden neuen Morgen.

Sprechen Sie Leben

Tod und Leben stehen in der Macht der Zunge; wer sie liebevoll gebraucht, genießt ihre Frucht.
SPRÜCHE 18,21 (EU)

Wenn wir mit anderen zusammen zur Arbeit fahren und dabei über unseren Chef tratschen und darüber sprechen, wie sehr wir unsere Arbeit hassen und welch ein dämlicher Arbeitsplatz dies ist, werden wir sicher einen schlechten Tag haben. Die Bibel sagt: »An der Frucht seines Mundes wird sich eines Menschen [moralisches] Selbst sättigen, am Ertrag seiner Lippen [ob gut oder böse] muss er sich satt essen« (Sprüche 18,20; AMP).

Natürlich müssen wir mit der Frucht unserer Worte leben, also sollten wir über die richtigen Dinge sprechen, um glücklich zu sein. Wenn wir murren und tratschen, werden wir die Frucht des Todes essen. Wenn wir aber Leben sprechen, werden wir die Frucht des Geistes essen (siehe Matthäus 12,37). Entscheiden Sie sich, heute gute Früchte zu essen.

Seien Sie vorbereitet

Was fordert der Herr, dein Gott, von dir, als nur, dass du den Herrn, deinen Gott, [ehrerbietend] fürchtest, [indem] du in allen seinen Wegen wandelst und ihn liebst und dem Herrn, deinem Gott, dienst mit deinem ganzen [Verstand und ganzen] Herzen und mit deinem ganzen Sein.

5. MOSE 10,12 (SLT, AMP)

Sich beschweren bedeutet Tod und Danksagung ist Leben. Trotzdem gibt es Menschen, die sich auf dem Weg zur Kirche beschweren und darauf hoffen, gesegnet zu werden. Sie verstehen nicht, dass ihre Beschwerden sie davon abhalten, das zu bekommen, was sie wollen. Sie kommen nicht vorbereitet, um in der Gegenwart des Herrn gesegnet zu werden.

Bereiten Sie sich auf den Segen vor, indem Sie für alles danken, was Gott bereits für Sie getan hat. Das Wort sagt: »Denn nach deinen Worten wirst du gerechtfertigt *und* freigesprochen, und nach deinen Worten wirst du verdammt *und* verurteilt« (Matthäus 12,37; SLT, AMP). Wählen Sie heute Ihre Worte weise und bereiten Sie sich auf Gottes Segen vor.

Beten Sie mit Ihrem ganzen Herzen an

Ich rufe zu Gott, dem Allerhöchsten, zu Gott, der meine Sache hinausführt und mich belohnt [der seine Absichten für mich erfüllen und sicherlich zu Ende bringen wird].

PSALM 57,3 (SLT, AMP)

Großartige Lobpreisleiter wissen, wie wichtig es ist, mit ihrem gesamten Sein in die Gegenwart Gottes zu kommen und sind vorbereitet, ihm Danksagung und Lobpreis zu bringen (siehe 5. Mose 10,12). Sie rollen sich nicht einfach aus dem Bett, spritzen sich etwas Wasser ins Gesicht und ziehen sich rasch einen Kamm durch die Haare, bevor sie in die Kirche gehen. Sie wissen, dass die Salbung eine ehrliche Hingabe voraussetzt, Gott mit ihrem ganzen Herzen zu lieben.

Kommen Sie ebenso, wenn Sie morgens auf Gott zugehen, mit einem Herzen voll Anbetung zu ihm und drücken Sie ihm gegenüber Ihre Ehrfurcht aus für die Treue, die er Ihnen erweist. Er verspricht, Sie niemals zu verlassen, sondern den ganzen Tag lang mit Ihnen zu sein (siehe Josua 1,5).

Finden Sie stille Zeit

Die Furcht des Herrn ist rein, sie besteht für immer. Die Urteile des Herrn sind wahr, gerecht sind sie alle. Sie sind kostbarer als Gold, als Feingold in Menge. Sie sind süßer als Honig, als Honig aus Waben.

PSALM 19,10-11 (EU)

Manchmal nehme ich mir einen ganzen Tag lang Zeit, nur um ihn mit Gott zu verbringen. Ich höre mit allem anderen auf und suche ihn. Ich weiß, ich werde nicht von Gott hören, wenn ich nicht bewusst still geworden bin, bis die Zeit kommt, die ich für ihn eingeplant habe.

Es ist so wichtig, etwas »Auszeit« zu haben, um alleine zu sein und einfach nur still dazusitzen. Sie denken vielleicht, dass Sie dafür keine Zeit haben, aber wenn jemand im Supermarkt 500-Euro-Scheine austeilen würde, würden Sie auch die Zeit finden, dorthin zu fahren. Nutzen Sie diese Zeit nicht, um über etwas nachzugrübeln; seien Sie einfach still und hören Sie aufmerksam auf den Herrn.

Vermehren Sie Ihre Tage

Siehe, das Auge des Herrn achtet auf die, welche ihn fürchten [die ihn mit Ehrfurcht verehren und anbeten], die auf ihn harren und auf seine Gnade und freundliche Liebe hoffen, damit er sie vor dem Tod errette und sie am Leben erhalte in der Hungersnot.

PSALM 33,18-19 (AMP)

Wenn ich davon spreche, Gott früh zu suchen, meinen viele Leute, sie müssten um drei Uhr morgens aufstehen! Ich möchte Ihnen weder sagen, *wie* Sie es machen sollen, noch schlage ich Ihnen vor, eine Stunde lang zu beten. Ich möchte nur sagen, dass Sie auf irgendeine Art und Weise Zeit am Morgen finden müssen, um Gottes Weisheit zu suchen, wenn Sie Ihren Tag richtig beginnen möchten.

Zeit mit Gott schenkt Ihnen Jahre zu Ihrem Leben dazu! Gott ist begierig darauf, uns Einsichten und Verständnis zu geben. Sein Wort sagt: »Denn durch mich [Weisheit von Gott] werden deine Tage sich mehren und werden Jahre zu deinem Leben hinzugefügt« (Sprüche 9,11; SLT, AMP).

Tanken Sie Frieden nach

Der Herr aber ist es, der selbst vor dir hergeht, er wird mit dir [marschieren]; er wird dich nicht aufgeben noch dich loslassen noch dich verlassen; [lass es nicht zu, dass sich Feigheit oder Wanken in dir breitmachen, sondern] fürchte dich nicht und werde nicht [im Geist] gebrochen [deprimiert, bestürzt und vor Schreck entnervt].

5. MOSE 31,8 (AMP)

Oft sieht man, wie Gläubige mit christlichen Aufklebern auf ihren Autos wie Verrückte herumfahren, ihre Kinder anschreien, ihre Hände in die Luft werfen und wütend in die Welt schauen. Wenn in unseren Herzen kein Friede herrscht, wenn wir unser Zuhause verlassen, dann werden unsere Autoaufkleber niemanden beeindrucken. Wir müssen selbst ausgeglichener werden, bevor wir das Haus verlassen.

Beten Sie: »Mein [innerstes] Sein [genau wie mein Körper] ist sehr beunruhigt *und* aufgewühlt. Und du, Herr, wie lange [bis du zurückkehrst und mir Frieden zusprichst]? (Psalm 6,4; AMP). Lassen Sie zu, dass Gott Sie neu mit Frieden erfüllt.

Setzen Sie Gott an die erste Stelle

Trachtet (zielt auf und strebt nach) vielmehr zuerst nach dem Reich Gottes und nach seiner Gerechtigkeit (seiner Art und Weise im Recht zu handeln und zu sein), so wird euch dies alles hinzugefügt werden!
MATTHÄUS 6,33 (SLT, AMP)

Ich habe gelernt, dass es in meinem Leben eine lebensnotwendige Sache ist, mit Gott Zeit zu verbringen. Ich kann all das nicht tun, wozu ich berufen bin, wenn ich nicht täglich die Gegenwart Gottes suche. Wenn ich nicht zuerst Zeit für Gott habe, dann funktioniert auch sonst nichts in meinem Leben.

Gott ist nicht mit dem zweiten oder dritten Platz in unserem Leben zufrieden.

Wenn wir erst einmal verzweifelt genug sind, finden wir auch die Zeit, Gott zu suchen. Wir stöpseln das Telefon aus, wir sagen unseren Freunden ab, wenden uns von allen Ablenkungen ab und suchen ihn. Das ist der Punkt, an dem wir unseren Durchbruch erleben.

Gehen Sie in Ihr Zimmer!

Und ich habe ihn mit dem Geist Gottes erfüllt, mit Weisheit und Fähigkeit, mit Verstand und Intelligenz, mit Erkenntnis und mit Geschicklichkeit für jede Arbeit.

2. MOSE 31,3 (AMP)

Meinen Kindern gefiel es nicht, als ich damit anfing, alleine Zeit mit Gott zu verbringen. Sie sagen: »Du bist immer in diesem Zimmer.«

Eines Tages sagte ich zu ihnen: »Seid lieber froh, dass ich in dem Zimmer bin, denn das macht euer Leben um vieles besser. Wenn ihr schlau wärt, würdet ihr mich darum anbetteln, in mein Zimmer zu gehen, statt herauszukommen.«

Wenn Sie sich das nächste Mal beim Herumschreien, Schimpfen, Umherwüten und Auslassen an den Kindern (oder sonst jemandem) erwischen, entschuldigen Sie sich und sagen Sie: »Ich gehe in mein Zimmer.« Nehmen Sie sich Zeit, Gott zu fragen, was er von all dem hält, was so vor sich geht. Sie werden in Kürze Ihren Tag wieder auf den richtigen Kurs bringen.

Verringern Sie Ihr Tempo

Frieden hinterlasse ich euch; meinen [eigenen] Frieden gebe ich euch und vermache ihn euch jetzt. Nicht wie die Welt gibt, gebe ich euch. Euer Herz erschrecke nicht und verzage nicht. [Hört auf damit, euch selbst zu erlauben, aufgewühlt und beunruhigt zu sein, und gestattet es euch nicht, furchtsam und eingeschüchtert und feige und unruhig zu sein.]

JOHANNES 14,27 (AMP)

Eile beeinflusst unser geistliches Leben. Jesus war nicht in Eile. Wir können uns gar nicht bildlich vorstellen, dass Jesus aufstehen und zu seinen Jüngern sagen würde: »Kommt schon, Jungs, steht auf. Hoch, hoch, hoch, hoch! Bringt diesen Versammlungsplatz schnell wieder in Ordnung. Los, wir müssen zur nächsten Stadt. Wir haben dort eine Predigt zu halten. Bepackt die Kamele, Jungs. Lasst uns gehen, los!«

Wenn wir über Jesus nachdenken, haben wir Frieden vor Augen. Er ging langsam genug voran, um den ganzen Tag über von Gott hören zu können. Wir sollten unser Tempo heute an das seine anpassen.

Drehen Sie die Lautstärke herunter

Nehmt auf euch mein Joch und lernt von mir, denn ich bin sanftmütig (gütig) und von Herzen demütig (bescheiden); so werdet ihr Ruhe (Erleichterung und Behaglichkeit und Erfrischung und Erholung und gesegnete Stille) finden für eure Seelen.

MATTHÄUS 11,29 (SLT, AMP)

Laute Menschen hören nicht von Gott. Und wir hören nicht von ihm, wenn wir Lärm machen oder wenn um uns herum Lärm herrscht. Der einzige Lärm, den Sie vormittags hören sollten, ist meine Fernsehsendung; sonst nichts (ich scherze natürlich). Sie sollten aber das Radio oder den Fernseher nicht anschalten, nur um irgendein Geräusch im Haus zu haben.

Lernen Sie, sich in der Stille wohlzufühlen. In der Bibel steht: »Wer aber auf mich [die Weisheit] hört, der wird sicher und in zuversichtlichem Vertrauen wohnen; er kann beruhigt ohne Sorge sein und muss kein Unheil fürchten« (Sprüche 1,33; AMP).

Verweilen Sie in Gottes Gegenwart

Halte still und ruhe im Herrn; warte auf ihn und stütze dich geduldig auf ihn.
PSALM 37,7 (AMP)

Manchmal kommt es in unseren Konferenzen vor, dass wir einfach in Gottes Gegenwart »abhängen«. Wir singen und beten ihn an und bald schon genießen wir die Frische seiner Herrlichkeit.

Wenn wir spüren, dass der Herr in den Herzen der Menschen wirkt, machen wir uns keine Gedanken über unseren Zeitplan oder unsere Tagesordnung. Wir legen alles beiseite, um einfach zu genießen, wie seine erstaunliche Kraft unter seinem Volk wirksam ist. Viele, die sich anfangs schlecht gefühlt haben, werden erfrischt und die Kranken werden während dieser Zeit der Anbetung und des Wartens auf den Herrn geheilt. Es geschieht ständig – in Gottes Gegenwart ist Heilung.

Wenn Sie sich entmutigt fühlen, wird er Sie aufheitern. Wenn Sie sich müde fühlen, wird er Sie stärken. Bleiben Sie einfach in seiner Gegenwart sitzen und warten Sie darauf, dass er in Ihrem Leben wirkt.

Behalten Sie Gottes Versprechen im Auge

Denn ich bin der Herr, dein Gott, der deine rechte Hand ergreift und der zu dir sagt: Fürchte dich nicht, ich werde dir helfen.

JESAJA 41,13 (EU)

Der Herr sagt Ihnen heute Morgen dasselbe, was er Jakob in einem Traum gesagt hat: »Ich bin mit dir, und ich will dich behüten (und vorsichtig auf dich achtgeben, aufmerksam sein auf dich) überall, wo du hinziehst, und dich wieder in dieses Land bringen. Denn ich will dich nicht verlassen, bis ich vollbracht habe, was ich dir zugesagt habe« (1. Mose 28,15; SLT, AMP). Behalten Sie dieses Versprechen in Ihren Gedanken, trotz allem was Sie heute in den Nachrichten hören mögen, das Sie dazu verleiten möchte, sich zu fürchten.

Gott verspricht, bei Ihnen zu sein, über Sie zu wachen, aufmerksam all Ihre Wege zu verfolgen und Sie zurückzubringen. Er sagt, dass er Sie nicht verlassen wird und er wird all die Versprechen, die er Ihnen gegenüber gemacht hat, einlösen. Das bedeutet, dass es keiner Waffe, die gegen Sie geschmiedet wird, gelingen soll (siehe Jesaja 54,17).

Weihen Sie sich aufs Neue

Ach, Herr, gedenke doch [ernsthaft] daran, dass ich in Treue und Wahrheit und mit ganzem Herzen [dir voll ergeben] vor dir gewandelt bin und getan habe, was gut ist in deinen Augen!

2. KÖNIGE 20,3 (AMP)

»Als nun Jakob von seinem Schlaf erwachte, sprach er: Wahrlich, der Herr ist an diesem Ort, und ich wusste es nicht!« (1. Mose 28,16; SLT). Oft ist der Herr bei uns und wir wissen es nicht einmal. Gott ist bei Ihnen, selbst wenn es scheint, als seien die Umstände außer Kontrolle geraten. Er ist bereits dabei, alles für Sie zum Besten zusammenwirken zu lassen.

»Und Jakob stand am Morgen früh auf und nahm den Stein, den er unter sein Haupt gelegt hatte, und richtete ihn auf zu einem Gedenkstein (einem Denkmal an die Vision in seinem Traum) und goss Öl auf seine Spitze [um es zu weihen]« (V. 18; SLT, AMP). Ebenso sollten wir uns auch jeden Morgen Gott aufs Neue weihen.

Geben Sie Gott alles

Ehe ich dich im Mutterleib bildete, habe ich dich gekannt und ersehen [als mein ausgewähltes Werkzeug], und bevor du geboren wurdest, habe ich dich abgesondert und bestimmt, dich geheiligt; [und] zum Propheten für die Völker habe ich dich bestimmt.

JEREMIA 1,5 (AMP)

Jeden Tag müssen Sie sich vollkommen Gott übergeben. Sagen Sie: »Herr, ich bin dein. Ich möchte ein Gefäß sein, das du benutzen kannst. Ich weihe mich dir: Ich gebe dir meine Hände, meinen Mund, meinen Verstand, meinen Körper, mein Geld und meine Zeit. Vater, hier bin ich. Ich bin dein; tu mit mir, was immer du heute auch tun willst.«

Nachdem Sie sich Gott geweiht haben, machen Sie mit Ihren Angelegenheiten weiter. Aber erwarten Sie den ganzen Tag lang seine Führung. Hören Sie auf seine Stimme, die Sie auf dem Weg leitet, den Sie gehen sollen. Nehmen Sie die Herausforderung an, ein Werkzeug zu sein, das Gott heute zur Verfügung steht.

Ergreifen Sie jede Gelegenheit

Ich will dein Gesetz stets bewahren, immer und ewiglich [es hören, empfangen, lieben und befolgen].
PSALM 119,44 (SLT, AMP)

Sie können Gott begegnen, während Sie im Bett liegen. Sie müssen nicht in einem stillen Kämmerlein sein, mit verschlossener Tür, auf die Knie gebeugt, um Gott zu treffen. Sie können mit ihm unter der Dusche, auf dem Weg zur Arbeit oder in einem Verkehrsstau reden.

Ich will Ihnen nicht nahelegen, dass Sie nicht Zeit für Gott reservieren sollen. Aber Sie sollten auch jede Zeit, die Sie haben, ausnutzen, in der Sie mit dem Herrn reden oder auf ihn hören könnten. Warten Sie nicht darauf, bis Sie eine volle Stunde Zeit für ihn haben, um mit ihm zu reden. Ergreifen Sie jede Minute, die Sie finden können, um Ihre Ohren für seine Stimme zu öffnen. Nutzen Sie die freien Momente, die Ihnen bereits zur Verfügung stehen, und verbringen Sie sie mit Gott.

Gehen Sie eine neue Verpflichtung ein

Ehre den Herrn mit deinem Vermögen, mit dem Besten von dem, was du erntest. Dann füllen sich deine Scheunen mit Korn, deine Fässer laufen über von Wein.

SPRÜCHE 3,9-10 (EU)

Das Gleichnis von den anvertrauten Talenten (siehe Matthäus 25,14-30) lehrt uns, das zu nutzen, was Gott uns gibt, um das Königreich des Herrn zu erweitern. Investieren Sie sich selbst, Ihre Zeit und Ihr Geld in die Arbeit für den Herrn. Weihen Sie Gott Ihre Finanzen heute aufs Neue.

Gehen Sie eine frische Verpflichtung ein, ein Geber zu sein. Lassen Sie es nicht zu, dass der Feind Ihnen das Geben ausredet, nur weil Sie offene Rechnungen und Verpflichtungen haben, die Ihnen Sorge bereiten. In Matthäus 6,25-34 trägt uns Jesus auf, um nichts besorgt zu sein, denn Gott weiß, was wir benötigen und verspricht, sich um uns zu kümmern.

Weihen Sie Ihr Geld

In seiner Macht kann Gott alle Gaben über euch ausschütten, sodass euch allezeit in allem alles Nötige ausreichend zur Verfügung steht und ihr noch genug habt, um allen Gutes zu tun

2. KORINTHER 9,8 (EU)

Der Apostel Paulus sagte, dass die Gläubigen in Mazedonien nicht nur Gott ihr Geld gaben, sondern sie gaben auch sich selbst für den Dienst des Herrn (siehe 2. Korinther 8,1-5). Paulus gab sein Leben ebenfalls für den Dienst an Gottes Volk.

Viele Menschen möchten alles von Gott empfangen, was sie nur bekommen können, sind aber nicht dazu bereit, sich ihm ganz hinzugeben. Wenn Sie sich noch nie dem Dienst des Herrn gewidmet haben, verpassen Sie ein großes Abenteuer. Widmen Sie ihm diesen Tag; er wird Sie auf einen Weg zum Sieg führen.

Weihen Sie Gott Ihr Leben

Wer Dank opfert, verherrlicht mich und bahnt einen Weg; ihn werde ich das Heil Gottes sehen lassen.
PSALM 50,23 (ELB)

Wenn ich Menschen diene, erzähle ich ihnen von meinem Leben und meiner Familie. Wir erzählen von unseren Siegen und unseren Niederlagen. Wir reden über unsere Fehler, von den dummen Dingen, die wir tun, und den weisen Dingen, die wir tun. Wir geben das Zeugnis unseres Lebens, um anderen zu helfen, ebenfalls siegreich zu leben.

Heute braucht irgendjemand Ihr Leben. Geben Sie Gott Ihr Leben und erlauben Sie ihm, Ihnen zu zeigen, wem er durch Sie dienen möchte. Geben Sie ihm alles, was Sie sind, und alles, was Sie hoffen, einmal zu sein - all Ihre Träume, Visionen, Hoffnungen und Wünsche. Schenken Sie ihm alles und er wird durch Ihr Leben seine Kraft erweisen.

Weihen Sie ihm Ihren Mund

Ich habe Gerechtigkeit [Aufrichtigkeit und rechter Stand mit Gott] als frohe Botschaft verkündigt in der großen Gemeinde; siehe, ich will meine Lippen nicht verschließen, Herr, das weißt du.

PSALM 40,10 (SLT, AMP)

Was würde geschehen, wenn wir jeden Morgen unseren Mund Gott geben würden, sodass nur göttliche Worte unsere Lippen verlassen würden? In Psalm 34,14 steht: »Bewahre deine Zunge vor Bösem und deine Lippen vor betrügerischer Rede« (ELB).

Weihen Sie Gott Ihren Mund und gebrauchen Sie ihn nur für das, was Ihm wohlgefällig ist: Lobpreis und Anbetung und moralische Erbauung und Ermunterung und Danksagung. Legen Sie Ihren Mund jeden Morgen auf den Altar. Geben Sie Ihren Mund Gott, indem Sie sein Wort beten: »Herr, tue meine Lippen auf, dass mein Mund dein Lob verkünde« (Psalm 51,17; ELB).

Lernen Sie Gott auf intime Weise kennen

Freut euch im Herrn allezeit; abermals sage ich: Freut euch!
PHILIPPER 4,4 (SLT)

In Philipper 3,10 schreibt der Apostel Paulus: »[Denn mein erklärtes Ziel ist es,] dass ich ihn kenne [dass ich beständig tiefer und intimer mit ihm bekannt werde und das Wunder seiner Person immer stärker und deutlicher wahrnehme und erkenne und verstehe], und dass ich auf dieselbe Weise kennenlerne die Kraft, die aus seiner Auferstehung ausströmt [welche sie auf die Gläubigen ausübt]« (AMP).

Je mehr Sie in der Erkenntnis des Herrn wachsen, umso fröhlicher werden Sie sein und den Teufel regelrecht aus Ihrem Leben hinausjagen. Entschließen Sie sich dazu, dass heute der Tag dem Ziel geweiht ist, Gottes wirkende Kraft in Ihrem Leben zu erkennen. Richten Sie Ihre Gedanken auf alles, was gerecht, wahrhaft, liebenswert, rein und wohllautend ist (siehe Philipper 4,8).

Beginnen Sie mit Lobpreis

Durch ihn also lasst uns Gott allezeit das Opfer des Lobes darbringen, nämlich die Frucht der Lippen, die seinen Namen preisen.
HEBRÄER 13,15 (EU)

Mose stand früh am Morgen auf, errichtete einen Altar und brachte Gott Brandopfer und Friedensopfer dar. Danach betete er und las das Buch des Bundes (siehe 2. Mose 24,1-7). Gott sei Dank wird von uns nicht mehr verlangt, dass wir einen Altar aus Steinen errichten, einen Bullen schlachten, dessen Blut vergießen und ein Feuer anzünden, um Gott mit einem Brandopfer zu ehren.

Gott will kein totes Opfer mehr. Er will, dass wir lebendige Opfer sind, voller Begeisterung, ihm jeden Tag zu dienen. Wir müssen einfach nur aufwachen und sagen: »Danke, Herr. Ich bringe dir ein Lobopfer. Ich gebe mich selbst dir als lebendiges Opfer hin, bereit, heute für dich zu leben.«

Seien Sie ein Botschafter Gottes

[Betet] auch für mich, damit mir das Wort gegeben werde, so oft ich meinen Mund auftue, freimütig das Geheimnis des Evangeliums bekanntzumachen, für das ich ein Botschafter in Ketten bin, damit ich darin freimütig rede, wie ich reden soll.

EPHESER 6,19-20 (SLT)

Wenn Sie Ihren Tag richtig beginnen, werden Sie einen besseren Tag haben, und Sie werden ein besseres Zeugnis für den Herrn sein. Weihen Sie sich jeden Morgen ganz neu dem Herrn.

Sagen Sie ihm: »Herr, ich gebe dir die Gaben und Talente, die du in mich hineingelegt hast. Ich möchte sie zu deiner Verherrlichung gebrauchen. Ich möchte jemanden zu dir führen. Stelle jemanden in meinen Weg, dem ich dienen kann, jemanden, den ich ermutigen kann. Hilf mir, heute ein Segen für jemanden zu sein. Herr, ich will dein Botschafter und Repräsentant sein.«

Bitten Sie mit Danksagung

Und der Friede Gottes [soll euer sein, der ruhige Zustand der Seele, die sich ihrer Errettung durch Christus bewusst ist, und deshalb nichts Übles von Gott befürchtet und zufrieden ist mit ihrem irdischen Los, was auch immer das sein mag, dieser Friede], der allen Verstand übersteigt, wird über eure Herzen und eure Gedanken Wache halten und sie bewahren in Christus Jesus.

PHILIPPER 4,7 (AMP)

Wir können jeden Morgen den Herrn um die Dinge bitten, die wir benötigen. Gottes Wort fordert uns auf, unsere Anliegen vor ihm offenzulegen: »Sorgt euch um nichts und habt keine Bange um irgendeine Sache, sondern in jedem Umstand und in allem lasst durch Gebet und Bitten (definitives Anfragen) mit Danksagung eure Anliegen beständig vor Gott kundwerden« (Philipper 4,6; AMP).

Verbringen Sie jedoch nicht all Ihre Zeit mit Gott damit, ihn um Dinge zu bitten. Sie sind unausgeglichen, wenn Ihre Bitten Ihren Lobpreis und Ihre Danksagung überwiegen. Ein Herz voller Dankbarkeit wird jeden Tag verbessern.

Gott wird Ihren Tag aufhellen

Und er suchte Gott ... Und solange er den Herrn suchte (nach ihm forschte, nach ihm verlangte), ließ Gott es ihm gelingen.

2. CHRONIK 26,5 (SLT, AMP)

Jesus stand früh am Morgen auf, lange bevor der Tag anbrach, und ging hinaus an einen einsamen Ort und betete - er zog sich alleine zurück (siehe Markus 1,35). Es gab so viele Menschen, die ihm überallhin folgten, dass er wahrscheinlich keine Zeit alleine gefunden hätte, wenn er nicht besonders früh aufgestanden wäre.

Wenn Sie kein Morgenmensch sind, macht Sie womöglich der Gedanke an das frühe Aufstehen etwas nervös. Sie können jedoch für sich selbst entscheiden, was »früh« für Sie bedeutet. Neun Uhr ist früh, wenn Sie es gewohnt sind, bis Mittag im Bett zu bleiben. Auch wenn Sie nur 15 Minuten früher aufstehen als sonst, um mit Gott ein wenig Zeit alleine zu verbringen, ehren Sie ihn dennoch, und diese Zeit mit ihm wird Ihren ganzen Tag aufhellen.

Genießen Sie die Jagd

Wohl dem (fröhlich, glücklich, beneidenswert ist er), der sich des Schwachen und des Armen annimmt; der Herr wird ihn erretten zur bösen und schwierigen Zeit.

PSALM 41,2 (AMP)

Haben Sie jemals das Gefühl, dass Sie, ganz gleich wohin Sie gehen, irgendjemand verfolgt und jagt? Kommt es Ihnen so vor, als würde irgendjemand immer gerade dann etwas von Ihnen brauchen, wenn Sie anfangen, dem nachzugehen, was Sie sich vorgenommen haben? Jemand muss in die Schule gefahren werden oder jemand vergisst sein Pausenbrot. Ehe Sie sich besinnen können, ist Ihr halber Tag verschwendet.

Jesus weiß, was es bedeutet, verfolgt zu werden, aber er wurde nie wütend darüber. Sobald er an einem Ort jedem gedient hatte, ging er zum nächsten Dorf, um mehr Menschen zu suchen, die ihn brauchten. Er sagte nie: »Lasst mich in Frieden.« Bitten Sie Gott, Ihnen heute die Bedürfnisse anderer zu zeigen, so wie Jesus sie sieht, und Ihre Tage werden nie verschwendet sein.

Bereiten Sie sich auf den Dienst vor

Du bereitest vor mir einen Tisch angesichts meiner Feinde; du hast mein Haupt mit Öl gesalbt, mein Becher fließt über. Nur Güte und Gnade werden mir folgen alle Tage meines Lebens; und ich kehre zurück ins Haus des HERRN lebenslang.

PSALM 23,5-6 (ELB)

Jeder Tag bietet die Gelegenheit, »im Dienst« zu sein. Irgendjemand wird immer eine helfende Hand brauchen, aber Sie werden nicht gut dienen können, wenn Sie sich nicht vorbereiten, indem Sie Zeit mit Gott verbringen. Den Menschen fällt es auf, ob Sie kürzlich intime Momente mit Gott gehabt haben oder nicht.

Der Herr salbt uns, den Bedürfnissen anderer zu begegnen. Wenn wir uns jedoch nicht von ihm erfüllen lassen, werden wir verhindern, dass sein heilendes Öl in unserem Leben fließt. Suchen Sie Gott früh, bevor Sie jemand anruft oder Ihre Hilfe braucht.

Handeln Sie in Weisheit

Wie unerschöpflich ist Gottes Reichtum! Wie tief ist seine Weisheit, wie unermesslich sein Wissen! Wie unergründlich sind seine Entscheidungen, wie unerforschlich seine Wege!

RÖMER 11,33 (NGÜ)

Ohne Weisheit kann es passieren, dass wir schlechte Entscheidungen treffen und uns später fragen, warum wir nicht zuerst gebetet haben. Es ist weise, Gott früh an jedem Tag zu suchen, bevor wir anfangen, Entscheidungen zu treffen. So können wir im Voraus wissen, was wir tun sollen, und dann die Gnade empfangen, auch danach zu handeln. Weisheit bewahrt uns vor einem reuevollen Leben.

Jesus handelte in Weisheit. Wenn andere nach Hause gingen, um sich zu erholen, ging Jesus auf den Ölberg, um Zeit mit Gott zu verbringen. Und frühmorgens (bei Tagesanbruch) kam er zurück zum Tempel und lehrte die Menschen (siehe Johannes 7,53 - 8,2). Jesus verbrachte immer Zeit mit dem Vater, bevor er den Massen begegnete. Wenn Jesus Zeit mit Gott brauchte, dann brauchen wir noch mehr Zeit mit ihm. Wandeln Sie heute in Weisheit.

Erkennen Sie Gottes beständige Gegenwart

Wenn auch ein Sünder hundertmal Böses tut und seine Tage [scheinbar] vermehrt werden [in seiner Boshaftigkeit], so weiß ich doch, dass es denen gut gehen wird, die Gott [ehrerbietig] fürchten, die ihn verehren und anbeten, seine beständige Gegenwart erkennend.

PREDIGER 8,12 (AMP)

Sie können eine Gebetsgewohnheit entwickeln, bei der Sie morgens mit Gott sprechend aufwachen. Sie können nachts mit Gott sprechend einschlafen und mitten in der Nacht immer noch mit ihm redend aufwachen. Das Wort nennt das »unablässiges Gebet« (siehe 2. Timotheus 1,3).

Ich habe gelernt, meine Tage mit Gebet zu beginnen und den ganzen Tag lang weiterzubeten. Ich bete, wenn ich sehe, dass jemand verletzt ist. Ich bete, wenn ich mich nicht gut fühle. Ich bete, wenn ich mich gestresst fühle.

Gebet ist Unterhaltung mit Gott. Es ist das bewusste Wissen, dass seine Gegenwart beständig ist und bedeutet, ihn auf all unseren Wegen anzuerkennen. Wenn wir das tun, verspricht er, unsere Pfade zu einem Ort des Friedens zu führen (siehe Sprüche 3,6).

Hören Sie auf zu klagen

Wer weise ist, [sollte jemand wahrhaftig weise sein, der] wird dies beachten und befolgen; und er wird sorgsam die Gnade und freundliche Liebe des Herrn bedenken.

PSALM 107,43 (AMP)

Danken Sie heute Gott und entscheiden Sie sich, über nichts zu klagen. Bitten Sie ihn, Sie darauf aufmerksam zu machen, wenn Sie gerade zu klagen anfangen möchten, und Ihnen zu helfen, Ihren Mund zu halten. Danken Sie heute für das was Sie haben, ohne auf das zu schauen, was Sie nicht haben. Manche Leute haben dieselben Probleme wie Sie, aber sie kennen Gott nicht. Sie können wenigstens dankbar sein, dass Sie Gott in Ihrem Leben haben.

Das Wort sagt: »Lasst unter euch auch nicht Schändlichkeit (Obszönität, Unanständigkeit) und albernes und sündhaftes (dummes und verdorbenes) Geschwätz oder grobe Witzeleien sein, die sich nicht gehören und unpassend sind, sondern gebt vielmehr Danksagung [an Gott]« (Epheser 5,4; AMP). Halten Sie heute Ihre Zunge im Zaum.

Beten Sie bevor Sie antworten

Denn ich würde nicht wagen, von irgend etwas zu reden, das nicht Christus durch mich gewirkt hat, um die Heiden zum Gehorsam zu bringen durch Wort und Werk.
RÖMER 15,18 (SLT)

Der Vater sandte uns einen Ratgeber - den Geist der Wahrheit, der uns alles lehrt (siehe Johannes 14,16-17.26). Bleiben wir sensibel für die Führung Gottes, dann wird er uns auch leiten. Wenn wir vor unserem Reden beten, wird der Herr uns davor bewahren, unsere Zeit unweise herzugeben und Menschen zu verwirren.

Jesus nahm sich die Zeit, dem Vater zuzuhören bevor er redete. Gott wird uns auch ein »Wort zur rechten Zeit« für jemanden geben (siehe Sprüche 15,23), wenn wir auf seine Eingebung hören, bevor wir eine Antwort geben, die unserer Meinung nach die richtige wäre. Gott wird uns die richtigen Worte schenken, wenn wir erwartungsvoll auf seine Anweisung hören, bevor wir reden.

Zielen Sie höher!

So laufe ich nun nicht wie aufs Ungewisse (ohne sicheres Ziel). Ich führe meinen Faustkampf nicht wie einer, der mit bloßen Luftstreichen und ohne einen Gegner zu haben kämpft. Sondern ich bezwinge [wie ein Boxer] meinen Leib [gehe rau mit ihm um, disziplinieren ihn durch Härte] und beherrsche ihn, damit ich nicht anderen das Evangelium und Dinge diesbezüglich betreffend verkündige und selbst verwerflich werde [die Prüfung nicht bestehe, nicht genehmigt, als Fälschung abgewiesen werde].

1. KORINTHER 9,26-27 (AMP)

Zu viel Schlaf ist der Grund dafür, dass viele gute Pläne scheitern. Sie können Ihren Wecker stellen, damit Sie früh aufstehen und beten können, doch Ihr Fleisch wird Ihnen nicht behilflich sein, am Morgen aufzustehen. Ihr Körper wird fast immer um mehr Schlaf betteln.

Erlauben Sie Ihrem Fleisch nicht, Ihnen Zeit mit Gott zu rauben. Erstreben Sie das höhere Ziel und wachen Sie mit Ihrem Wecker auf, um die besten Minuten Ihres Tages zu genießen.

Fangen Sie an, sich zu bewegen

Lobe (preise) den Herrn (liebevoll, dankbar) … der deinen Mund [deine Bedürfnisse und Verlangen in deinem persönlichen Alter und in deiner Situation] mit Gutem sättigt, auf dass deine Jugend erneuert und wie die eines Adlers ist [stark, überwindend, aufsteigend].

PSALM 103,1.5 (AMP)

In Sprüche 6,4 steht: »Gönne deinen Augen keinen [unnötigen] Schlaf und deinen Lidern keinen Schlummer« (AMP). Die Bibel sagt: »Nimm dir den Schlaf, den du brauchst, stehe aber dann auf!« Zu viel Schlaf bringt Armut. Es ist wie ein Räuber, der von Ihnen stiehlt und Sie hilflos macht (siehe Sprüche 6,11).

Zu wenig Schlaf wird Ihren Tag ebenfalls ruinieren. Müde und schlecht gelaunt zu sein hilft Ihnen nicht, von Gott zu hören. Setzen Sie sich die Priorität, sich zu erholen, stehen Sie aber danach auf. Fangen Sie morgens gleich an, sich zu bewegen und sagen Sie: »Danke Herr, dass ich am Leben bin, um einen weiteren Tag mit dir zu verbringen. Ich glaube daran, dass ich gesalbt bin, das zu tun, was du mir heute aufträgst. Meine Jugend erneuert sich wie die eines Adlers, genauso wie du es versprochen hast.«

Lieben Sie nicht den Schlaf

Meine Augen erwarten die Nachtwache und ich bin vor dem Ruf des Wächters wach, damit ich nachsinne über dein Wort.

PSALM 119,148 (AMP)

Es ist interessant, dass »Guten Morgen« zu unserem allbekannten Gruß geworden ist. Irgendwann muss irgendjemand erkannt haben, dass wir einen guten Tag haben werden, wenn wir einen richtigen Start in den Morgen hatten.

Sprüche 20,13 sagt: »Liebe den Schlaf nicht, sonst wirst du arm; tu deine Augen auf, so hast du zu essen genug« (SLT). Und in Psalm 57,9-10 steht: »Wach auf, meine Pracht (mein innerstes Wesen), Harfe und Laute, wacht auf! Ich werde richtig früh aufwachen [ich will die Morgenröte wecken]! Herr, ich will dich preisen und dir danken unter den Völkern; ich will dir lobsingen unter den Nationen« (AMP).

Machen Sie es sich zur Gewohnheit

Und dieses [sollen wir tun] als solche, die die Zeit verstehen, dass nämlich die [kritische] Stunde schon da ist, wissend, dass es höchste Zeit wird, vom Schlaf aufzuwachen (der Realität ins Auge zu sehen). Denn jetzt ist unsere Errettung (endgültige Befreiung) näher, als da wir gläubig wurden (und angehängt haben an, vertraut und uns verlassen haben auf Christus, den Messias).

RÖMER 13,11 (SLT, AMP)

Die Bibel sagt, dass Jesus es sich zur Gewohnheit gemacht hat, auf den Berg zu gehen, um mit Gott Zeit zu verbringen. In Lukas 22,39 steht: »Und er ging hinaus und begab sich nach seiner Gewohnheit an den Ölberg. Es folgten ihm aber auch seine Jünger« (SLT). Jesus machte es sich zur Gewohnheit, jeden Morgen mit Gott zu kommunizieren.

Man sagt, wenn man etwas konstant 30 Tage lang durchzieht, dann wird diese Sache zur Gewohnheit. Man kann sowohl eine neue Gewohnheit einüben als auch eine alte brechen, indem man 30 Tage lang dasselbe tut. Folgen Sie Jesus und machen Sie es sich zur Gewohnheit, Ihren Tag mit Gebet zu beginnen.

Beanspruchen Sie Gottes Gegenwart

Eines erbitte ich von dem Herrn, nach diesem will ich trachten, forschen und es [beharrlich] beanspruchen: dass ich bleiben darf im Haus des Herrn [in seiner Gegenwart] mein ganzes Leben lang, um die Lieblichkeit [die liebliche Attraktivität und die entzückende Schönheit] des Herrn zu schauen und anzustaunen und [ihn] zu suchen, in Betracht zu ziehen und über ihn nachzusinnen in seinem Tempel.

PSALM 27,4 (SLT, AMP)

Als ich anfangs Christin wurde, hatte ich nicht so sehr das Verlangen zu beten wie heute. Obwohl ich bereits jeden Morgen Zeit mit Gott verbringe, verbringe ich auch den ganzen Tag über Zeit mit ihm. Es kommt mir so vor, als würde ich im Gebet leben.

Madame Guyon schreibt in ihrem kraftvollen Buch *Gott durch Gebet erfahren*, dass es einen Unterschied gibt zwischen dem Beten *zu* Gott und dem *Erleben* Gottes. Anfangs müssen Sie sich zum Beten disziplinieren, doch nach und nach geben Sie sich dem Ozean von Gottes Liebe hin und erfahren seine beständige Gegenwart.

Beten Sie überall

Wohl denen [fröhlich, glücklich, beneidenswert sind die], die in deinem Haus und deiner Gegenwart wohnen; sie werden dich mit Lobpreis besingen allezeit. Sela [halte inne und denke in Ruhe darüber nach]!

PSALM 84,5 (AMP)

Wenn Sie sich einmal angewöhnt haben, Zeit mit Gott zu verbringen, werden Sie diese Begegnungen vermissen, wenn Sie einmal Ihren Tag beginnen sollten, ohne mit Gott zu sprechen und ihm zuzuhören. Sie können überall mit Gott Zeit verbringen, egal was Sie gerade tun - ob Sie beim Einkaufen sind oder das Haus putzen. Ich habe bereits großartige Begegnungen mit Gott beim Autofahren gehabt.

Gott wartet ständig darauf, Ihre Stimme zu hören. Entwickeln Sie ebenfalls ein offenes Ohr für seine Stimme. Was auch immer Sie heute zu erledigen haben, tun Sie es zusammen mit dem Herrn. Erkennen Sie ihn an und reden Sie mit ihm über alles. Sie werden seine Gesellschaft sehr genießen.

Heute mag »einer dieser Tage« sein

Wacht und seid auf der Hut; steht fest in eurem Glauben (eurer Überzeugung, die Beziehung eines Menschen zu Gott und göttlichen Dingen zu respektieren, das Vertrauen und den Eifer bewahrend, der aus dem Glauben entspringt und ein Teil dessen ist). Seid mannhaft und mutig; wachst in Stärke!

1. KORINTHER 16,13 (AMP)

Hatten Sie schon jemals »einen dieser Tage«, an denen nichts so klappt, wie es sollte, Sie jedoch zögern zu beten, weil Sie nicht wissen, wo der Herr Sie hinführen könnte? Gott verlangt nicht immer von Ihnen, dass Sie etwas *tun* müssen, manchmal möchte er einfach nur mit Ihnen reden.

Sollte er Sie jedoch bitten, etwas zu tun, wird er Sie auch dafür salben. Sie werden die Gegenwart seiner Kraft genießen und es wird jemand durch Ihren Gehorsam gesegnet werden. Das sind die besten Tage Ihres Lebens. Nehmen Sie sich heute Morgen Zeit zu beten. Heute mag »einer dieser Tage« sein, an denen Gott für Sie eine besondere Aufgabe hat.

Preisen Sie Gott

Geht ein zu seinen Toren mit Danken und einem Dankopfer und zu seinen Vorhöfen mit Loben! Seid dankbar und tut ihm dieses kund, segnet und preist seinen Namen liebevoll!

PSALM 100,4 (AMP)

Es gibt viele Gelegenheiten, im Laufe des Tages Gott zu loben. Sollte in Ihrem Herzen plötzlich Dankbarkeit für all die Segnungen in Ihrem Leben aufsteigen, halten Sie in dem Moment inne und sagen Sie dem Herrn, wie dankbar Sie ihm für alles sind, was er Ihnen geschenkt hat.

Sagen Sie: »Ich bete dich an, Herr, denn du bist würdig, gepriesen zu werden. Ich brauche dich, und ich möchte dir einfach sagen, dass ich dich liebe. Danke, Vater, für alles.«

Fahren Sie dann mit dem, was Sie gerade getan haben, so fort, als ob Sie es für ihn tun würden. Sie werden erstaunt sein, wie viel Spaß das tägliche Leben in der Gegenwart des Herrn machen kann.

Seien Sie völlig zufrieden

Die gepflanzt sind im Haus des Herrn, sie werden gedeihen in den Vorhöfen unsres Gottes. [Wachsend an Gnade] sollen sie im Alter noch Frucht tragen; sie sollen voll Saft [voll von geistlicher Lebenskraft] und [reich in der] Frische [von Vertrauen, Liebe und Zufriedenheit] sein.
PSALM 92,14-15 (AMP)

Viele Menschen streben nach Besitz und Anerkennung, um ihr innerliches Verlangen nach Zufriedenheit zu stillen. Aber wir können völlig zufrieden sein, in mageren Zeiten und in Zeiten der Fülle, ob wir Mangel leiden oder im Überfluss leben (siehe Philipper 4,12), wenn wir lernen, Gemeinschaft mit dem Herrn zu haben sobald wir aufwachen.

Noch bevor Sie völlig wach sind können Sie schon beginnen, mit Gott zu reden. Danken Sie ihm einfach, dass er Sie gestern durchgetragen hat und auch heute bei Ihnen sein wird. Preisen Sie ihn dafür, dass er Sie versorgt und alle Situationen in Ihrem Leben zu Ihrem Besten wendet.

Bitten Sie ihn, dass er Ihnen seine Gegenwart den ganzen Tag hindurch bewusst macht. Friede erfüllt Ihr Herz, wenn Ihr Verstand bei dem Herrn ist. Nichts ist befriedigender, als mit dem Herrn zu gehen.

Haben Sie ein fröhliches Herz

Von der Frucht seines Mundes wird einer mit Gutem gesättigt, und was ein Mensch mit seinen Händen tut, das wird ihm vergolten.
SPRÜCHE 12,14 (SLT)

Früher lebte ich mit einem beständigen Gefühl von Angst, bis ich Gott bat, mir zu zeigen, was nicht in Ordnung war. Er sprach die Worte »böse Vorahnungen«, und dann zeigte er mir die Bibelstelle zu dem Thema: »Ein Verzagter und Betrübter hat lauter böse Tage [wegen besorgter Gedanken und Vorahnungen], aber ein fröhliches Herz hat immer ein Festmahl [ungeachtet der Umstände]« (Sprüche 15,15; AMP).

Besorgte Gedanken machen den Tag böse. Wenn Sie mit einem trostlosen Tag rechnen, werden Sie selbst auch unfreundlich sein. Böse Vorahnungen ruinieren den Tag, aber Glaube macht das Herz fröhlich und hat übernatürliche Ergebnisse zur Folge. Wenn Sie einen guten Tag erleben wollen, dann schrauben Sie Ihre Erwartungen höher, damit sie mit Gottes Wort im Einklang sind.

Scheuen Sie sich nicht davor

Die Hand der Fleißigen wird herrschen, eine lässige aber muss Zwangsarbeit verrichten.
SPRÜCHE 12,24 (SLT)

Verbringen Sie Ihren Tag nicht auf der Suche nach einfachen Aufgaben, anstatt die schwierigen Dinge anzupacken, die getan werden müssen. Erledigen Sie zuerst die schwierigen Sachen, die, die Sie am wenigsten mögen, und räumen Sie diese aus dem Weg. Schauen Sie zum Beispiel nicht auf die unangenehmen Arbeiten mit den Worten: »Das werde ich später erledigen.« Die schwierigen Aufgaben werden den ganzen Tag lang an Ihnen nagen und Ihre Energie verbrauchen, die Sie brauchen, um die Dinge zu tun, die Sie gerne tun wollen.

Der Geist der Passivität wird Ihnen produktive Energie stehlen, aber Sie haben die Kraft Gottes in sich, um das Aufschieben zu überwinden. Beten Sie und bitten Sie Gott, Ihnen zu helfen, die Aufgaben, vor denen Sie sich scheuen, zu erledigen. Arbeiten Sie zuerst an den wichtigen Dingen und schon bald werden diese Dinge Ihren Tag nicht länger bestimmen oder ruinieren.

Haben Sie Vertrauen in Gott

Er zweifelte nicht an der [stellte nicht infrage die] Verheißung Gottes durch Unglauben oder Misstrauen, sondern wurde stark und ermächtigt durch den Glauben, indem er Gott die Ehre und Lob gab und völlig zufrieden und überzeugt war, dass Gott mächtig und in der Lage war sein Wort zu halten und zu tun, was er verheißen hat.

RÖMER 4,20-21 (AMP)

Niemand hätte geglaubt, dass David den Riesen besiegen könnte, aber David war nicht entmutigt. David hatte früh am Morgen Gott gesucht und dies gab ihm das Vertrauen in Gott, um tun zu können, was er an diesem Tag tun musste. Als David Goliath tötete, lief er schnell zu dem Schlachtfeld und proklamierte den Sieg im Namen des lebendigen Gottes (siehe 1. Samuel 17,20-54).

Menschen, die früh aufstehen und Gott suchen, gehen mutig voran und tun, was sie tun müssen. Bitten Sie Gott um Vertrauen, dass Sie jeden Riesen in Ihrem Leben, der sich Gottes Plänen für Sie entgegenstellt, besiegen können.

Seien Sie ein Segen

Du bewahrst ihn und erhältst ihn in vollkommenem und beständigen Frieden, dessen Verstand [sowohl seine Neigung als auch sein Charakter] fest bei dir ist, weil er sich dir anvertraut, sich auf dich stützt und voller Vertrauen auf dich hofft.

JESAJA 26,3 (AMP)

In Galater 6,10 heißt es: »So lasst uns nun, wo wir Gelegenheit haben, an allen Gutes tun, besonders aber an den Hausgenossen des Glaubens« (SLT). 2. Korinther 10,5 spricht davon, jede Vorstellung und alles Hohe und Erhabene, das sich über die Erkenntnis Gottes erhebt, zu zerstören. Anders gesagt: Richten Sie Ihre Gedanken beständig auf die Verheißungen Gottes und auf das, was von Bedeutung für seinen Plan für Ihr Leben ist.

Lassen Sie es nicht zu, dass der Feind Ihre Gedanken in Beschlag nimmt. Nehmen Sie stattdessen »jeden Gedanken gefangen zum Gehorsam gegen Christus«. Entscheiden Sie sich, für jeden, den Sie heute treffen, ein Segen zu sein. Vergeben Sie jedem, der Sie verletzt hat und belassen Sie ungelöste Umstände in den Händen Gottes. Benutzen Sie nicht das Heute, um das Gestern noch einmal zu leben. Sagen Sie: »Ich bewege mich heute voran, in Jesu Namen.«

Gott gibt uns alles, was wir brauchen

Darum vertrauen und stützen sich auf dich, die deinen Namen kennen [die deine Gnade erfahren haben und sie kennen]; denn du hast nicht verlassen, die dich, Herr, suchen (dich beanspruchen und nach dir fragen) [gemäß der Autorität von Gottes Wort und der Rechte ihrer Bedürfnisse].

PSALM 9,11 (SLT, AMP)

In seinem Wort hat Gott uns die Werkzeuge gegeben, die wir brauchen und die uns durch jeden neuen Tag helfen. Er hat uns »Festkleider statt eines betrübten Geistes« gegeben (siehe Jesaja 61,3). Wenn Sie also am Morgen aufwachen, entschließen Sie sich dazu, dass Sie heute nicht deprimiert sein werden, was immer auch passiert.

Ziehen Sie gleich als Erstes am Morgen das Festkleid an. Hören Sie sich Lobpreismusik an, lesen Sie im Wort und erneuern Sie Ihre Gedanken, um sie in Einklang mit dem zu bringen, was Gott über Sie sagt – dass Sie gerecht und gesegnet sind. Sie können angemessen denken, angemessen reden und den ganzen Tag lang angemessen handeln, wenn Sie Zeit mit Gott verbringen, bevor die Prüfungen über Ihren Weg laufen.

Manche Dinge passieren niemals

Du wirst mir den Weg des Lebens zeigen; vor deinem Angesicht sind Freuden in Fülle, liebliches Wesen zu deiner Rechten ewiglich.

PSALM 16,11 (SLT)

Oft regen wir uns über Dinge auf, die niemals passieren. Satan lädt uns gerne Sorgen über Dinge auf, die nicht einmal wirklich Probleme sind. Jesus sagt: »Der Dieb kommt nur, um zu stehlen, zu töten und zu verderben. Ich bin gekommen, damit sie das Leben haben und genießen und es im Überfluss haben (in Fülle, bis es überfließt)« (Johannes 10,10; AMP).

Die Bibel sagt, dass das Königreich Gottes innerliche Gerechtigkeit, Frieden und Freude im Heiligen Geist ist (siehe Römer 14,17). Wenn wir Jesus zum Herrn unseres Herzens machen, dann haben wir Freude in unserem Leben. Satan hat kein Recht darauf, Sie heute zu bestehlen. Genießen Sie deshalb das gute Leben, das Ihnen Jesus durch seinen Tod erkauft hat.

Lieben Sie sich selbst

Seid niemand etwas schuldig, außer dass ihr einander liebt; denn wer den anderen liebt [es ausübt andere zu lieben], hat das Gesetz erfüllt [in Bezug auf seine Mitmenschen, ihren Bedürfnissen entgegenzukommen].
RÖMER 13,8 (SLT, AMP)

Jesus sagte: »Liebe deinen Nächsten wie dich selbst« (siehe Matthäus 19,19). Das heißt, wir müssen uns selbst auf gesunde Weise respektieren, wenn wir unsere Beziehungen mit anderen Menschen genießen wollen. Wenn wir keine ausgeglichene Liebe für uns selbst haben, dann ist es schwierig, andere zu lieben. Das Leben macht keinen Spaß, wenn wir die Gesellschaft anderer nicht genießen können, denn überall, wo wir hingehen, sind Menschen!

Manchmal ist es schwierig, mit anderen Menschen auszukommen, weil sie uns so anders vorkommen, als wir selbst sind, aber gerade aufgrund dieser Unterschiede brauchen wir einander. Gott hat uns so erschaffen, dass wir die Freundschaft und das Können anderer brauchen. Tun Sie heute etwas Nettes für jemand anderen. Lassen Sie jemanden wissen, dass Sie ihn oder sie zu schätzen wissen.

Kommen Sie gut mit anderen aus

Aber die Sanftmütigen werden das Land erben und sich großen Friedens erfreuen.
PSALM 37,11 (SLT)

Wir können es lernen, mit Menschen auszukommen. Es ist besonders wichtig zu lernen, mit unseren nächsten Familienmitgliedern und Mitarbeitern klarzukommen. Es gibt viele verschiedene Bücher über unterschiedliche Persönlichkeiten, die uns helfen zu verstehen, warum Leute sich so fühlen und so handeln, wie sie es tun. Verständnis hilft dabei, angespannte Beziehungen zu beruhigen.

Menschen treffen auf unterschiedliche Weise ihre Entscheidungen. Einige geben sofort eine Antwort, während andere gerne Zeit haben, um zuerst darüber nachzudenken. Versuchen Sie die Menschen zu verstehen, denen Sie heute begegnen werden. Bitten Sie Gott, Ihnen zu zeigen, wie Sie sich mit Ihnen vertragen können. Er wird Ihnen Gunst schenken, wenn Sie auf ihn vertrauen.

Positive Veränderung

Einer trage (ertrage, halte aus) des anderen Last und beschwerliche moralische Fehler, und so sollt ihr das Gesetz des Christus (des Messias) erfüllen und vollkommen befolgen und das vervollständigen, was noch mangelt [in eurem Gehorsam dahingehend].

GALATER 6,2 (AMP)

Unsere Fröhlichkeit und Freude hängt nicht davon ab, ob Menschen das tun, was wir uns von ihnen wünschen oder nicht. Wir mögen es niemals zustande bringen, jemanden so zu beeinflussen, dass er oder sie das tut, was wir für richtig halten. Doch mit Gottes Hilfe können wir uns selbst ändern, um die Resultate in unserem Leben hervorzubringen, die wir uns wünschen.

Ich habe Folgendes festgestellt: Wenn ich mich auf positive Art und Weise ändere und diese Änderung dauerhaft und stabil ist, ruft dies fast immer eine Änderung in den Menschen um mich herum hervor. Wenn Sie möchten, dass Ihr Leben anders wird, bitten Sie Gott, Ihnen zu zeigen, wie Sie sich verändern müssen. Akzeptieren Sie andere so, wie sie sind, und sehen Sie, wie Gott in Ihnen wirkt, um Ihre Freude zu vervollständigen.

Leben Sie Ihr volles Potenzial aus

Denn ihr lernt ja beständig mehr kennen und erkennt stärker und deutlicher die Gnade unseres Herrn Jesus Christus (seine Freundlichkeit, seine gnädige Großzügigkeit, seine unverdiente Gunst und geistlichen Segen), [indem] dass er, obwohl er [ausgesprochen] reich war, um euretwillen [ausgesprochen] arm wurde, damit ihr durch seine Armut reich (überreich versorgt) würdet.
2. KORINTHER 8,9 (AMP)

Früher wachte ich immer mit einem Gefühl der Schuld und Verdammnis auf. Ich richtete und kritisierte jeden kleinen Fehler, den ich beging. Doch diese Art von Selbstanschauung erzeugt innerlichen Druck, der droht, an der ersten Person, der man begegnet, ausgelassen zu werden.

Wenn Sie damit zu kämpfen haben, beginnen Sie Ihren Tag damit, im Wort zu lesen. Die Erkenntnis der Barmherzigkeit und Vergebung Gottes ist lebenswichtig, um zu lernen sich selbst zu lieben, sodass Sie andere lieben können. Schöpfen Sie das volle Potenzial des heutigen Tages aus.

Ein nützliches Gefäß

Wenn nun jemand sich von solchen reinigt [von allem, was unehrenhaft und unrein ist, wer sich trennt von allem Kontakt mit verpesteten und korrupten Einflüssen], wird er [selbst] ein Gefäß sein, bestimmt und nützlich für ehrbare und edle Zwecke, geheiligt und dem Hausherrn nützlich, angemessen und zu jedem guten Werk zubereitet.

2. TIMOTHEUS 2,21 (AMP)

Die Bibel vergleicht uns mit irdenen Gefäßen (siehe 2. Korinther 4,7); wir bestehen aus Ton (siehe Jesaja 64,7). Gott formte Adam aus der Erde (siehe 1. Mose 2,7), und König David sagte: »Denke daran, Herr, dass ich nur Staub bin« (siehe Psalm 103,14).

Wenn wir uns mit Gottes Wort füllen, werden wir zu Behältern seines Segens, dazu bereit, für seine Zwecke ausgegossen zu werden. Gott kann sogar rissige Töpfe verwenden! Wir sind dem Herrn alle wertvoll. Wir können den Menschen überall, wo wir hingehen, seine Wahrheit anbieten.

Lesen Sie heute in Gottes Wort, bevor Sie Ihre Routine beginnen, und sehen Sie, wie viele Menschen Sie mit der Wahrheit seiner Liebe segnen können.

Demonstrieren Sie Jesus

Seid aber gegeneinander nützlich und hilfsbereit und freundlich, sanftherzig (barmherzig, verständnisvoll, liebend), vergebt einander [bereitwillig und freimütig], so wie auch Gott euch vergeben hat in Christus.

EPHESER 4,32 (AMP)

Mein Wunsch ist es, jedem, dem ich begegne, durch meine Worte und Handlungen den Charakter von Jesus zu zeigen. Ich bete, dass jeder, der Mitarbeiter unseres Werkes kontaktiert, sagen wird: »Diese Leute sind voll von Jesus. Sie sind geduldig, freundlich und nett.«

Wir sind Behälter, die in der Lage sind, bis zum Überfließen mit dem Geist von Jesus gefüllt zu werden, der in unseren Herzen wohnt. Wenn wir verstehen, dass wir überall, wo wir auch hingehen, seinen Charakter und seine Tugend demonstrieren können, werden wir sein, was das Wort sagt - Lichter in einer dunklen Welt (siehe Philipper 2,15).

Jesus nennt uns das Salz der Erde (siehe Matthäus 5,13). Salz verleiht den Dingen Geschmack, die ansonsten fade und geschmacklos wären. Seien Sie heute Salz - zu Hause, bei der Arbeit, wo auch immer Sie hingehen.

Bleiben Sie angeschlossen

So soll euer Licht leuchten vor den Menschen, dass sie eure moralische Trefflichkeit und eure lobenswerten, edlen und guten Werke sehen und euren Vater im Himmel erkennen und ehren und preisen und verherrlichen.

MATTHÄUS 5,16 (AMP)

Jesus ist das Licht der Welt, und er erleuchtet diejenigen, die mit ihm in Beziehung treten. Nachdem Mose Zeit in Gottes Gegenwart verbracht hatte, leuchtete sein Gesicht so hell, dass er einen Schleier tragen musste, weil das Volk sich fürchtete, sich ihm zu nähern (siehe Exodus 34,29-30).

So wie eine Lampe an eine Steckdose angeschlossen sein muss um die umgebende Dunkelheit erleuchten zu können, so müssen auch wir an Gott angeschlossen bleiben, wenn wir möchten, dass unser Licht vor anderen leuchtet. Die einzige Art und Weise, wie wir in Liebe wandeln und uns so verhalten können, wie wir es sollten, ist zu beten, das Wort zu lesen und Gemeinschaft mit Gott zu erfahren. Bleiben Sie angeschlossen und seien Sie ein Licht, wo auch immer Sie hingehen.

Regen Sie sich nicht auf

Er verleihe euch nach dem Reichtum seiner Herrlichkeit, dass ihr gestärkt und gefestigt werdet mit machtvoller Kraft in dem inneren Menschen durch den [Heiligen] Geist [der selbst in eurem innersten Sein und in eurer innersten Persönlichkeit wohnt].

EPHESER 3,16 (AMP)

Der Teufel möchte uns dazu verführen, uns aufzuregen, sodass wir uns ekelhaft verhalten, ausrasten und dadurch unser Zeugnis darüber ruinieren, was Gott in unserem Leben getan hat. Wenn die Liebe Gottes nicht durch uns hindurchfließt, ist es schon schwierig, netten Menschen gegenüber freundlich zu sein, geschweige denn schwierige Leute nett zu behandeln. Wir brauchen Gottes Hilfe, um richtig zu leben.

Der Heilige Geist wird Ihnen die Kraft geben, überall in Liebe zu wandeln. Verlassen Sie nicht Ihr Zuhause, ohne ihn zuerst einzuladen, Sie mit der Gnade zu füllen, Gottes Liebe und Barmherzigkeit jedem gegenüber zu demonstrieren, dem Sie begegnen.

Lernen Sie Gott wirklich kennen

[Ich bete,] dass ihr erfüllt werdet [in eurem ganzen Sein] bis zur ganzen Fülle Gottes [das reichste Maß der göttlichen Gegenwart erhaltet und ein Leib werdet, der gänzlich gefüllt und überflutet ist mit Gott selbst]!

EPHESER 3,19 (AMP)

Paulus betete für uns (die Gemeinde), als er sagte: »Ich bete, dass ihr wirklich, ganz praktisch und aus eigener Erfahrung, die Liebe Christi kennenlernt, die bei Weitem jedes bloße Kopfwissen übersteigt« (nach Epheser 3,19). Er wusste, dass wir die Liebe Gottes persönlich erfahren müssen.

Unser Glaube hängt nicht von Erfahrungen ab, doch unsere Beziehung mit Gott ist real, und wir dürfen Begegnungen mit Gott erwarten. Wir brauchen die Zeiten der Nähe Gottes, in denen wir ohne jeden Zweifel wissen, dass er in unserem Leben wirkt.

Treten Sie die Reise an, Gott immer besser kennenzulernen. Seien Sie sich seiner Liebe für Sie den ganzen Tag über bewusst.

Verlangen Sie nach mehr von Gott

Ich bitte dich, wenn ich Gnade gefunden habe vor deinen Augen, so lass mich doch nun deine Wege wissen, dass ich dich erkenne [beständig immer tiefer und intimer mit dir bekannt werde, immer stärker und deutlicher wahrnehmend und erkennend und verstehend], damit ich Gnade finde vor deinen Augen. Und [Herr] bedenke [doch], dass dieses Volk dein Volk ist.

2. MOSE 33,13 (AMP)

Sobald Sie Gott besser kennenlernen, werden Sie einen Übergang feststellen. Statt nur in Zeiten der Not zu beten, werden Sie ihm mit allem, was Sie sind, dienen wollen, mit jedem Atemzug und mit jedem Talent, das Sie besitzen. Wenn Sie sich in Jesus verlieben, werden Sie nach mehr und mehr Zeit mit ihm verlangen.

Wenn Sie erst einmal Ihre Zeit, Ihr Geld und Ihre Gaben dem Herrn zur Verfügung gestellt haben, werden Sie jeden Tag Zeit mit ihm verbringen wollen, um ihn auf intimere Art und Weise kennenzulernen. Bitten Sie Gott, Ihr gesamtes Sein mit seiner Fülle zu erfüllen, während Sie ihn mit ganzem Herzen suchen.

Seien Sie von Gott erfüllt

Mein Mund soll erfüllt sein von deinem Lob, von deiner Verherrlichung allezeit.
PSALM 71,8 (SLT)

Betrachten Sie nochmals den Vers aus Epheser 3,19 (AMP): »Dass ihr ... ein Leib werdet, der gänzlich gefüllt und überflutet ist mit Gott selbst!« Stellen Sie sich vor, wie Ihr Tag wohl aussehen wird, wenn Ihr Sein gänzlich mit Gott ausgefüllt ist. Sie werden ein Behälter sein, der Gott überallhin mit sich trägt. Es wird Ihre Gedanken, Ihre Emotionen und Ihre Handlungen beeinflussen. Mit der göttlichen Gegenwart Gottes gefüllt zu sein wird verändern, was Sie sagen, welche Unterhaltung Sie für sich auswählen und mit welchen Leuten Sie beschließen, Ihre Zeit zu verbringen.

Wenn wir wiedergeboren werden, kommt Jesus, um als Same in uns zu leben. Wenn man sich um diesen Samen neuen Lebens kümmert, indem man im Wort liest, es durch Richtungsweisung nährt und die Sünde im Leben ausreißt, wird der Same seiner Gegenwart immer weiter wachsen, bis er unser gesamtes Wesen ausfüllt.

Frucht bringen

Nicht ihr habt mich erwählt, sondern ich habe euch erwählt und euch dazu bestimmt [ich habe euch eingepflanzt], dass ihr hingeht und Frucht bringt und fortwährend Frucht bringt, und dass eure Frucht bleibt [dass sie bestehen bleibe, fortbestehe], damit der Vater euch gibt, was auch immer ihr ihn bitten werdet in meinem Namen [welcher all das präsentiert, was ich bin].

JOHANNES 15,16 (SLT, AMP)

Die Bibel sagt, wir sind gesegnet, wenn unsere Zuversicht der Herr ist. Wir werden wie Bäume sein, die am Wasser gepflanzt sind, und die nicht aufhören, Frucht zu bringen (siehe Jeremia 17,7-8).

Ich gebe zu, dass es uns manchmal am Ende eines Tages so vorkommen kann, als sei all unsere Frucht bereits gepflückt worden! Doch Gott wird uns wieder auffüllen, wenn wir in ihm bleiben. Wenn wir unser Vertrauen auf ihn setzen, werden wir alle möglichen Sorten von Früchten tragen, und werden jeden Morgen neue Frucht haben, um sie mit anderen zu teilen.

Benutzen Sie die Schlüssel

Die, die den Herrn suchen (nach ihm forschen und ihn brauchen) [gemäß ihrem Bedarf und der Autorität von Gottes Wort], müssen nichts Gutes entbehren.
PSALM 34,10 (AMP)

Jesus sagte: »Und ich will dir die Schlüssel des Reiches der Himmel geben; und was du auf Erden binden wirst (als ungebührlich und ungesetzlich erklärst), das muss im Himmel bereits gebunden sein; und was du auf Erden lösen wirst (als gerecht erklärst), das muss im Himmel bereits gelöst sein« (Matthäus 16,19; AMP).

Als Gläubiger haben Sie die Autorität, ein Leben des Sieges zu leben und dem Teufel zu verbieten, Sie zu quälen. Er ist nicht gesetzlich ermächtigt, Sie im Himmel zu zerstören, also ist er auch nicht gesetzlich ermächtigt, Sie während Ihrer Zeit auf der Erde zu zerstören. Benutzen Sie die Schlüssel des Reiches der Himmel, die Jesus Ihnen übergeben hat. Lösen Sie Gottes Segen über Ihren Bemühungen und binden Sie die bösen Werke, die heute gegen die Frucht Ihrer Arbeit wirken.

Zerbrochenheit ist gut

Erweise deine wunderbare Gnade, du Retter derer, die vor den Widersachern Zuflucht suchen bei deiner Rechten! Behüte mich wie den Augapfel im Auge, beschirme mich unter dem Schatten deiner Flügel.

PSALM 17,7-8 (SLT)

David sagte: »Ich bin geworden wie ein zertrümmertes Gefäß« (siehe Psalm 31,13; SLT). Zerbrochenheit klingt schlecht, aber durch Zerbrochenheit befreien wir uns von der äußeren Hülle, dem fleischlichen Teil von uns, der abgeworfen werden muss, um die guten Dinge zum Vorschein zu bringen, die in uns sind.

Jeder von uns muss zerbrochen sein, so wie David es war; wir müssen uns vollständig auf Gott verlassen, uns von dem Bösen zu befreien. Beten Sie heute wie David es getan hat: »Ich aber, Herr, ich vertraue dir, ich sage: ›Du bist mein Gott‹« (Psalm 31,15; EU).

Zerbrochen und ausgegossen

Denn der Sohn des Menschen wird in der Herrlichkeit seines Vaters mit seinen Engeln kommen, und dann wird er jedem Einzelnen vergelten nach seinem Tun.
MATTHÄUS 16,27 (SLT)

Seien Sie willig, dem Herrn Ihr Bestes zu geben und er wird Ihre Gaben auf eine Art benutzen, die über Ihrer Vorstellungskraft liegt. Die Frau mit dem Alabasterfläschchen voll Salböl, das einen ganzen Jahreslohn wert war, wollte etwas für Jesus tun, weil sie ihn liebte. Also goss Sie das teure Salböl über ihm aus, ohne sich zu der Zeit bewusst zu sein, dass sie ihn für sein Begräbnis salbte (siehe Markus 14,1-9).

Gott führte sie zu geben, was sie hatte, egal wie kostbar es war. Wenn Sie Ihre Gaben, die Gott Ihnen gegeben hat, ausgießen, wird er diese verwenden, um die Welt auf das zweite Kommen seines Sohnes vorzubereiten. Ihr heutiger Gehorsam wird Früchte im Himmel sammeln, derer Sie sich jetzt noch gar nicht bewusst sind.

Segnen Sie Menschen

Denn ihr seid [in der Tat] zur Freiheit berufen, Brüder; nur macht die Freiheit nicht zu einem Vorwand für das Fleisch und zu einer Gelegenheit oder Entschuldigung [für Eigennützigkeit], sondern dient einander durch die Liebe.

GALATER 5,13 (SLT, AMP)

Als Gläubiger in Jesus Christus haben Sie ganz wunderbare Gaben in sich. Sie haben die Fähigkeit, andere heute glücklich zu machen. Sie können ermutigen. Sie können aufbauen. Sie können ermahnen und erheben. Sie können glauben. Sie können beten. Sie können jemanden zu Christus bringen.

Menschen müssen nicht erst verzweifelte Nöte haben, bevor wir sie segnen. Der Heilige Geist wird uns führen, jeden Tag gut zu den Menschen zu sein, wenn wir empfänglich für seine Stimme sind. Bieten Sie dem Herrn Ihre Gaben und Talente an und seien Sie gespannt, was passiert.

Tun Sie Gutes

Dieses Wort ist glaubwürdig, und ich will, dass du dafür eintrittst, damit alle, die zum Glauben an Gott gekommen sind, sich nach Kräften bemühen, das Gute zu tun. So ist es gut und für alle Menschen nützlich.

TITUS 3,8 (EU)

Was für eine fantastische Sache ist es doch, gut zu Menschen zu sein. Die Bibel sagt, dass Gott Jesus mit dem Heiligen Geist und mit Kraft, Fähigkeit und Macht gesalbt hat; und dass er umherzog und Gutes tat, denn Gott war bei ihm (siehe Apostelgeschichte 10,38). Jesus verbrachte seine Zeit damit, gut zu den Menschen zu sein - zu allen Menschen. Er half den Leuten und ermutigte sie, wo immer er auch hinging.

Wir sind gesalbt, Menschen zu segnen, so wie Jesus es getan hat. Gott hat uns die Kraft, Fähigkeit und Macht gegeben, fantastische Werke in seinem Namen zu vollbringen. Tun Sie den ganzen Tag lang Gutes - heute.

Demütigen Sie sich

Lasst die gleiche Einstellung und die gleiche Absicht und die gleiche [demütige] Gesinnung in euch herrschen, die in Christus war: [Lasst ihn euer Beispiel in Demut sein].

PHILIPPER 2,5 (AMP)

Demut kommt aus Zerbrochenheit; Zerbrochenheit tut so weh, aber sie »tut gut weh«. Zerbrochenheit kommt, wenn wir erkennen, dass wir doch nicht so tolle Kerle sind, wie wir meinten. Zerbrochenheit kommt, wenn wir andere richten und dann realisieren, dass wir genau dasselbe tun, was sie getan haben. Zerbrochenheit kommt, wenn wir denken, *wir werden* hinaustreten und etwas Großartiges tun und dann auf die Nase fallen, weil wir vergessen haben, an Gott »angeschlossen« zu bleiben.

Zerbrochenheit kommt, wenn wir unseren Standpunkt vertreten und so überzeugt sind, dass wir sogar darüber streiten würden und dann herausfinden, dass wir falsch liegen. Zerbrochenheit tut uns gut. Zerbrochenheit führt uns zu Demut und der Ehre geht Demut voraus (siehe Sprüche 15,33).

Lassen Sie Gott hoch erhoben sein

Die stolzen Augen der Menschen werden erniedrigt, und der Hochmut der Männer wird gebeugt werden; der Herr aber wird allein erhaben sein an jenem Tag.
JESAJA 2,11 (SLT)

Niemand von uns ist, wie er sein sollte - aber Gott sei Dank sind wir auch nicht mehr so, wie wir einmal waren. Schauen Sie nicht auf das, was Sie gerade *durchzumachen* haben, sondern fassen Sie ins Auge, was Sie einmal *sein werden.* Wir stehen alle in dem Prozess, Christus ähnlich zu werden (siehe 2. Korinther 3,18).

Zerbrochenheit tut weh, aber die Alternative ist viel schlimmer. Gottes Wort sagt: »Vor dem Zusammenbruch wird das Herz des Menschen hochmütig, aber vor der Ehre kommt die Demut« (Sprüche 18,12; SLT). Beten Sie darum, beugsam, fügsam und formbar zu sein, damit Sie heute in allem, was Sie tun, Christus ähnlicher werden. Beten Sie um Zerbrochenheit, damit der Herr in Ihrem Leben erhoben wird.

Ein kostbarer Schatz

Dies alles aber [Gaben, Errungenschaften, Befähigungen] wirkt ein und derselbe [Heilige] Geist, der jedem persönlich [ganz genau] zuteilt, wie er will.
1. KORINTHER 12,11 (SLT, AMP)

In 2. Korinther 4,7 sagt Paulus: »Wir haben aber diesen Schatz [das göttliche Licht des Evangeliums] in irdenen [zerbrechlichen, menschlichen] Gefäßen, damit das Übermaß der Kraft von Gott sei und nicht aus uns« (ELB, AMP). Gott gebraucht zerbrechliche Menschen (angeschlagene Tongefäße!), um die Kraft seiner Guten Nachricht auszurufen.

Er könnte Engel senden, um das Evangelium predigen zu lassen, aber er benutzt einfache, gewöhnliche, alltägliche Menschen, um seine Kraft zu erweisen. Er erfüllt uns mit göttlichen Gaben, die der Heilige Geist inspiriert und wirksam macht. Diese Gaben teilt er unter den Menschen aus, die an ihn glauben. Lassen Sie uns um seines höheren Zieles willen heute im Netzwerk des Volkes Gottes zusammenarbeiten, damit sein Wille geschieht.

Das muss Gott sein!

Du, Herr, lässt meine Leuchte erstrahlen, mein Gott macht meine Finsternis hell.
PSALM 18,29 (EU)

Die Bibel sagt, Gott wirkt durch unsere Schwachheit, damit sichtbar wird, dass die überragende Kraft, die in unserem Leben vorhanden ist, von ihm und nicht von uns selbst kommt (siehe 2. Korinther 4,7). Gott benutzt gewöhnliche Leute, wie wir es sind - Leute mit Fehlern und Sprüngen in der Schüssel (unseren irdenen Gefäßen) -, damit die Menschen wissen, es muss Gott sein, der in uns wirkt, wenn wir gute Werke tun.

Menschen, die uns schon gekannt haben, ehe wir mit Jesus gegangen sind, wird der Unterschied ganz besonders auffallen, den ein paar Jahre Christusnachfolge für unser Leben ausmachen. Wenn wir es seiner Liebe erlauben, durch unsere Schwachheiten hindurch zu leuchten, werden wir völlig veränderte Persönlichkeiten. Vielleicht sehen wir noch genauso aus wie vorher, aber wir verhalten uns anders. Wo Gottes überragende Größe uns erfüllt, strahlen wir einfach Liebe aus. Lassen Sie den ganzen Tag sein herrliches Licht durch Sie hindurchleuchten!

Das Licht scheint durch angeschlagene Gefäße

Lass nicht zuschanden werden an mir, die auf dich hoffen, o du Herrscher, Herr der Heerscharen; lass nicht meinetwegen beschämt werden, die dich suchen, du Gott Israels!
PSALM 69,7 (SLT)

Jeder Mensch gleicht einem Gefäß, das Leben in sich trägt. Doch nicht jeder trägt in sich eine Lebenspräsenz, die anderen zum Segen wird. Religiosität versucht, Menschen zur Befolgung von Gesetzen zu zwingen, die sie vollkommen machen sollen, damit sie so sind wie Schüsseln ohne Sprünge. Stellt man aber eine Kerze in ein völlig makelloses, unbeschädigtes Gefäß und deckt dieses dann ab, so wird von außen niemand mehr das Licht sehen können. Makellose Gefäße sind nicht imstande, ihr inneres Licht nach außen scheinen zu lassen, damit es anderen Menschen den Weg erhellt.

Gott will aus unvollkommenen, angeschlagenen Gefäßen herausleuchten. Menschen werden gesegnet, wenn die Sprünge in unseren Schüsseln das Licht Jesu durchscheinen lassen. Entscheiden Sie sich, lieber ein angeschlagenes Gefäß voller Herrlichkeit zu sein, als ein wunderschönes, aber leeres Gefäß.

Sterben Sie der Sünde ab

Da sprach Petrus zu ihnen: Tut Buße (ändert eure Ansichten und Zielsetzungen, damit ihr in eurem Inneren Gottes Willen annehmen könnt, anstatt ihn zurückzuweisen), und jeder von euch lasse sich taufen auf den Namen Jesu Christi zur Vergebung der Sünden; so werdet ihr die Gabe des Heiligen Geistes empfangen.
APOSTELGESCHICHTE 2,38 (SLT, AMP)

Der Sünde abzusterben erfordert täglich neue Entschlossenheit. Wir alle haben Schwächen - genau deshalb brauchen wir ja Jesus. Bräuchten wir ihn nicht, so wäre er vergeblich für uns gestorben. Tag für Tag müssen wir ihn bitten, dass er uns bei unseren Problemen und Fehlern hilft.

Dann wird er uns von unseren Sünden und Launen, unserer Selbstsucht, Eifersucht und Begierde erlösen. Unser fleischliches Verlangen zu sündigen, stirbt nicht automatisch *in* uns ab, sobald wir Christen geworden sind. Aber Jesus erlöst uns *von* unseren Sünden, wenn wir ihn um die Kraft bitten, unseren selbstsüchtigen Wünschen abzusterben und ihm nachzufolgen.

Erkennen Sie, wer Sie sind

... er [der Mensch, der das Leben liebt und gute Tage sehen will] wende sich ab vom Bösen und tue Gutes; er suche den Frieden (die von Ängsten, ruhelosen Leidenschaften und moralischen Konflikten freie Harmonie) und jage ihm nach! [Er sehne sich nicht bloß nach friedvollen Beziehungen zu Gott, seinen Mitmenschen und sich selbst, sondern ringe darum!]

1. PETRUS 3,11 (SLT, AMP)

Paulus sagt: »Ich möchte das Richtige tun, aber ich kann es nicht« (siehe Römer 7,15-25). Weil er wiedergeboren worden war, war er innerlich ein neuer Mensch, aber nach wie vor musste er sich der Versuchung widersetzen zu sündigen.

Das erklärt Paulus so: Immer noch wohnt das Prinzip der Sünde in uns (Vers 20). Wir wollen das Richtige tun, haben aber nicht die Kraft, unseren Vorsatz auch zu verwirklichen, weil das Böse stets und ständig zur Stelle ist, um uns zum Falschen zu verleiten. Gott ist der Einzige, der uns von dieser Neigung zur Sünde befreien kann. Deshalb müssen wir ihn täglich darum bitten, dass er uns von dem Bösen befreit.

Erweitern Sie den Radius Ihrer Liebe

Siehe, wie fein und wie lieblich ist's, wenn Brüder in Eintracht beisammen sind!
PSALM 133,1 (SLT)

Äußerlich können wir uns zurechtmachen und super aussehen. Gott aber interessiert sich weit mehr dafür, was in unserem Inneren vor sich geht. Beurteilen wir andere danach, wie sie aussehen, so tappen wir in die Falle des Teufels, jeden zurückzuweisen, der irgendwie anders zu sein scheint als wir selbst.

Erweitern Sie heute einmal bewusst den Radius Ihrer Liebe. Suchen Sie nach Möglichkeiten, auch solche Menschen in den Wirkungskreis Ihrer Liebe einzuschließen, die Sie bisher immer übersehen haben. Bitten Sie Gott um Hilfe bei der Ausweitung Ihres Liebesradius und schließen Sie Menschen verschiedenster Wesensart, jeder Hautfarbe und jedes kulturellen Hintergrundes mit in diesen ein. Beten Sie um Augen, die in die Herzen der Menschen hineinsehen können, und passen Sie auf: Das wird ein großartiger Tag werden!

Wir brauchen einander

Weiter sage ich euch: Wenn zwei von euch auf Erden übereinkommen (sich zusammentun, wie eine Symphonie zusammen schwingen) über irgendeine Sache [was immer es auch sei], für die sie bitten wollen, so soll sie ihnen zuteilwerden von meinem Vater im Himmel.

MATTHÄUS 18,19 (SLT, AMP)

Im Leib Jesu brauchen wir einander. Männer und Frauen brauchen sich gegenseitig. Denominationen brauchen einander. Ich glaube, hinsichtlich unserer Unterschiede werden wir im Himmel die Wahrheit lernen. Dann wird uns aufgehen, dass wir alle manchmal im Recht und manchmal im Unrecht waren.

Doch selbst die Dinge, in denen wir im Recht waren, werden dann nicht mehr zählen. Gott möchte, dass wir miteinander auskommen. Wir sollen aufhören, mit aller Welt über irgendwelche Nichtigkeiten im Clinch zu liegen, bei denen unsere Meinungen voneinander abweichen, und uns lieber auf die Dinge konzentrieren, bei denen wir einer Meinung sind, damit wir miteinander auskommen. Üben Sie sich darin, Übereinstimmung mit anderen Gläubigen zu suchen, und achten Sie dann einmal darauf, was Gott durch die Einheit im Glauben vollbringt!

Christus ist die Kraft

... und das Unedle der Welt und das Verachtete hat Gott (willentlich) erwählt, und das, was nichts ist, damit er zunichtemache, was etwas ist, damit sich vor ihm kein Fleisch rühme [so tue, als ob es etwas wäre].
1. KORINTHER 1,28-29 (SLT, AMP)

»... denen aber, die berufen sind, [ist] Christus Gottes Kraft und Gottes Weisheit« (1. Korinther 1,24; SLT). Wenn Gott uns beruft, etwas zu tun, befähigt er uns auch dazu. Wissen Sie noch? Gott gebraucht völlig ungeeignete Leute, um große Dinge zu bewirken, weil auf diese Weise ihm die Ehre dafür zufällt.

Wenn Gott Sie also heute ruft, etwas zu tun, das Ihnen viel zu groß erscheint, um damit zurechtkommen zu können, dann wird Christus Ihnen die Kraft und die Weisheit geben, die Sie dafür brauchen. Jedem von uns hat Gott zugesprochen: »... *meine* Kraft wird in der [d. h. deiner] Schwachheit vollkommen [erfüllt und vollendet]!« (2. Korinther 12,9; SLT, AMP).

Gott gebraucht, was andere wegwerfen

Da sprach der Herr zu ihm: »Wer hat dem Menschen den Mund gemacht? Oder wer macht ihn stumm oder taub oder sehend oder blind? Bin ich es nicht, der Herr? So geh nun hin: Ich will mit deinem Mund sein und dich lehren, was du sagen sollst!«

2. MOSE 4,11-12 (SLT)

Mit Absicht beruft Gott Menschen in seinen Dienst, die gar nicht wissen, wie das gehen soll, was er ihnen aufträgt. Sein Werkzeugkasten ist voll von schwachen Menschen, die nichts richtig hinzukriegen scheinen - »gesprungenen Schüsseln«, denen die Welt mit Verachtung begegnet (siehe 1. Korinther 1,28).

Aber Gott weiß: Diese Menschen werden sich auf ihn verlassen und beten: »Herr, hilf mir«, damit sich vor Gott »kein Fleisch rühme« (siehe 1. Korinther 1,29), also kein Sterblicher so tun kann, als stelle er irgendetwas dar.

Qualifizieren Sie sich heute für Gottes Werkzeugkasten, indem Sie jemandem erzählen, was Sie Gott in Ihrem Leben haben tun sehen.

Gott befähigt uns

Durch Jesus Christus haben wir Gnade (Gottes unverdiente Gunst) und [unseren] Apostelдienst empfangen ... zum Glaubensgehorsam für seinen Namen unter allen Heiden, unter denen auch ihr seid, Berufene Jesu Christi ...

RÖMER 1,5-6 (AMP, SLT)

Gott gibt uns Schönheit statt Asche, Freudenöl statt Trauer und ein Lobpreisgewand anstelle eines bedrückten Geistes (vgl. Jesaja 61,3). Was immer wir brauchen, um siegreich zu sein - Gott gibt es uns. Er ist es, der uns fähig macht; darum schreiben wir ihm alles Gute in unserem Leben zu.

Machen Sie sich heute auf und geben Sie Ihr Bestes, und dann lassen Sie Gott das Übrige tun. Legen Sie es nicht drauf an, Fehler zu machen und danebenzuhauen - aber wenn das doch passiert, dann tun Sie Buße und bringen die Dinge mit Gott in Ordnung. Falls es nötig ist, dass Sie sich bei jemandem entschuldigen, dann gehen Sie hin und entschuldigen sich. Nehmen Sie Vergebung in Anspruch und schreiten Sie weiter voran.

Hören Sie niemals auf zu wachsen

Deshalb hören wir auch seit dem Tag, da wir es vernommen haben [wie ihr im Geist lebt], nicht auf, für euch zu beten und zu bitten, dass ihr erfüllt werdet mit der Erkenntnis seines Willens in aller geistlichen Weisheit und Einsicht, damit ihr des Herrn würdig wandelt und ihm in allem wohlgefällig seid: in jedem guten Werk fruchtbar und in der Erkenntnis Gottes wachsend ...

KOLOSSER 1,9-10 (SLT)

Gottes Wort macht uns Mut, uns nach Vollkommenheit auszustrecken, indem wir in eine völlige, gottgefällige Reife des Denkens und Charakters hineinwachsen. Wir sollen und können integere Menschen sein, weil unser himmlischer Vater vollkommen ist (siehe Matthäus 5,48).

Paulus sagt, auch er habe zwar das Ideal der Vollkommenheit noch nicht erreicht, er jage ihm aber nach, um das zu ergreifen und sich zu eigen zu machen, wofür er von Christus ergriffen worden sei (vgl. Philipper 3,12). Auch wir sollten diesen Tag nutzen, um alles daranzusetzen, dass wir reifen und wahrhaftig leben.

Buße tun und weitergehen

Wenn wir [freimütig] unsere Sünden bekennen, ist er treu und gerecht (getreu seinem eigenen Wesen und seinen Verheißungen), dass er uns die Sünden vergibt [unsere Gesetzlosigkeit auslöscht] und uns [fortwährend] reinigt von jeder Ungerechtigkeit [allem, was in Zielsetzungen, Gedanken und Taten nicht mit seinem Willen konform geht].

1. JOHANNES 1,9 (ELB, AMP)

Es ist wichtig, echtes Bedauern zu empfinden, wenn wir etwas falsch gemacht haben. Aber es hilft niemandem, wenn wir ständig vor aller Welt über alles und jedes herumjammern, was an uns verkehrt ist. Solange wir böse auf uns selbst sind, werden wir in unserem Glauben niemals heranreifen.

Wir müssen über unsere Sünde Buße tun, Vergebung dafür beanspruchen und sie dann vergessen. Keinesfalls dürfen wir stets und ständig die Erinnerung an unser früheres Verhalten mit uns herumschleppen. Früher oder später müssen wir loslassen und sagen: »Schön, ich habe einen Fehler gemacht, weil ich eine alte, gesprungene Schüssel bin.« Und dann müssen wir Gottes Licht durch die Sprünge in unserer Oberfläche hindurchscheinen lassen.

Gott will Ihr Herz

Aber der Herr sprach zu Samuel: Schaue nicht auf sein Aussehen, noch auf seinen hohen Wuchs, denn ich habe ihn verworfen! Denn der Herr sieht nicht auf das, worauf der Mensch sieht: denn der Mensch sieht auf das, was vor Augen ist, der Herr aber sieht das Herz an!

1. SAMUEL 16,7 (SLT)

Religiöse Unterweisung lenkt unsere Aufmerksamkeit auf unsere äußere Erscheinung, aber sie versetzt uns nicht in die Lage, mit unseren inneren Gedanken und Absichten aufzuräumen. Jesus nannte die religiösen Pharisäer »getünchte Gräber ... voller Totengebeine« (siehe Matthäus 23,27), weil sie sich ihrer perfekten Befolgung der hebräischen Gesetze rühmten.

Gott hingegen sah sie ganz und gar nicht als vollkommen an, denn ihre Herzen waren, anders als seines, nicht barmherzig. Gott hat es lieber mit jemandem zu tun, dessen Herz voller liebender, freundschaftlicher Zuneigung zu ihm ist und der Fehler macht, als mit einem, der die perfekte Show abliefert, aber innerlich verkommen ist.

Wenn Gott sich heute Ihr Herz anschaut, dann lassen Sie ihn entdecken, dass es ihn hingebungsvoll sucht.

Es gefällt Gott, wie er Sie gemacht hat

Mein Gebein war nicht verhüllt vor dir, als ich im Verborgenen gemacht wurde, kunstvoll gewirkt [aus vielen verschiedenfarbigen Fäden] tief unten auf Erden [in geheimnisvoller Dunkelheit].

PSALM 139,15 (SLT, AMP)

Haben Sie Gott schon einmal gefragt: »Warum hast du mich eigentlich so gemacht?« Manchmal münzt Gott genau das, was wir für unsere größten Fehler halten, zu seiner größten Ehre um: »Ja, o Mensch, wer bist denn du, dass du mit Gott rechten willst? Spricht auch das Gebilde zu dem, der es geformt hat: Warum hast du mich so gemacht?« (Römer 9,20; SLT).

Jesus ist dafür gestorben, dass wir unser Leben überfließend, in unerschöpflicher Fülle, genießen können. Aber Sie werden Ihr Leben nicht genießen können, solange Sie sich selbst nicht gut finden. Seien Sie zufrieden mit sich selbst und feiern Sie die Einzigartigkeit, in der Gott Sie geschaffen hat.

Leben Sie, um Gott zu dienen

Denn auch der Sohn des Menschen ist nicht gekommen, um bedient zu werden, sondern um zu dienen und sein Leben zu geben als Lösegeld für viele.
MARKUS 10,45 (ELB)

Genau wie ein Töpfer aus Ton Gefäße formt - einige zu ehrenvollem, andere zu minderem Gebrauch -, so formt Gott uns, damit wir seinen Zwecken dienen. Egal wie unsere Stellung im Leben auf andere wirken mag, wir alle sind dazu geformt, in irgendeiner Weise dem Herrn zu dienen.

Hat Gott Sie zu einem Helfer oder einer Helferin gemacht, dann helfen Sie von ganzem Herzen! Wenn Sie gerne die Häuser anderer Leute putzen, dann putzen Sie sie so, als putzten Sie das Haus des Herrn! Wenn Sie daheim bei Ihren Kindern bleiben möchten statt ein zweites Gehalt zu verdienen, dann zerbrechen Sie sich nicht den Kopf darüber, dass Gott andere berufen hat, außer Haus ihrer Arbeit nachzugehen. Tun Sie, was immer der Herr Ihnen ins Herz legt, dass Sie es tun sollen - und genießen Sie es, das auszufüllen, wofür Gott Sie geschaffen hat.

Nur Gott kann Sie verändern

Der Herr wird ihn erquicken auf seinem Krankenlager; du machst, dass es ihm besser geht, wenn er krank ist. Ich sprach: Herr, sei mir gnädig! Heile meine Seele, denn ich habe gegen dich gesündigt!

PSALM 41,4-5 (SLT)

Machen Sie sich nicht verrückt wegen Ihrer Fehler. Sonst werden Sie sich niemals des Lebens erfreuen, für das Jesus gestorben ist, damit Sie es haben. Nur Gott kann Sie verändern; deshalb sollten Sie mit ihm über das reden, was Sie sich wünschen. Gottes Wort sagt, diejenigen, die des Herrn harren, *werden* verändert werden (siehe Jesaja 40,31).

Und bis das geschieht, hören Sie damit auf, Ihre Macken allzu ernst zu nehmen. Lassen Sie nicht zu, dass Entmutigung oder Depression Sie Ihrer Kraft berauben und zornig machen. Sonst kann es passieren, dass Sie andere Leute Ihren Ärger spüren lassen und die Segnungen versäumen, die Gott heute für Sie bereithält. Erfreuen Sie sich Ihrer selbst und seien Sie ein heiterer Mensch! Machen Sie heute die richtigen Schritte in Richtung der Veränderung, die Sie sich wünschen, indem Sie Gott bitten, Ihnen den ganzen Tag über zur Seite zu stehen.

Wir sind Gefäße

Der HERR lasse sein Angesicht über dir leuchten und sei dir gnädig (freundlich, barmherzig, Gunst erweisend)! Der HERR erhebe sein [wohlwollendes] Angesicht auf dich und gebe dir Frieden (bringe dein Herz und dein Leben beständig zur Ruhe).

4. MOSE 6,25-26 (ELB, AMP)

Es ist Zeitverschwendung, scheinbar erfolgreiche Leute anzuschauen und zu denken: »Ach, wäre ich doch so wie er oder sie!« Die Probleme und Mängel der Erfolgreichen kennen wir ja nicht. Jeder hat mit Versuchungen zu kämpfen und wir sollten Gott für unsere eigenen dankbar sein; denn wenn wir keine Probleme hätten, bräuchten wir Jesus nicht mehr.

Zeigen Sie anderen die Herrlichkeit der Gegenwart Gottes in Ihrem Leben, indem Sie für das dankbar sind, was er für Sie tut. Begreifen Sie, dass Gott seine Schätze in irdene Gefäße legt - solche, wie wir es sind -, damit die, die ihn nicht kennen, an uns seine Größe und Herrlichkeit sehen (siehe 2. Korinther 4,7). Lassen Sie heute Gottes Licht durch Ihr Leben hindurch scheinen.

In unserer Schwachheit ist Gott stark

Denn du bist mein Fels und meine Burg; um deines Namens willen wirst du mich führen und leiten.
PSALM 31,4 (EU)

Genau wie angeschlagene Schüsseln hat jeder von uns seine ganz eigenen, unverwechselbaren Fehler. Doch sofern wir es ihm gestatten, nimmt Jesus unsere Fehler und schmückt mit ihnen den Tisch seines Vaters. In Gottes großartigem Haushalt geht nichts verloren.

Also haben Sie keine Angst vor Ihren Fehlern, wenn wir gemeinsam zu dienen versuchen und Gott Sie zu den Aufgaben ruft, die er Ihnen zugewiesen hat. Stehen Sie zu ihnen und gestatten Sie ihm, sie sich zunutze zu machen, damit auch Sie ein Schmuckstück auf seinem Weg sind.

Gehen Sie mutig voran - Sie dürfen wissen, dass wir in unseren Schwächen immer auf seine Stärke stoßen werden. In Jesus lautet die Antwort auf jede einzelne von Gottes Verheißungen »Ja«, und deshalb sagen wir: »Amen, so sei es!« (siehe 2. Korinther 1,20).

Seine Kraft ist vollkommen

Er [Gott] aber, der dem Sämann Samen darreicht und Brot zur Speise, er möge euch die Saat darreichen und mehren und die Früchte eurer Gerechtigkeit wachsen lassen [die sich in aktiver Güte, Freundlichkeit und Milde erweist] ...

2. KORINTHER 9,10 (SLT, AMP)

Es gibt Menschen, die viel haben, aber mit ihrem Besitz nichts für andere tun. Und es gibt Menschen, die wenig haben, aber in der Lage sind, damit viel zu tun. Benutzen Sie heute das, was Sie haben, und zerbrechen Sie sich nicht den Kopf über das, was Sie nicht haben. Gott wird Ihren Mangel ausgleichen, wenn Sie ihm einfach nur das geben, was Sie geben können.

Gottes Kraft kommt immer in Ihren Schwächen zur Vollendung. Entschuldigen Sie sich nicht für das, woran es Ihnen mangelt, sondern halten Sie Ausschau nach der Gegenwart Gottes, die Ihre Leere füllen möchte. Geben Sie Ihr Allerbestes und erfreuen Sie sich der Ehre, die Gott jeden Tag durch Ihr Zeugnis zukommt.

Entscheiden Sie sich, positiv zu sein

Schließlich, Brüder: Was immer wahrhaft, edel, recht, was lauter, liebenswert, ansprechend ist, was Tugend heißt und lobenswert ist, darauf seid bedacht!

PHILIPPER 4,8 (EU)

Negative Menschen können das Leben nicht genießen. Mit positiven Erwartungen in jeden einzelnen Tag hineinzugehen ist eines der Schlüsselprinzipien göttlichen Lebensglücks.

Wir handeln nach dem, was wir glauben. Deswegen rufen positive Gedanken positive Taten hervor. Wenn Sie ein positives Leben führen möchten, sollten Sie anfangen, positive Gedanken zu denken. Das ist nicht schwer, wenn Sie Gottes Wort lesen und über all das meditieren, was Gott für Sie und durch Sie tun möchte. Ziehen Sie sich heute zurück und denken Sie einmal über all die guten, positiven Dinge nach, die Gott in der Vergangenheit schon für Sie getan hat und in der Zukunft noch für Sie tun möchte.

Segnen Sie heute jemanden

In allem habe ich euch [durch mein Beispiel] gezeigt, dass man so arbeiten und sich der Schwachen annehmen soll, eingedenk der Worte des Herrn Jesus, der selbst gesagt hat: Geben ist glückseliger (macht einen glücklicher und beneidenswerter) als Nehmen!
APOSTELGESCHICHTE 20,35 (SLT, AMP)

Damit Ihr Tag heute als ein guter Tag der Liebe gelingt, sollten Sie sich heute Morgen ein bisschen Zeit nehmen, um darüber nachzudenken, was Sie für jemand anderen tun könnten. Warten Sie nicht darauf, dass Gott Sie darum *bittet*, etwas zu tun - ergreifen Sie die Initiative, indem Sie sagen: »Okay, Gott, was kann *ich* tun, damit ich heute für dich ein Segen bin?«

Die besten Tage in Ihrem Leben sind die, die Sie damit verbringen, andere Menschen zu lieben. Suchen Sie sich jemand Bestimmtes aus und denken Sie darüber nach, wie Sie ihm oder ihr zum Segen werden können. Und wenn Ihnen nichts einfällt, dann hören Sie dem Betreffenden einfach mal zu. So werden Sie über kurz oder lang mitbekommen, was er braucht.

Gott weiß und Gott sieht

Die sind Vertraute des Herrn, die ihn fürchten; er weiht sie ein in seinen Bund.

PSALM 25,14 (EU)

Vielleicht sieht niemand sonst das, was Sie sehen - Gott aber sieht es alles. Jedes Mal, wenn Sie beten, sieht Gott es. Jedes Mal, wenn Sie im Stillen etwas Gutes tun, sieht Gott es und merkt sich vor, Sie in aller Öffentlichkeit dafür zu belohnen (siehe Matthäus 6,1-6).

Dienen Sie dem Herrn in allem, was Sie heute tun. Gottes Wort sagt: »Am Morgen säe deinen Samen, und am Abend lass deine Hand nicht ruhen; denn du weißt nicht, ob dieses oder jenes gedeihen wird, oder ob beides zugleich gut wird« (Prediger 11,6; SLT). Gott wird gedeihen lassen, was Sie für ihn tun.

Sie können sich verändern

Wir sind also mit ihm begraben worden durch die Taufe in den Tod, damit, gleichwie Christus durch die Herrlichkeit des Vaters aus den Toten auferweckt worden ist, so auch wir in einem neuen Leben wandeln.

RÖMER 6,4 (SLT)

Sie werden niemals sein, was Sie sein sollen, solange Sie negative Gedanken denken. Sagen Sie gleich morgens beim Aufwachen: »Ich liebe mein Leben. Es ist einfach toll. Ich danke Gott für alles, was er mir gegeben hat.«

Sie tun sich selbst einen Gefallen, wenn Sie damit anfangen, richtige Gedanken zu denken, damit Sie dann auch richtig handeln können. Ihren Tag mit richtigen Taten zu »besäen«, wird Sie veränderte Gewohnheiten »ernten« lassen. Je mehr Sie sich in diesen neuen Gewohnheiten bewegen, umso nachhaltiger wird sich Ihr Charakter verändern. Und indem Ihr Charakter sich verändert, wachsen Sie in das Geschick hinein, das Gott für Sie vorgesehen hat. Durch Gottes Kraft können Sie ein erneuertes Leben führen.

Freuen Sie sich über Herausforderungen

Mir aber ist die Nähe Gottes köstlich; ich habe Gott, den Herrn, zu meiner Zuflucht gemacht, um alle deine Werke zu verkünden.

PSALM 73,28 (SLT)

Ein weiterer Tipp für den richtigen Start in den Tag lautet: Fürchten Sie sich nicht vor den Dingen! Liegen Sie nicht im Bett und starren angstvoll auf den ganzen Tag, den Sie vor sich haben, bevor Sie auch nur aufgestanden sind. Angst ist nahe verwandt mit dem Geist der Furcht. Wo die Angst eindringt, macht sich die Freude davon. Angst macht Sie zu einem Elendskandidaten; denn wenn Sie sich für die Angst entscheiden, legen Sie damit fest, dass Sie das, was Sie heute vorhaben, keinesfalls genießen können.

Freuen Sie sich, wenn Sie vor Prüfungen stehen, die Sie noch nie zu bestehen hatten. Schieben Sie der Denkart der Furcht einen Riegel vor. Treffen Sie schon früh am Morgen die Entscheidung, jeder Herausforderung, die heute auf Sie wartet, mit Begeisterung entgegenzutreten. Sie wissen doch: Gott wird Ihren Weg ebnen und alles gedeihen lassen, was Sie anpacken.

Entwickeln Sie ein neues Denken

Erschaffe mir, Gott, ein reines Herz und gib mir einen neuen, beständigen Geist!
PSALM 51,12 (EU)

Durch die Haltung, mit der wir den Dingen unseres Lebens begegnen, programmieren wir uns selbst entweder zum Elend oder zur Freude vor. Denkweisen sind Muster, nach denen unser Denken normalerweise in Richtung auf ein bestimmtes Ziel hin funktioniert. Wenn wir zum Beispiel unseren heutigen Tagesplan anschauen, mag es uns so vorkommen, als hätten wir viel zu viel zu tun. Wenn wir uns aber für die Denkart entscheiden, dass Gott uns durch unseren Tag hindurchhelfen wird, werden wir mit Freude zusehen, wie alles wie am Schnürchen läuft.

Weigern Sie sich, vor dem, was zu tun ist, Angst zu haben. Begrüßen Sie den Tag in der richtigen Haltung und mit einem dankbaren Herzen, dass Sie einen Erlöser haben, der bereitsteht, um Sie vor jeder Überforderung zu behüten. Seien Sie guten Mutes und sagen Sie: »Ich weigere mich gegen ein Leben in Ängsten, ich werde heute mein Leben genießen.«

Die vollkommene Liebe treibt die Furcht aus

Ich vermag alles durch den, der mich stark macht, Christus. [Ich bin auf alles vorbereitet und allem gewachsen, und zwar durch ihn, der mir innere Stärke einflößt; weil Christus mir volle Genüge erworben hat, will ich mit mir selbst zufrieden sein.]

PHILIPPER 4,13 (SLT, AMP)

Der Teufel versucht uns in Angst und Schrecken zu versetzen, damit wir anstelle von Glauben Furcht bekennen. Aber in 1. Johannes 4,18 heißt es: »Furcht ist nicht in der Liebe, sondern die vollkommene Liebe treibt die Furcht aus, denn die Furcht hat mit Strafe zu tun; wer sich nun fürchtet, ist nicht vollkommen geworden in der Liebe« (SLT).

Genießen Sie Ihren Tag in dem Wissen, dass Gott Sie vollkommen liebt. Fürchten Sie sich nicht vor den schwierigen Dingen, die Sie heute bewältigen müssen - Gott ist auf Ihrer Seite und steht bereit, um Ihnen zu helfen.

Gott ist auf Ihrer Seite

Denn der Herr hat Wohlgefallen an seinem Volk;
er schmückt die Elenden mit Heil.
PSALM 149,4 (SLT)

Wenn Sie sich nie Prüfungen ausgesetzt sehen, müssen Sie sich auch nie im Glauben üben. Doch selbst wenn Sie harten Zeiten entgegensehen, sollten Sie sich nie vor dem Leben fürchten. In Jesaja 8,13 heißt es: »Den Herrn der Heerscharen, den sollt ihr heiligen [denn er ist der Einzige, von dem ihr Rettung erwarten könnt]; er sei eure Furcht und euer Schrecken [deshalb würdet ihr ihn verletzen, wenn ihr euch vor Menschen fürchtet und ihm misstraut]!« (SLT, AMP).

Wenn Sie Menschen fürchten und vor dem Leben Angst haben, vertrauen Sie nicht darauf, dass der Herr Sie erretten wird. Bewahren Sie sich Ihre heilige Gottesfurcht - fürchten Sie sich davor, ihm nicht zu gefallen, aber vor nichts anderem. Wenn Gott für Sie ist, wer kann gegen Sie sein? »Aber in dem allen überwinden wir weit durch den, der uns geliebt hat« (Römer 8,37; SLT).

Seien Sie bereit

Verlasse sie [die Weisheit] nicht, so wird sie dich behüten; liebe sie, so wird sie dich bewahren!
SPRÜCHE 4,6 (ELB)

In Philipper 4,13 finden Sie die Verheißung, dass Jesus Ihnen Kraft für alles geben wird, was Ihnen begegnet. Das bedeutet, er wird Sie auf alles vorbereiten und dafür sorgen, dass Sie jeder Herausforderung gewachsen sind, indem er Ihnen innere Stärke einflößt.

Gott wird Sie niemals in die Lage geraten lassen, dass Sie irgendetwas tun müssen, ohne dass er Ihnen die Kraft und Befähigung dazu geben würde. Sie dürfen entspannen und Ihr Leben genießen, denn Gott wird Sie »völlig aus[rüsten] zu jedem guten Werk«, damit Sie seinen Willen tun, indem er in Ihnen »das wirkt, was vor ihm wohlgefällig ist, durch Jesus Christus« (Hebräer 13,21; SLT).

Erneuern Sie Ihre Freude

Majestät und Pracht sind vor seinem Angesicht, Kraft und Freude in seiner Stätte.
1. CHRONIK 16,27 (ELB)

Emotionale Traumata saugen Menschen ihre Lebenskraft aus. Aber Gottes Wort sagt: »... seid nicht bekümmert, denn die Freude am Herrn ist eure Stärke!« (Nehemia 8,10; SLT). Der Teufel möchte Ihnen die Freude stehlen, weil er weiß, dass Freude Ihre Stärke ist. Er will Sie schwach sehen, damit Sie dem Chaos, das er gegen Sie mobilisiert, nichts entgegenzusetzen haben. Deshalb brauchen wir uns mitunter gegenseitig.

An manchen Tagen wird Gott Boten schicken, die Ihren Glauben aufbauen und Ihre Freude erneuern. An manchen Tagen schickt er Ihnen einen anderen Menschen, der schwach ist, weil Satan auf ihn eingeprügelt hat. Seien Sie heute für jemanden ein Freund. Es kann sein, dass Ihnen Menschen begegnen, die einen Freund brauchen, der ihnen zur Seite steht, sie ermutigt und aufrichtet und für sie betet.

Denken Sie voraus

... sondern wir reden Gottes Weisheit im Geheimnis, die verborgene [menschlichem Verstehen unzugängliche], die Gott vor den Weltzeiten zu unserer Herrlichkeit vorherbestimmt hat [und durch die er uns emporheben will in die Herrlichkeit seiner Gegenwart].

1. KORINTHER 2,7 (SLT, AMP)

Schauen Sie nach vorn - auf die Belohnung, die Gott im Himmel für Sie bereitgelegt hat. Gott hat jenes Buch längst zu Ende geschrieben, in dem es heißt, dass auf diejenigen, die ihren Glauben auf Jesus richten, gute Nachricht wartet.

Selbst wenn Sie hundert Jahre alt würden und sich jeden Tag Ihres Lebens Prüfungen ausgesetzt sähen, gälte das Wort von Paulus, dass die Schwierigkeiten, die wir jetzt und hier haben, uns eine ewige Herrlichkeit verschaffen, vor der sämtliche Prüfungen, die wir jetzt bestehen müssen, vollkommen nichtig sind (siehe 2. Korinther 4,17-18). Halten Sie den Blick auf die Ziellinie gerichtet, nicht auf das Kampfgetümmel, das Sie umgibt.

Seien Sie zufrieden

Die Elenden sollen essen und satt werden; die den Herrn [mit Hingabe] suchen [weil sie nichts so sehr brauchen wie ihn], werden ihn loben; euer Herz soll ewiglich leben!

PSALM 22,27 (SLT)

Viele Leute sind ständig auf der Suche nach der Herausforderung einer neuen Erfahrung; aber alles Neue wird auch irgendwann alt. Früher oder später muss man lernen, sich auch an Altem zu freuen, sonst erreicht man nie Gottes höheres Ziel, die Genügsamkeit (siehe 1. Timotheus 6,6).

In Philipper 4,11-12 bezeugt Paulus, wie er es lernte, zufrieden und bedürfnislos zu sein, und zwar so lange, bis ihn nichts mehr aus der Ruhe bringen konnte, wie auch immer seine Umstände aussahen. Er vermochte in bescheidenen Umständen zu leben oder Überfluss zu haben. Er hatte begriffen: Das Geheimnis, mit jeder Situation fertig zu werden, ob nun satt oder hungrig, heißt Zufriedenheit. Suchen Sie heute Ihre Zufriedenheit in Gott, dann wird Ihnen nichts fehlen.

Genießen Sie Ihr Leben

Und alles, was ihr tut, das tut von Herzen (mit ganzer Seele) als [etwas] für den Herrn und nicht für Menschen, da ihr [ohne jeden Zweifel] wisst, dass ihr vom Herrn [und nicht von Menschen] zum [eigentlichen] Lohn das Erbe empfangen werdet.

KOLOSSER 3,23-24 (SLT, AMP)

Jesus ist gestorben, damit Sie ein überfließendes Leben genießen können, und zwar nicht nur an Ihren arbeitsfreien Tagen, in den Ferien oder wenn Sie einkaufen oder Golf spielen gehen, sondern jeden einzelnen Tag Ihres Lebens.

Er möchte, dass Sie es genießen, in den Supermarkt zu gehen. Er will, dass Sie Freude daran haben, die Kinder zur Schule zu fahren. Er möchte, dass es Ihnen Spaß macht, Ihre Rechnungen zu bezahlen. Er möchte, dass Sie es genießen, das Haus zu putzen oder den Rasen zu mähen.

Sie können das Leben genießen, wenn Sie sich dazu entschließen. Sagen Sie einfach: »Ich werde mein Leben in allen Bereichen genießen, weil Jesus dafür gestorben ist, dass ich unaussprechliche, herrliche Freude haben kann.«

Folgen Sie dem Geist Gottes

Und Gott, der die Herzen erforscht, weiß, was die Absicht des Geistes ist: Er tritt so, wie Gott es will, für die Heiligen ein.

RÖMER 8,27 (EU)

Viele Menschen folgen ihren eigenen Wünschen oder den Ratschlägen anderer, aber nicht dem Geist Gottes. Der Heilige Geist ist jedem von uns gegeben, damit er uns in die Fülle unserer Bestimmung führe, genau wie in die Fülle dessen, was Jesus mit seinem Tod für uns erworben hat.

Ihr Glaube an Jesus verspricht Ihnen den Himmel, aber Gott möchte, dass auch in diesem Leben alle Dinge zu Ihrem Guten zusammenwirken (siehe Römer 8,28). Geben Sie sich nicht mit der Hälfte dessen zufrieden, was Jesus Ihnen durch sein Sterben erworben hat. Folgen Sie der Leitung des Geistes, damit Sie alles bekommen, was Gott für Sie hat. Suchen Sie Gott und seine klare Führung, damit Sie mitten in seinem vollkommenen Willen für jeden einzelnen Tag bleiben.

Gehen Sie, wohin Gott Sie sendet

... so lasst uns hinzutreten mit wahrhaftigem (ehrlichem, ernsthaften) Herzen in Gewissheit des Glaubens (indem wir unsere gesamte menschliche Persönlichkeit in völligem Vertrauen auf seine Kraft, Weisheit und Güte auf Gott stützen) ...

HEBRÄER 10,22 (ELB)

Dass Menschen der Führung des Heiligen Geistes nicht folgen, ist einer der Hauptgründe dafür, dass sie ihr Leben nicht genießen. Nachdem Jesus das Gesetz erfüllt hat, besitzen wir die volle Freiheit, ins Allerheiligste einzutreten und Gemeinschaft mit dem Vater zu haben. Der Hebräerbrief bezeichnet dies als »neuen und lebendigen Weg«, uns an unserer Beziehung zu Gott zu erfreuen (siehe Hebräer 10,20).

Verbringen Sie heute Zeit mit Gott und gehen Sie, wohin auch immer der Heilige Geist Sie führt. Er wird Ihnen immer die Gnade schenken, das zu tun, was er Sie zu tun beruft.

Ein neues Verlangen

Denn ich habe Lust an dem Gesetz Gottes nach dem inneren Menschen [mit meinem neuen Wesen].
RÖMER 7,22 (SLT, AMP)

Wenn wir wiedergeboren werden, erhält unser Leben eine neue Richtung: »Ich will« bedeutet dann etwas anderes als zuvor. Das Gesetz sagt, wir müssen und sollen dies oder jenes tun, aber als Wiedergeborene wollen wir das Richtige tun, weil Gott anstelle des verhärteten Herzens aus Stein, das ihm und seinem Willen gegenüber gleichgültig war, ein neues Herz in uns hineingelegt hat (siehe Hesekiel 36,26).

Lernen Sie es, den Unterschied zwischen den Wünschen Ihres Fleisches und dem Verlangen zu erkennen, das der Heilige Geist Ihnen ins Herz legt. In Psalm 1,1-2 heißt es: »Glücklich [gesegnet, gedeihlich, beneidenswert] der Mann, der nicht folgt dem Rat der Gottlosen ..., sondern seine Lust hat am Gesetz des HERRN [seinen Vorschriften, Anweisungen und Lehren] und über sein Gesetz sinnt [darüber nachdenkt, es studiert] Tag und Nacht!« (ELB).

Jeder ist anders

... wir haben aber verschiedene Gnadengaben [Fähigkeiten, Talente, Qualitäten] gemäß der uns verliehenen Gnade.
RÖMER 12,6 (SLT, AMP)

Denken Sie nicht negativ von sich selbst, bloß weil Sie vielleicht etwas nicht können, wozu ein anderer gesalbt ist. Gott salbt jeden von uns, damit wir alle in einer jeweils einzigartigen Weise zum Leib Jesu beitragen. Das, wozu Gott Sie befähigt hat, ist nicht mehr oder weniger wichtig als das, wozu er jemand anderen berufen hat.

Gott hat Sie anders gemacht als jeden anderen Menschen, um sich seinen eigenen Herzenswunsch zu erfüllen; und er hat versprochen, dass er auch Ihre Herzenswünsche erfüllen wird (siehe Psalm 37,4). Alles was er Ihnen gegeben hat, wird er auch salben. Deshalb sollten Sie heute Ihre Gaben in seinen Kraftstrom einbringen und sich des Lebens freuen.

Ändern Sie »Müssen« in »Wollen«

So gibt es jetzt keine Verdammnis mehr für die, welche in Christus Jesus sind, die nicht gemäß dem Fleisch wandeln, sondern gemäß dem Geist.

RÖMER 8,1 (SLT)

Viele von uns vergleichen sich selbst und das, was sie erreicht haben, mit anderen und dem, was diese dem Herrn bieten können. Dahinter steht der Gedanke, wir *müssten* bestimmte Dinge tun, um dem Herrn zu gefallen. Aber Gott hat Jesus nicht in die Welt gesandt, um uns zu verdammen (siehe Johannes 3,17). Was Gott am allermeisten gefällt, ist unser tiefes Verlangen danach, ihn immer mehr kennenzulernen. Das geschieht dadurch, dass wir in Bibelstudium und Gebet Zeit mit ihm verbringen.

Wir sind berufen, die Gemeinschaft mit Gott zu genießen. Lassen Sie es heute nicht zu, dass Verdammnisgefühle Ihnen die Freude rauben. Beten Sie so: *Herr, ich möchte dem Gesetz meines neuen Menschen folgen. Hilf mir durch deine Gnade, Jesus nachzufolgen, denn er hat getan, was das Gesetz nicht schaffen konnte, und hat mich so von meinen Sünden erlöst.*

Trachten Sie nach Frieden

Denn das Trachten des Fleisches [d. h. der Sinne und des Verstandes ohne den Heiligen Geist] ist Tod [in dem alle negativen Folgen der Sünde, sowohl für das Leben hier und jetzt als auch für das, was danach kommt, eingeschlossen sind], das Trachten des [Heiligen] Geistes aber Leben und Frieden [der Seele, sowohl jetzt als auch in Ewigkeit].

RÖMER 8,6 (SLT, AMP)

Viele Menschen zögern, ihren Wünschen Folge zu leisten, weil sie nicht wissen, wie sie zwischen ihrer Seele und ihrem Geist unterscheiden sollen. Sie wissen nicht, wann sie es tatsächlich mit Gott zu tun haben, der sie zu irgendetwas hinleitet, weil sie den Unterschied zwischen fleischlichen Begierden und vom Heiligen Geist generierten Wünschen nicht kennen.

Man kann es aber lernen zu wissen, wann Gott einen führt und wann nicht. Wenn Gott Ihnen den Wunsch nach etwas einpflanzt, dann gibt er Ihnen auch seinen Frieden dazu. Mag sein, dass Sie nicht begeistert sind, aber Frieden werden Sie haben, sofern das, was Sie sich wünschen, wirklich von Gott ist. Warten Sie heute, bis der Friede zu Ihnen kommt.

Erkennen Sie Ihre Berufung

Aus diesem Grund erinnere ich dich daran, die Gnadengabe Gottes [das innere Feuer] wieder anzufachen (und dann am Brennen zu halten), die ... in dir ist.
2. TIMOTHEUS 1,6 (SLT, AMP)

Ehe ich wusste, dass ich zum Predigen berufen war, wiederholte ich für mich allein ganze Predigten, die ich zuvor gehört hatte. Ich dachte: *Das hätte ich so gesagt, jenes so gemacht* ... Mein nächster Gedanke war: *Aber Frauen predigen nicht!* Aber mein Geist wurde durch die Salbung des Predigers angereizt, weil auf mir dieselbe Salbung lag.

Wenn Sie berufen sind, etwas Bestimmtes zu tun, werden Sie sich in der Gegenwart von jemandem, der sich in derselben Salbung bewegt, animiert fühlen. Haben Sie zum Beispiel die Salbung, Lobpreis zu leiten oder besondere Musik zu spielen, so wird Sie im Gottesdienst wahrscheinlich die Musik mehr ansprechen als die Predigt. Hegen Sie Zweifel, so bitten Sie Gott, Ihnen Ihre Berufung klarzumachen.

Eisen schärft Eisen

Eisen wird an Eisen geschliffen; so schleift einer den Charakter des andern.

SPRÜCHE 27,17 (EU)

Möchten Sie etwas für Gott tun, dann sollten Sie sich nicht mit Menschen zusammentun, die nichts machen. Es kann sein, dass Sie Ihr Leben einschneidend verändern müssen, wenn Sie mit dem vorankommen wollen, wozu Gott Sie berufen hat. Verbringen Sie Zeit mit Menschen, die ihre Tage gut zu nutzen wissen.

Genau wie Eisen Eisen schärft, werden positive Menschen Sie zu einem positiven Leben inspirieren. Menschen, die Gott gefallen, werden Sie inspirieren, Ihren Glauben einzusetzen, um für den Herrn zu tun, was Sie auf dem Herzen haben. Verbringen Sie Zeit mit Menschen, die etwas für den Herrn tun. Elisa bekam eine doppelte Portion der Salbung Elias, aber er musste erst lange mit Elia zusammen sein, ehe er sie erhielt (siehe 2. Könige 2,1-14).

Folgen Sie den Wünschen Ihres Herzens

Wer ist der Mann, der Gott fürchtet? Ihm zeigt er den Weg, den er wählen soll. Dann wird er wohnen im Glück, seine Kinder werden das Land besitzen.

PSALM 25,12-13 (EU)

Wenn Sie Ihr Leben genießen wollen, sollten Sie damit anfangen, den gottgegebenen Wünschen Ihres Herzens zu folgen und nicht dem Verlangen Ihres Fleisches. Es kann sein, dass Sie zuerst noch im Glauben reifen müssen, ehe Sie den Unterschied zwischen Ihrem Fleisch und den Wünschen des Geistes ausmachen können.

Ein Kriterium, an dem man festmachen kann, ob man einem fleischlichen Verlangen nachgibt, liegt in dem Frieden, der von Ihnen weicht, wenn Sie den entsprechenden Wunsch in die Tat umsetzen, und in den Schwierigkeiten, denen Sie sich dann gegenübersehen werden. Wenn es nicht von Gott kommt, werden Sie sich vorkommen, als versuchten Sie ein totes Pferd einen Berg hinaufzutreiben. Handelt es sich dagegen um einen vom Heiligen Geist geweckten Wunsch, so wird das Ganze völlig reibungslos laufen, mit einer »heiligen Leichtigkeit«, wie ich das nenne. Beginnen Sie Ihren Tag richtig und folgen Sie Ihrem Herzen.

18. JUNI

Empfangen Sie Frieden von Gott

Wenn es aber jemand unter euch an Weisheit mangelt, so erbitte er sie von Gott, der allen gern und ohne Vorwurf gibt, so wird sie ihm gegeben werden.

JAKOBUS 1,5 (SLT)

Passen Sie auf, wenn jemand einen Vorschlag macht, der gut klingt: Nicht jede gute Idee ist eine Idee Gottes. Lassen Sie sich nicht allzu schnell auf eine Entscheidung oder die Übernahme einer neuen Verantwortung ein - nicht ohne dass Sie zuvor darüber gebetet haben.

Verlangsamen Sie Ihr Tempo nachhaltig genug, um Gott um Weisheit bitten zu können, und dann achten Sie auf seine Führung. Nehmen Sie sich ein bisschen Zeit, um zu prüfen, ob Sie über dieser neuen Idee Frieden haben. Und wenn der Friede nicht kommt, müssen Sie noch nicht einmal begreifen, *wieso* er ausbleibt. Machen Sie's dann einfach nicht!

Qualität ist besser als Quantität

Ich gedenke an mein Saitenspiel in der Nacht, ich sinne in meinem Herzen nach, und es forscht mein Geist.
PSALM 77,7 (SLT)

Gott kommt es mehr auf die Qualität dessen an, was Sie lernen, als auf die Menge an Lehre, der Sie sich aussetzen. Ihm wäre es lieber, Sie läsen einen einzigen Bibelvers und zögen ein Stück Offenbarung daraus, als zwei ganze Bücher, von denen Sie nichts verstünden.

Achten Sie auf Schlüsselbotschaften, die der Herr ganz speziell für Sie betont, wenn Sie im Fernsehen oder Radio, von CDs, im Gottesdienst einer Kirchengemeinde oder im wöchentlichen Bibelhauskreis eine gute Lehre hören. Bitten Sie Gott, dass er Ihnen zeigt, wie Sie das, was Sie hören, in Ihrem eigenen Leben zur Anwendung bringen können. Meditieren Sie jeden Tag über sein Wort und schauen Sie, wie Sie das, was Sie gelernt haben, auch praktisch umsetzen können. Dann werden Sie erleben, dass die Zeit, die Sie sich für ihn nehmen, eine wirklich gute Zeit ist.

Studieren Sie täglich das Wort

Dies soll deine Sorge sein, darin sollst du leben, damit deine Fortschritte in allen Dingen offenbar seien!
1. TIMOTHEUS 4,15 (SLT)

In 2. Timotheus 2,15 heißt es: »Strebe eifrig danach, dich Gott als bewährt (erprobt) zu erweisen, als einen Arbeiter, der sich nicht zu schämen braucht, der das Wort der Wahrheit recht teilt [der korrekt mit dem Wort umgeht und es geschickt lehrt]« (SLT, AMP).

Es ist schwer zu wachsen, wenn es Ihnen nicht gefällt, in der Bibel zu lesen. Sollte Satan Hindernisse aufgerichtet haben, um Sie vom Bibellesen abzuhalten, so nehmen Sie die Autorität in Anspruch, die Sie über ihn haben. Erklären Sie Ihre Liebe zum Wort Gottes, und dann lesen Sie es - und wenn es nur ein paar Seiten pro Tag sind. Den Wunsch nach mehr werden Sie sehr rasch verspüren. Und wenn Sie wirklich nicht gerne lesen, dann beten Sie darum, dass Gott in Ihnen ganz neu den Wunsch erweckt, es gerade jetzt zu tun.

Wählen Sie, wie Sie leben wollen

Denn aus Gnade [durch Gottes unverdiente Gunst] seid ihr gerettet [freigesprochen und zu Teilhabern der Erlösung in Christus geworden] durch den [euren] Glauben, und das nicht aus euch [aus euren eigenen Taten oder Bemühungen], Gottes Gabe ist es.

EPHESER 2,8 (ELB, AMP)

Sie können unter dem Gesetz der Sünde und des Todes mit all seinen Regeln und Vorschriften leben oder unter dem Gesetz des Geistes des Lebens in Christus Jesus, der Sie in seiner Gnade vom Gesetz der Sünde und des Todes freispricht (siehe Römer 8,2).

Galater 5,4-5 erklärt, dass das Gesetz zu nichts führt und uns von Christus trennt. Der Heilige Geist dagegen möchte uns helfen, in unseren Zielen, Gedanken und Handlungen in Übereinstimmung mit dem Willen Gottes zu kommen. Erwählen Sie sich das Gesetz des Lebens und sagen Sie: »Heute werde ich einen Tag voller Gnade genießen.«

Überlassen Sie andere der Führung Gottes

Gar keiner wird zuschanden, der auf dich harrt; zuschanden werden, die ohne Ursache treulos handeln.

PSALM 25,3 (SLT)

Unser Tag kommt uns gelungener vor, wenn alle anderen ganz einfach das tun, was wir von ihnen wollen oder erwarten. Doch Gott übergeht den Willen eines Menschen nicht, und auch wir sollten das nicht tun. Statt zu versuchen, Menschen unter unsere Kontrolle zu bringen, sollten wir darum beten, dass sie selbst »hören«, wie Gott sie führt.

Wenn jemand heute unbedingt weiter seinen eigenen Weg gehen will, dann erweisen Sie Ihr Vertrauen auf Gott einfach darin, dass Sie beiseitetreten. Entweder müssen Sie dann einsehen, dass Sie sich geirrt haben, oder die anderen müssen begreifen, dass Sie im Recht waren. Gott ist groß genug, um sowohl Ihnen als auch den anderen aus jedem Problem wieder herauszuhelfen, das sie sich einbrocken. So oder so wird die Ehre ihm zufallen, wenn Sie Ihr Vertrauen auf ihn setzen.

Haben Sie keine Angst, sich zu korrigieren

Die Pläne der Gerechten sind richtig, aber die Ratschläge der Gottlosen sind trügerisch.
SPRÜCHE 12,5 (SLT)

Schämen Sie sich nicht, den Rückwärtsgang einzulegen, wenn Sie mitten in einer Sache stecken und dann merken, dass Gott nicht dabei ist. Seien Sie selbstsicher genug, um ganz einfach zu sagen: »Ich dachte, das wäre von Gott, aber es ist nicht so, also werde ich es nicht weiterverfolgen.«

Wenn Sie anderen Schwierigkeiten gemacht oder sie in Verwirrung gestürzt haben, können Sie sich entschuldigen. Aber es ist keine Schande, bereitwillig zuzugeben, dass Sie sich getäuscht haben. Es ist wichtiger, nicht an einem Fehler festzuhalten, als zu verhindern, dass andere Leute denken, Sie waren im Irrtum. Haben Sie keine Angst zu sagen: »Ich habe Gottes Stimme nicht gehört.« Ehrlichkeit wird Ihren Tag auf der richtigen Spur halten, und zwar von morgens bis abends.

Warten Sie auf den Frieden

Das Herz des Menschen denkt sich seinen Weg aus, aber der Herr lenkt seine Schritte.
SPRÜCHE 16,9 (SLT)

Vielleicht müssen Sie zuerst einmal ein paar Schritte gehen, ehe Sie herausfinden, was das Richtige ist. Hören Sie nichts Deutliches von Gott, so bewegen Sie sich doch einfach in die Richtung, die Sie für gut halten. Und dann warten Sie auf den Frieden. Weicht der Friede von Ihnen, so sollten Sie kein Ziel weiterverfolgen, was immer es auch sei.

Beinahe hätten Dave und ich zwei verschiedene Gebäude gekauft, um alle Büros unseres Werkes unterbringen zu können. Wir standen in Verhandlungen, bis Dave eines Morgens nach dem Gebet sagte: »Joyce, über dem Kauf von dem Gebäude dort habe ich keinen Frieden. Mir kommt es vor, als würde Gott sagen: ›Wenn ihr das Haus da kauft, wird es euch später leidtun.‹« Und so warteten wir, bis der Friede kam, und heute besitzen wir ein Gebäude, das komplett bezahlt ist und uns noch genug Platz bietet, um mit unserem Werk zu wachsen. Beten Sie, bis Sie Frieden finden!

Folgen Sie Gottes Führung

Befiehl dem Herrn deine Werke [überlasse sie völlig ihm, vertraue sie ihm an; er wird dafür sorgen, dass deine Gedanken in Übereinstimmung mit seinem Willen kommen], und deine Pläne werden zustande kommen.
SPRÜCHE 16,3 (SLT, AMP)

Wenn Sie versuchen, alles bis ins Letzte zu überschauen, ehe Sie noch Gott gehorchen, rauben Sie sich Ihre Freude. Gott muss Ihnen keine Antwort geben, wenn Sie fragen: »Warum, Gott, warum bloß?« Vertrauen heißt, Sie werden nicht immer Antworten haben, wenn Sie es wollen. Mitunter ist es einfach notwendig, eine Situation zuerst einmal hinter sich zu bringen, um das Gesamtbild dessen erkennen zu können, was Gott in Ihrem Leben tut.

Vielleicht versucht Gott, Sie von irgendwelchen Einflüssen zu lösen, die Sie davon abhalten, den besseren Plan zu sehen, den er für Sie hat. Es kann sein, dass er Sie »beschneidet«, um besseres, gesünderes Wachstum hervorzurufen (siehe Johannes 15,1-8). Nutzen Sie Zeiten der Unsicherheit, um Ihren Glauben zu erweisen, indem Sie ihm vertrauen.

Lassen Sie Enttäuschungen los

Wer aber sein Wort hält [es wertschätzt, seine Gebote im Sinn behält und seine Botschaft in ihrer Gänze befolgt], in dem ist wahrhaftig die Liebe Gottes vollendet (zur Reife gelangt).

1. JOHANNES 2,5 (ELB, AMP)

Es kann enttäuschend sein, wenn Menschen, die uns nahestehen, nicht das tun, was wir sie gern tun sehen würden. Wenn wir sie aber wirklich lieben, sollten wir sie ermutigen, eher dem Heiligen Geist Folge zu leisten, als immer nur uns glücklich zu machen.

Helfen Sie anderen, geistlich zu wachsen, indem Sie sie ermutigen, auf Gottes Stimme zu hören. Erinnern Sie sie daran, dass Gott ihnen auch durch Fehler, die sie machen, helfen wird, und dass er ein gutes Leben für sie hat. Schon bald werden die Leute, mit denen Sie zu tun haben, vom Geist geleitete statt menschengefällige Entscheidungen treffen. Es ist überaus wohltuend, wenn man Menschen, die man liebt, geistlich reifen sieht.

Das Gesetz des Geistes

Siehe, Gott ist mein Heil; ich will vertrauen und lasse mir nicht grauen; denn Jah, der Herr, ist meine Kraft und mein Lied, und er wurde mir zur Rettung!

JESAJA 12,2 (SLT)

Das Leben ist nicht nur eine einzige endlose Party. Im Lauf unseres Lebens wird es immer so sein, dass schwere Dinge sich mit leichten abwechseln. Egal was der heutige Tag Ihnen bringt, im Herrn können Sie sich immer freuen; und diese Freude wird Ihnen die Kraft geben, mit allem umzugehen, was sich Ihnen in den Weg stellt, an welchem Tag auch immer.

Wenn Sie Jesus nachfolgen, sind Sie durch das Gesetz des Geistes des Lebens befreit, sich Ihres Lebens zu erfreuen, denn Sie können jede Last auf den Herrn werfen (siehe Römer 8,2). Gott wird Sie so führen, dass Sie wissen, was zu tun ist, und er wird Ihnen die Kraft geben, das Nötige zu tun. Wenn Sie Ihren Weg heute mit Gott gehen, wird das Leben Sie nicht erschöpfen, sondern Sie werden sowohl durch Prüfungen als auch durch Siege wachsen.

Tun Sie, was immer Gott Ihnen sagt

... damit die vom Gesetz geforderte Gerechtigkeit in uns erfüllt würde, die wir nicht gemäß dem Fleisch wandeln, sondern gemäß dem Geist [unsere Lebensführung nicht durch die Standards des Fleisches bestimmen und vom Fleisch diktieren lassen, sondern uns der Herrschaft des Heiligen Geistes unterstellen].

RÖMER 8,4 (SLT, AMP)

»In ihm leben, weben und sind wir« (Apostelgeschichte 17,28; SLT). Gott ist alles. Reden Sie den ganzen Tag mit ihm - jedes Mal, wenn Sie eine Entscheidung treffen oder etwas Schlechtes überwinden müssen. Und tun Sie alles, was er Ihnen sagt, was immer es auch sei. Wenn er sagt: Tu's nicht, dann tun Sie's nicht. Sie gehören nicht sich selbst, Sie gehören Gott.

Religiöse Unterweisung versucht schon im Voraus festzumachen, was Gott von uns will. Gott selbst dagegen wird Ihnen ins Herz schreiben, was gut und was schlecht für Sie ist. Er wird zu Ihrem inneren Gewissen reden und Sie in Sicherheit halten, solange Sie auf seine Stimme achten und tun, was er Ihnen sagt. Heute sollten Sie von Zeit zu Zeit immer wieder einmal mit dem, was Sie gerade tun, innehalten und ihn fragen, ob es irgendetwas gibt, das er Ihnen sagen möchte.

Liebe ist das höhere Gesetz

Die Liebe tut dem Nächsten nichts Böses [sie verletzt niemals andere Menschen]. Die Erfüllung des Gesetzes ist also die Liebe.

RÖMER 13,10 (ELB, AMP)

Es gibt Dinge, die wir nicht tun sollten - ganz einfach deshalb, weil wir Gott lieben und nicht das Gewissen eines anderen Menschen verletzen wollen. Mag sein, dass wir selbst die Freiheit haben, diese Dinge zu tun, aber mit unserer Freiheit könnten wir anderen wehtun oder sie veranlassen, gegen ihr eigenes Gewissen zu handeln und sich so an Gott zu versündigen.

Wenn Sie heute in der Liebe wandeln, mag es Dinge geben, die Sie rechtmäßig tun könnten, und doch drängt der Heilige Geist Sie, Ihr Recht nicht auszuüben, weil es jemanden gibt, der Ihnen zusieht. Die Liebe geht niemals mit dem Kopf durch die Wand (siehe 1. Korinther 13,5). Liebe ist immer das höhere Gesetz.

Tragen Sie die richtige Rüstung

Und diese ganze Gemeinde soll erkennen, dass der Herr nicht durch Schwert noch Spieß errettet; denn der Kampf ist die Sache des Herrn ...
1. SAMUEL 17,47 (SLT)

Als David loszog, um sich Goliath zu stellen, sagte alle Welt: »David, das kannst du nicht machen!« Gott aber hatte David eine innere Gewissheit gegeben, dass er im Namen des Herrn erfolgreich sein würde. Als König Saul den Entschluss fällte, David kämpfen zu lassen, überreichte er ihm seine eigene Rüstung, aber David sagte: »Das geht nicht, daran bin ich nicht gewöhnt« (siehe 1. Samuel 17,31-39). David *wusste*, dass er mit keiner anderen Ausrüstung als nur seiner Steinschleuder im Namen des Herrn gehen sollte (siehe Verse 40-50).

Wenn Sie in Ihrem Leben Schlachten zu schlagen haben, sollten Sie sich nicht von anderen Leuten sagen lassen, wie Sie kämpfen müssen. Gott persönlich wird Sie den Weg führen, den Sie gehen sollten. Sein Wort ist Ihre Waffe – deshalb ist es geradezu lebensnotwendig, dass Sie sich mit Erkenntnis rüsten und Zeit in der Gegenwart Gottes verbringen, ehe Sie irgendwelchen Riesen entgegentreten.

Gottes Plan ist größer

Denn das Gesetz des Geistes des Lebens in Christus Jesus [das Gesetz unseres neuen Lebens] hat mich frei gemacht von dem Gesetz der Sünde und des Todes.
RÖMER 8,2 (SLT, AMP)

Das Gesetz des Geistes des Lebens in Christus Jesus setzt uns frei vom Gesetz der Sünde und des Todes. Aber nur bis zu dem Grad, in dem wir dem Gesetz des Geistes Folge leisten, sind wir vom Gesetz der Sünde und des Todes frei. Wenn wir wissen, was richtig ist, aber darauf beharren, das Falsche zu tun, kann unser Handeln nach wie vor dazu führen, dass wir das überfließende Leben versäumen, das Gott auf der Erde für uns hat.

Folgen Sie dem Gesetz des Geistes, und Sie werden vom Gesetz der Sünde und des Todes völlig frei bleiben. Der Heilige Geist wird Sie in Heiligkeit, Gerechtigkeit und das vollkommene Geschick hineinführen, das Gott für Ihr Leben bereithält. Gottes Wille für Ihr Leben ist größer als irgendetwas, das Sie sich selbst ausdenken könnten. Seien Sie willens, Gott zu gehorchen, selbst wenn Sie nicht verstehen, was er mit Ihnen macht.

Folgen Sie Gottes Prioritäten

Meine Schafe hören meine Stimme, und ich kenne sie,
und sie folgen mir.
JOHANNES 10,27 (ELB)

Viele Leute versuchen sich geistlich zu fühlen, indem sie religiösen Gesetzen gehorchen. Aber sie schaffen es nie, sich wirklich rundum gut zu fühlen, weil es immer noch ein Gesetz mehr gibt, das auch noch erfüllt werden muss. Aus diesem Grund definiert Gott unsere Gerechtigkeit nicht durch unsere Werke, sondern durch unseren Glauben an Jesus. Inneren Frieden verspüren wir dann, wenn wir der Stimme des Heiligen Geistes gehorchen.

Vielleicht sagt Gott Ihnen, es sei wichtiger, dass Sie Ihren liebsten persönlichen Besitz weggeben, als dass Sie Ihm zu gefallen versuchen, indem Sie in einem Jahr die ganze Bibel durchlesen. Oder er sagt, es ist wichtiger, einfach stillzuhalten, als sich zu allem und jedem, was in der Gemeinde ansteht, freiwillig zu melden. Seine Wege sind nicht unsere Wege (siehe Jesaja 55,8-9); also sollten Sie es lernen, jeden Tag auf seine Richtungsanweisung zu hören.

Haben Sie Spaß

Denn das Reich Gottes ist nicht Essen und Trinken, sondern Gerechtigkeit, Friede und Freude im Heiligen Geist; wer darin Christus dient, der ist Gott wohlgefällig und auch von den Menschen geschätzt. So lasst uns nun nach dem streben, was zum Frieden und zur gegenseitigen Erbauung dient.
RÖMER 14,17-19 (SLT)

Es muss nicht alles in Ihrem Leben todernst sein, damit es als geistlich gelten kann. Sind Sie vom Geist Gottes erfüllt, so hat alles, was Sie tun, eine geistliche Seite. Sie können ein heiliges Leben führen und dennoch Ihren Tag genießen.

Heiligkeit misst Gott daran, wie bereitwillig wir seiner Stimme gehorchen. Er hat uns versprochen, dass Güte und Barmherzigkeit uns folgen werden, wenn wir seine Gegenwart suchen (siehe Psalm 23,6). Vielleicht will er Ihnen heute auch zusprechen, dass Sie ruhig ein bisschen Spaß haben sollen.

Verwöhnen Sie sich

Was betrübst du dich, meine Seele, und bist so unruhig in mir? Harre auf Gott, denn ich werde ihm noch danken für die Rettung, die von seinem Angesicht kommt!

PSALM 42,6 (SLT)

Ihre Gefühle sind Ihnen von Gott gegeben; deshalb haut es nicht hin, wenn Sie sie komplett zu ignorieren versuchen. Sie machen einen großen Fehler, wenn Sie sich weigern, sich auch nur eines Ihrer emotionalen Bedürfnisse zu erfüllen. Wenn Sie müde sind, brauchen Sie Ruhe. Und sind Sie geschafft und gestresst, so brauchen Sie ein bisschen Spaß.

Fehlt es Ihnen an Ermutigung, so verbringen Sie Zeit mit jemandem, der Sie aufzubauen versteht. Verleugnen Sie nicht im Namen des Christseins Ihre emotionalen Bedürfnisse. Sie sind eine ganzheitliche Person, bestehend aus Körper, Seele und Geist (siehe 1. Thessalonicher 5,23). Gott möchte Ihnen zeigen, wie Sie in allen Bereichen Ihres Lebens stark sein können.

Setzen Sie Prioritäten

Deine Augen sahen mich schon als ungeformten Keim, und in dein Buch waren geschrieben alle Tage [meines Lebens], die noch werden sollten, als noch keiner von ihnen war.

PSALM 139,16 (SLT, AMP)

Seien Sie *entschlossen*, das überfließende Leben zu genießen, das sich Jesus Christus für Sie wünscht. Der Teufel setzt immerzu alles daran, Sie dazu zu bringen, dass Sie sich ärgern. Die Geschäftigkeit unserer heutigen Gesellschaft bringt es mit sich, dass uns das Leben manchmal wie ein einziger Luftwirbel vorkommt. Die meisten Leute haben jede Menge Stress, fortwährenden Druck und wirklich mehr als genug zu tun.

Setzen Sie Prioritäten. Beginnen Sie Ihren Tag mit Gott. Seien Sie entschlossen, den ganzen Tag über seiner Führung zu folgen, dann werden Sie jeden einzelnen Tag Ihres Lebens genießen und nicht nur die Wochenenden, Urlaubszeiten und jene sonnigen Tage mit perfektem Wetter. Mit Gott zu gehen wird Ihnen Freude und Entspannung schenken, selbst wenn die Dinge anders laufen, als Sie es sich wünschen.

Räumen Sie auf

... lasst uns jede Last ablegen und die Sünde, die uns so leicht umstrickt, und lasst uns mit Ausdauer laufen in dem Kampf, der vor uns liegt, indem wir hinschauen auf Jesus, den Anfänger und Vollender des Glaubens ...

HEBRÄER 12,1-2 (SLT)

Hat Sie jemals ein Putzfimmel gepackt und Sie mussten einfach Ihre Wohnung oder das Büro auf Vordermann bringen? Hat es Ihnen Spaß gemacht, überflüssiges Zeug wegzuwerfen, Ordnung zu schaffen und alles so bereitzulegen, dass Sie es finden, sobald Sie es brauchen?

Vielleicht brauchen Sie ein bisschen geistliche Aufräumwut, damit mit Ihrem Leben genau dasselbe geschieht. Sagen Sie: »Ich habe genug von Gebundenheiten und negativen Gedanken. Ich hab den Hals voll von den Lügen des Teufels. Ich werde jetzt keine schlechten Tage mehr haben. Ich werde nicht mehr entmutigt, bedrückt oder verzagt sein. Ich werde mein Leben genießen!«

Jesus steht bereit: Er möchte Ihnen helfen, Ihr Leben restlos auszukosten.

Unaussprechliche Freude

Dem aber, der mächtig genug ist, euch ohne Straucheln zu bewahren und euch unsträflich (ohne jeden Makel oder Fehler), mit Freuden [unaussprechlichem, ekstatischem Entzücken] vor das Angesicht seiner Herrlichkeit zu stellen ...

JUDAS 24 (SLT, AMP)

Früher, wenn ich mich zu Bett legte, ging es mir immer so elend, dass ich mir nur wünschte, es wäre schon wieder Zeit zum Aufstehen. Und wenn ich dann aufstehen musste, ging es mir immer noch so mies, dass ich am liebsten sofort wieder zu Bett gegangen wäre. Ich stand unter dem Fluch, der Stimme des Herrn nicht zu gehorchen und ihm nicht mit Freuden zu dienen (siehe 5. Mose 28,15-48).

Gehorsam gegen Gott füllt unser Leben mit so viel Freude, dass wir schier nicht wissen, wie wir sie in Worte kleiden sollen. Die Bibel spricht von »unaussprechlicher und herrlicher Freude« (siehe 1. Petrus 1,8). Erfahren Sie die Freude, die es mit sich bringt, in der atemberaubenden Gegenwart Gottes zu sein. Beginnen Sie Ihren Tag, indem Sie Gott für all seinen Segen in Ihrem Leben danken und ihn anbeten - mit einem Herzen, das bereit ist, ihm zu dienen.

Der Schlüssel zur Freude

Er selbst aber, der Gott des Friedens, heilige euch durch und durch [löse euch von profanen Dingen, mache euch rein und einzig und allein an Gott hingegeben], und euer ganzes Wesen, der Geist, die Seele und der Leib, möge untadelig bewahrt werden bei der Wiederkunft unseres Herrn Jesus Christus [des Messias]!

1. THESSALONICHER 5,23 (SLT, AMP)

Gerechtigkeit ist ein Schlüssel dazu, jeden einzelnen Tag Ihres Lebens zu genießen. Eine rechte Beziehung zu Gott steht uns zur Verfügung, wenn wir einfach nur an Jesus Christus glauben. Diese Gewissheit gibt uns in jeder Lage Frieden, und Frieden zu haben bringt Freude.

Gottes Wort sagt, wir sollen mit erwartungsvoller Aufmerksamkeit für das, was der Herr uns sagen möchte, hinhören; denn er wird seinen Heiligen (denen, die im rechten Verhältnis zu ihm stehen) Frieden zusprechen, denen, die sich nicht wieder selbstgerechter Torheit zuwenden (siehe Psalm 85,9). Hören Sie heute auf Gottes Stimme, ehe Sie irgendwelche Pläne schmieden, damit Sie sichergehen, dass Sie durch Ihren Tag hindurch seinem Frieden folgen.

Der Schlüssel zur Nächstenliebe

Er selbst aber, der Herr des Friedens, gebe euch den Frieden (seines Reiches) allezeit auf alle Weise [unter allen Umständen und Bedingungen – komme, was da wolle]!
2. THESSALONICHER 3,16 (ELB, AMP)

Die Bibel weist uns an, unseren Nächsten zu lieben wie uns selbst (Lukas 10,27) - der Schlüssel liegt in der Liebe zu uns selbst. Sie werden keine Freude an Ihrem Tag haben, solange Sie es nicht lernen, sich selbst anzunehmen und gern zu haben - müssen Sie doch mit sich selbst essen und schlafen und den ganzen Tag in Ihrer eigenen Gegenwart zubringen! Solange Sie nicht glücklich damit sind, wer Sie sind und wo Sie im Leben stehen, werden Sie es niemals lernen, andere zu lieben oder dahin zu gelangen, wo Sie hinwollen.

Machen Sie sich keine Vorhaltungen über all das, was Ihnen gestern nicht gut gelungen ist. Heute ist ein neuer Tag. Lernen Sie es, Ihr Leben zu lieben - gerade jetzt und genau da, wo Sie jetzt eben sind. Sagen Sie: »Ich bin dankbar, Gottes Kind zu sein, erlöst und gerecht gemacht in seinen Augen. Ich werde mich heute den ganzen Tag meines Lebens freuen.«

Komme, was da wolle

Denn ihr werdet mit Freuden [aus dem geistlichen Exil, in das ihr durch die Sünde und das Böse geraten wart] ausziehen [in eure Heimat] und [durch euren Führer, den Herrn selbst, und sein Wort] in Frieden geleitet werden; die Berge und Hügel sollen vor euch in Jubel ausbrechen und alle Bäume des Feldes in die Hände klatschen.

JESAJA 55,12 (SLT, AMP)

Frieden hängt nicht von Umständen ab. Unseren Frieden, unsere Freude finden wir *im Heiligen Geist.* Jesus sagt:

»Wer an mich glaubt [sich an mich klammert, mir vertraut *und* sich auf mich verlässt], wie die Schrift gesagt hat, aus seinem Leibe werden [fortwährend] Ströme lebendigen Wassers fließen. Dies aber sagte er von dem Geist, den die empfangen sollten, die an ihn glaubten [ihm vertrauten]« (Johannes 7,38-39; ELB, AMP).

Egal, was heute passiert, Sie können dank der Ihnen innewohnenden Gegenwart des Geistes Gottes aus Ihrer ureigensten Freudenquelle trinken.

Freuen Sie sich an allem, was Sie tun

Und dort sollt ihr vor dem Herrn, eurem Gott, essen und fröhlich sein, ihr und eure Familien, über allem, was eure Hand erworben hat, womit der Herr, dein Gott, dich gesegnet hat.

5. MOSE 12,7 (SLT)

Ich verabscheute es, am Flughafen warten zu müssen, Dave aber wollte immer frühzeitig zur Stelle sein. Schließlich änderte ich meine Meinung. Es ist erstaunlich, was passiert, wenn man sich entschließt, sich jeden Tag an Gott zu erfreuen. Allzu leicht verheddert man sich dermaßen in all seinen Verantwortlichkeiten, dass man völlig vergisst, sich an dem zu freuen, was man tut.

Man kann sich so sehr damit verausgaben, seine Kinder großzuziehen, dass man vergisst, sich an ihnen zu freuen. Ihr Haus sauber zu halten, möglichst schnell abzubezahlen und rechtzeitig zu renovieren kann Sie so in Beschlag nehmen, dass Sie es vergessen, das schöne Wohnen zu genießen. Aber Sie können es lernen, sich an Gott so sehr zu erfreuen, dass Sie, egal was Sie heute tun, ehrlich sagen können: »Es hat Spaß gemacht.«

Machen Sie sich keine Sorgen

Du machst ihn zum Segen für immer; wenn du ihn anblickst, schenkst du ihm große Freude.
PSALM 21,7 (EU)

Es ist ein Lernprozess, den Teufel daran zu hindern, dass er Ihnen die Freude raubt; denn er legt es auf immer wieder neue Weise fortwährend darauf an, dass Sie Ihren Frieden verlieren. Erlangt Satan Ihren Frieden, so wird er auch Ihre Freude bekommen. Seien Sie stark und widerstehen Sie seiner Versuchung, Sie dazu zu bewegen, sich Sorgen zu machen.

Die Bibel sagt, Gott gibt Reichtümer und Besitz und die Kraft, sie zu genießen. Es ist Gottes Gabe, das anzunehmen, was uns zufällt, und uns an unserer Arbeit zu erfreuen. Irgendwann einmal werden wir uns unserer Tage hier ohnehin nicht mehr wirklich erinnern, weil dann die Sabbatruhe Gottes auf uns übergeht (siehe Prediger 5,19). Treffen Sie den Entschluss, von heute an alles zu tun, um Ihren Frieden zu wahren und Ihr Leben zu genießen.

Sieg über Probleme

Aber nicht nur das [denn wir wollen jetzt auch voll Freude sein], sondern wir rühmen uns auch in den Bedrängnissen, weil wir wissen, dass die Bedrängnis standhaftes Ausharren bewirkt ...

RÖMER 5,3 (SLT, AMP)

Es gibt Tage, an denen alles schiefzugehen scheint: eine einzige Kette von Pannen und Missgeschicken. Dann sollten Sie nicht zu sich selbst sagen: »Jetzt reicht es aber wirklich, noch mehr ertrage ich nicht.« Ihre Freunde und Bekannten sollten nicht von Ihnen hören müssen: »Ich bin wirklich an der Grenze, noch mehr von diesem Mist packe ich nicht.«

Setzen Sie sich nicht Tag für Tag den immer gleichen Prüfungen aus, sondern treten Sie dem Teufel genauso entgegen, wie Jesus es tat (siehe Lukas 4,1-13). Spüren Sie, wie Ihnen Frieden und Freude entgleiten, dann erheben Sie Ihre Stimme gegen Satan. Versucht er Sie zu bestehlen, so sagen Sie ihm: »Vergiss es, Teufel, heute bringst du mich nicht auf die Palme!«

Freude macht Sie stark

Dieser Gott - sein Weg ist vollkommen! Das Wort des Herrn ist geläutert; es ist ein Schild allen, die ihm vertrauen.

2. SAMUEL 22,31 (SLT)

In Nehemia 8,10 heißt es: »... seid nicht bekümmert, denn die Freude am Herrn ist eure Stärke!« (SLT). Glücklich und voller Freude zu sein macht stark; Aufregung und Traurigkeit machen schwach. Aber der Herr ist ein Schutzschild und der, der unser Haupt emporhebt (siehe Psalm 3,4).

Satan geht es gar nicht um Ihre Freude; ihm geht es um Ihre Stärke. Der Teufel will, dass Sie zu schwach sind, um zu beten. Er möchte Sie verschlissen und ausgebrannt sehen. Der Herr aber wird Ihr Haupt emporheben und Sie gegen das Komplott abschirmen, das der Teufel gegen Sie schmiedet - sofern Sie ihm vertrauen.

Einen Tag nach dem anderen

Gott ist mein Fels, in dem ich mich berge, mein Schild und das Horn meines Heils, meine sichere Festung und meine Zuflucht, mein Retter, der mich von Gewalttat befreit!
2. SAMUEL 22,3 (SLT)

Manchmal kommen Prüfungen daher wie ein ellenlanger Güterzug an einem Bahnübergang - noch ein Waggon und noch einer und noch einer ... Aber irgendwann ist auch der letzte Waggon vorbeigerollt. Wenn es Ihnen vorkommt, als hörten die Probleme nie auf, dann halten Sie sich vor Augen: »Auch das wird einmal vorbeigehen.« Gehen Sie in der Kraft des Heiligen Geistes eine Prüfung nach der anderen an, und das so lange, bis jede Serie von Herausforderungen vorüber ist. Jeden Tag wird Gott Ihnen frische Salbung zufließen lassen, damit Sie mit allem fertig werden können, was Ihnen im Leben begegnet.

Jedes Mal, wenn Sie einen harten Tag durchzustehen hatten, können Sie drüber schlafen und am nächsten Tag neu anfangen. Dann können Sie ebenso gut auch die schweren Tage gleich genießen, denn Gottes Zuneigung zu Ihnen gilt immer, ein Leben lang: Man mag mal eine Nacht lang weinen, aber am Morgen kehrt die Freude zurück (siehe Psalm 30,6).

Erleben Sie seine Freude

Ich aber will mich freuen in dem Herrn und frohlocken über den Gott meines Heils!
HABAKUK 3,18 (SLT)

Da Gott uns mit der Fähigkeit zu lachen geschaffen hat, müssen wir das Lachen auch nötig haben. Gottes Wort sagt: »Ein fröhliches Herz fördert die Genesung ...« (Sprüche 17,22; SLT). Jesus betete, dass seine Freude *in* uns sein solle, damit wir sein Entzücken erführen. Er möchte unser Herz mit seinem eigenen Glück erfüllen (siehe Johannes 17,13). Jesus will, dass wir seine Freude *erfahren*, nicht nur darüber predigen oder Bücher darüber lesen. Er will, dass wir seine Freude *erfahren.*

Freude hängt stark davon ab, mit welchen Augen Sie das Leben betrachten. Wenn Sie also Hilfe dabei brauchen, Ihren Humor zurückzugewinnen, dann bitten Sie Gott darum, dass er Ihnen das Leben heute einmal von der fröhlicheren Seite zeigt. Zögern Sie nicht zu lachen, wenn Sie sich plötzlich heiter fühlen. Sie werden rasch herausfinden, dass Freude enorm ansteckend ist.

Bleiben Sie im Strom Gottes

... da sind wir ..., ihr Brüder, euretwegen bei all unserer Bedrängnis und Not getröstet worden durch euren Glauben [dadurch, dass ihr euch mit eurer ganzen Persönlichkeit in unbeugsamem Vertrauen auf Gott stützt].

1. THESSALONICHER 3,7 (SLT, AMP)

Bleiben Sie im Strom und hören Sie auf, sich vor Dingen zu fürchten, die vielleicht niemals eintreten. Wenn Sie Gott wirklich vertrauen, brauchen Sie keinen Plan B. Glauben bedeutet, dass Sie Frieden haben, auch wenn Ihnen die eine oder andere Antwort noch fehlen mag.

Wenn Sie laufend bemüht sind, Ihr Leben zu verbessern, wird der Stress nie aufhören. Ärgern Sie sich zum Beispiel über einen Verkehrsstau, so kommen Sie auch kein bisschen schneller durch. Planen Sie aber Behinderungen mit ein, so werden Sie von allein auf die Idee kommen, jeweils einen Tick früher aufzubrechen, und der Stress wird Sie gar nicht erst ereilen. Nehmen Sie an Weisheit zu und setzen Sie die Aufrechterhaltung Ihres Friedens auf Ihrer Prioritätenliste weit nach oben - egal in wie viele Staus Sie heute geraten mögen!

Genießen Sie den Alltag

Die mit Tränen säen, werden mit Freuden ernten.
PSALM 126,5 (SLT)

Unsere Tage im Reich Gottes sind wie Samenkörner, die über den Boden verstreut werden. Wir müssen in unserem Rhythmus von Nacht und Tag, Schlafen und Aufwachen bleiben, während der Same, den wir durch unsere Worte und Taten ausstreuen, sprießt, wächst und zunimmt (siehe Markus 4,26-28).

Die meisten Tage strotzen nicht gerade vor begeisternden Ereignissen, und manche Tage sind schwerer zu überstehen als andere. Wir können es aber lernen, sowohl die gewöhnlichen als auch die herausfordernden Tage unseres Lebens zu genießen. Genau wie der Erdboden zunächst den Halm, dann die Ähre und erst dann die Frucht in der Ähre hervorbringt, wird auch in unserem Leben aus der Treue, mit der wir Gerechtigkeit aussäen, reiche Ernte hervorgehen.

Machen Sie weiter mit dem, wovon Sie wissen, dass es richtig ist, und genießen Sie diesen ganz gewöhnlichen Tag. Er bringt Sie der herrlichen Ernte einen Tag näher.

Bleiben Sie hart

Der [kompromisslos] Gerechte wird sprossen wie ein Palmbaum [sich als langlebig, stattlich, geradwüchsig, nutzbringend und fruchtbar erweisen], er wird wachsen wie eine Zeder auf dem Libanon [majestätisch, stabil, dauerhaft, unzerbrechlich].

PSALM 92,13 (SLT, AMP)

In Jakobus 1,12 heißt es: »Glückselig (gesegnet, beneidenswert) ist der Mann, der die Anfechtung erduldet; denn nachdem er sich bewährt hat, wird er die [Sieges-]Krone des Lebens empfangen, welche der Herr denen verheißen hat, die ihn lieben.«

Ärgern Sie sich nicht, wenn Ihnen heute jemand zusetzt. Ärgern Sie sich nicht, falls Sie Ihren Willen nicht durchsetzen können oder jemand etwas sagt oder tut, das Ihnen nicht gefällt. Sollten Sie merken, dass sie beginnen, sich aufzuregen, so bleiben Sie hart gegen sich selbst - es ist nur eine Prüfung.

Tun Sie Ihr Bestes

Und wenn jemand sündigt, so haben wir einen Fürsprecher (einen, der für uns eintreten wird) bei dem Vater, Jesus Christus ...; und er [derselbe Jesus höchstpersönlich] ist das Sühnopfer (das Opfer, das Versöhnung bewirkt) für unsere Sünden, aber nicht nur für die unseren, sondern auch für die der ganzen Welt.

1. JOHANNES 2,1-2 (SLT, AMP)

Sie schulden Menschen Rechenschaft, aber für die Freude der Menschen hat Gott Sie nicht verantwortlich gemacht. Vielleicht haben Sie Kinder, Geschwister oder einen Ehegatten - alles Menschen, die Gott Ihnen gegeben hat, damit Sie sie lieben und für sie sorgen -, die sich überhaupt nicht für Ihr Glaubenszeugnis interessieren. Einige Leute wollen einfach nicht glücklich sein, also lassen Sie sich von ihnen nicht Ihre Freude rauben.

Sie können nicht jedem auf die Sprünge helfen und sollten sich auch nicht für alles verantwortlich fühlen, was im Leben eines anderen Menschen schiefläuft. Offenkundig ist es Ihnen nicht gegeben, alle, die Sie kennen, zum Glauben an Jesus zu bewegen. Aber jeden Tag aufstehen, Ihr Bestes geben und für alles Übrige Gott vertrauen - das können Sie.

Gott ist immer an der Arbeit

Im Übrigen, Brüder, bitten und ermahnen wir euch im Namen Jesu, des Herrn: Ihr habt von uns gelernt, wie ihr leben müsst, um Gott zu gefallen, und ihr lebt auch so; werdet darin noch vollkommener!
1. THESSALONICHER 4,1 (EU)

In 1. Thessalonicher 2,13 schreibt Paulus: »... als ihr das von uns verkündigte Wort Gottes empfangen habt, [habt ihr] es nicht als [bloßes] Menschenwort aufgenommen ..., sondern als das, was es in Wahrheit ist, als Gottes Wort, *das auch wirksam ist in euch, die ihr gläubig seid* [seine übernatürliche Kraft in denen zur Auswirkung bringt, die *an ihm festhalten, ihm vertrauen und sich auf es verlassen*]« (SLT, AMP; Hervorhebung durch die Autorin).

Die Bibel sagt, Gottes Wort wirkt in denen, die es glauben. Was immer Sie also heute zu Gesicht bekommen mögen, glauben Sie, dass Gott an der Arbeit ist, bis Sie zum Durchbruch kommen.

Schauen Sie auf das Unsichtbare

So zieht nun an als Gottes Auserwählte (seine handverlesenen Repräsentanten), Heilige und [von Gott selbst] Geliebte [ein Verhalten, das sich auszeichnet durch] herzliches Erbarmen, Freundlichkeit, Demut, Sanftmut, Langmut [wobei Letztere unermüdlich ist und Kraft hat, wohlgemut zu ertragen, was immer kommen mag].

KOLOSSER 3,12 (SLT, AMP)

Wenn Sie für andere Menschen beten, kann es manchmal so scheinen, als gehe es ihnen schlechter, ehe es ihnen besser geht. Der Teufel möchte Ihnen die Zuversicht rauben, dass Gott Ihre Gebete erhört. Der Apostel Paulus bezeugt, er habe gelernt, sich nicht entmutigen zu lassen, selbst wenn er durch fürchterliche Prüfungen zu gehen hatte. Er ermunterte die Gläubigen, auf das Unsichtbare zu schauen und nicht auf das Sichtbare (siehe 2. Korinther 4,18).

Halten Sie am Glauben fest, dann wird die Kraft des Heiligen Geistes Sie mit Freude und Frieden erfüllen, bis Sie von Hoffnung überfließen (siehe Römer 15,13). Immer sollten Sie Gott vertrauen, dass er Ihre Gebete erhört.

Lassen Sie sich nicht ablenken

Als sie aber ihre Augen aufhoben, sahen sie niemand als ihn, Jesus, allein.
MATTHÄUS 17,8 (ELB)

Unsere eigenen Mängel können uns davon abhalten, fest auf Jesus zu schauen. Wenn wir zu viel darüber nachdenken, was an uns verkehrt ist, vergessen wir irgendwann, was Gott durch uns tun kann. Schauen wir zu viel auf das, was uns fehlt, vergessen wir, für das zu danken, was wir haben.

Die Bibel weist uns an, von allem wegzusehen, was uns von der Konzentration auf Jesus abbringen kann (siehe Hebräer 12,2). Beginnt Ihr Glaube zu schwanken, so richten Sie Ihren Blick rasch auf Jesus, der Quelle und Nahrung Ihres Glaubens ist. Erinnern Sie sich, wie er das Kreuz erduldete und von der darin liegenden Schande absah, um der Freude willen, Sie für sich zu gewinnen. Er verspricht, Ihren Glauben heranreifen und vollkommen werden zu lassen.

Seien Sie dankbar

Freut euch allezeit [in eurem Glauben]! Betet ohne Unterlass [anhaltend, ausdauernd]! Seid [Gott] in allem dankbar [sprecht ihm euren Dank aus, in welchen Umständen auch immer ihr euch befinden mögt]; denn das ist der Wille Gottes in Christus Jesus [der diesen Willen offenbart und vermittelt] für euch [die ihr in ihm seid]. Den [Heiligen] Geist dämpft nicht [unterdrückt ihn nicht, versucht ihn nicht einzupferchen]!

1. THESSALONICHER 5,16-19 (SLT, AMP)

Seien Sie für alles dankbar und passen Sie auf, dass Sie den Heiligen Geist nicht durch Klagen und Jammern dämpfen, sonst werden Sie Ihre Freude einbüßen. Sie können frohen Herzens sein, wie auch immer Ihre Umstände sich darstellen mögen.

Richten Sie Ihr Denken von Neuem auf Gottes Ideale und seine Haltungen aus (siehe Römer 12,2). Wenn Sie Zeit in der Gegenwart Gottes verbringen, werden Sie über sich selbst und über die Menschen um sich herum anders denken. Sie werden den Sinn Christi haben und von seiner Liebe erfüllt sein.

Disziplin bringt Erfolg

Wenn du aber von dort den Herrn, deinen Gott, suchen wirst (nach ihm fragst und rufst, weil du ihn brauchst), so wirst du ihn finden, ja, wenn du ihn von ganzem Herzen und von ganzer Seele suchen wirst.
5. MOSE 4,29 (SLT, AMP)

Sprüche 5,23 sagt, ein Mensch »stirbt an Zuchtlosigkeit, und infolge seiner großen Torheit taumelt er dahin« (SLT). Das heißt nicht notwendigerweise, dass so ein Mensch auf der Stelle stirbt, aber Disziplinmangel beschwört todbringende Situationen herauf.

In seinem Buch *A Pursuit of God* schreibt A. W. Tozer sinngemäß, dass Gott den Wunsch, ihn zu suchen, in uns hineingelegt hat, wir uns aber dazu in Zucht nehmen müssen, ihn zu suchen. Unter Umständen werden wir im Warten darauf, dass Gott eine Beziehung zu uns aufnimmt, gar zu passiv. Möchten Sie ein erfolgreiches Leben führen, so üben Sie sich Tag für Tag in der Disziplin, Gott zu suchen.

Führen Sie ein ausgewogenes Leben

Wohl dem Mann (gesegnet, gut dran, beneidenswert ist er), den du, Herr, züchtigst, und den du aus deinem Gesetz belehrst, um ihm Ruhe zu geben vor den Tagen des Unglücks ...

PSALM 94,12-13 (SLT, AMP)

Ein fauler, passiver Mensch ist nicht glücklich. Wer passiv ist, mag wohl *wollen*, dass etwas Gutes geschieht, aber er sitzt einfach da und schaut, ob es kommt oder eben nicht. Erfolgreiche Menschen haben Disziplin in ihrem Leben.

In 1. Petrus 5,8 lesen wir: »Seid nüchtern [beherrscht, umsichtig] und wacht!« (SLT, AMP). Der Teufel legt alles darauf an, dass Sie irgendwo aus der Kurve fliegen, aber wenn Sie fest bleiben, wird Gott selbst Sie »völlig zubereiten, festigen, stärken, gründen« (Vers 10; SLT).

Gott ist an der Arbeit, während Sie ruhen

... der weit über die Maßen mehr zu tun vermag [um seinen Willen in die Tat umzusetzen], als wir [wagen zu] bitten oder verstehen [unendlich weit hinaus über unsere kühnsten Gebete, Wünsche, Gedanken, Hoffnungen oder Träume], gemäß der Kraft, die in uns wirkt ...

EPHESER 3,20 (SLT, AMP)

Ausgewogen zu leben meint, dass man nicht des einen zu viel und des anderen zu wenig tut. Wenn Sie es mit der Disziplin übertreiben, können Sie gesetzlich, stur und nervtötend werden. Lernen Sie es auch, Spaß zu haben.

Verbringen Sie nicht den ganzen Tag mit Arbeit, aber seien Sie auch nicht faul. Bitten Sie Gott, er möge Ihnen zur Ausgewogenheit zwischen harter Arbeit und Ruhe verhelfen. Halten Sie lange genug mit der Arbeit inne, um Gott für all das zu danken, was Sie den ganzen Tag über feiern können. Während Sie in Gott ruhen, hört er nicht auf, in Ihnen zu wirken, damit all das in Erfüllung geht, was er aus Ihnen machen möchte.

Geben Sie Ihrer Zeit mit Gott Vorrang

Da nun Jesus erkannte, dass sie kommen würden, um ihn mit Gewalt zum König zu machen, zog er sich wiederum auf den Berg zurück, er allein.
JOHANNES 6,15 (SLT)

Wenn der Teufel Sie nicht zur Faulheit und Passivität verleiten kann, wird er Sie antreiben, zu viel zu tun. Haben Sie erst einmal Ihre Balance verloren, so kann er Sie verschlingen (siehe 1. Petrus 5,8). Jüngerschaft beruht auf Disziplin. (Im Englischen ist sogar das Wort für »Jünger«, *disciple*, eng mit dem Begriff »Disziplin« verwandt. *Anm. d. Ü.*) Wer ein Jünger Jesu sein will, muss sich disziplinieren, um seinen Weg gehen zu können.

Jesus verbrachte einen guten Teil seiner Zeit damit, unterwegs zu sein, um Menschen Gutes zu tun, aber er setzte auch Gegengewichte, indem er sich allein zurückzog, um zu beten und mit dem Vater zusammen zu sein. Zeit mit Gott erneuert Ihre Kraft, die guten Dinge zu tun, die Sie für andere tun möchten. Führen Sie ein ausgewogenes Leben, indem Sie Zeit mit ihm verbringen.

Wandeln Sie in der Liebe

... wandelt in der Liebe [schätzt einander und erfreut euch gegenseitig], gleichwie auch Christus uns geliebt und sich selbst für uns gegeben hat als Darbringung und Schlachtopfer [euretwillen] zu einem lieblichen Geruch.
EPHESER 5,2 (SLT, AMP)

Jesus hat gesagt: »Wer mir nachkommen will, der *verleugne sich selbst [vergesse, ignoriere sich selbst und seine eigenen Interessen, trenne sich von ihnen und verliere sie aus dem Blick]* und nehme sein Kreuz auf sich und folge mir nach [indem er sich als ein Jünger mir anschließt und sich zu den Meinen gesellt, um dann beständig, unbeugsam und treu bei mir zu bleiben]!« (Markus 8,34; SLT, AMP; Hervorhebung durch die Autorin).

Diszipliniert, eben in Jüngerschaft zu leben bedeutet, dass wir persönliche Empfindungen beiseitelegen, wahrnehmen, worauf es Gott am allermeisten ankommt, und uns dann entsprechend entscheiden und alles andere zurückstellen. Genau wie Jesus sein Leben für Sie gab, möchte er, dass Sie Ihre Interessen um seiner größeren Sache willen hingeben.

Kreuzigen Sie selbstsüchtige Haltungen

Wacht und betet [haltet scharf Ausschau, seid umsichtig und aktiv], damit ihr nicht in Versuchung kommt! Der Geist zwar ist willig, das Fleisch aber ist schwach.
MATTHÄUS 26,41 (ELB, AMP)

Wenn wir siegreich leben wollen, können wir unsere Entscheidungen nicht nach dem treffen, was wir gerade fühlen oder zu wollen meinen. Gottes Wort lehrt, dass wir mit Neigungen auf die Welt kommen, die unserer menschlichen - fleischlichen und ungeistlichen - Natur entsprechen. Unsere Natur wird uns in der Sklaverei der Sünde festhalten, solange wir sie nicht kreuzigen und den Dingen Folge leisten, die Gottes Geist uns zu tun heißt.

Wenn Sie Gottes Wort studieren, bauen Sie Ihren Glauben auf und sorgen dafür, dass Sie den Boden unter den Füßen nicht verlieren: »Wer weise ist, der hört darauf [auf Gottes Wort] und vermehrt seine Kenntnisse, und wer verständig ist, eignet sich weise Lebensführung an [sodass er rechten Kurs zu halten versteht]« (Sprüche 1,5; SLT, AMP).

Wählen Sie den schmalen Weg

Geht ein durch die enge Pforte! Denn die Pforte ist weit und der Weg ist breit, der ins Verderben führt; und viele sind es, die da hineingehen. Denn die Pforte ist eng und der Weg ist schmal, der zum Leben führt; und wenige sind es, die ihn finden.

MATTHÄUS 7,13-14 (SLT)

Selbst wenn wir wissen, was wir eigentlich tun sollten, mag es uns schwerfallen, das auch umzusetzen, solange wir uns nicht auch danach *fühlen*. Wir mögen uns danach fühlen, viel länger im Bett liegen zu bleiben, als wir sollten, selbst wenn wir überhaupt nicht mehr müde sind. Manchmal wissen wir, dass wir unseren Mund halten sollten, aber es ist uns einfach nicht danach zumute.

Der Weg zum Sieg ist ein schmaler Pfad, den man nur mit Disziplin bezwingen kann, wie auch immer man sich dabei fühlt. Mitunter mag er uns so eng vorkommen, dass wir meinen, wir könnten uns noch nicht einmal hindurchquetschen. Der Sieg aber kommt dadurch, dass wir das Wort befolgen, das Gott an uns richtet, und zwar ungeachtet unserer Gefühle. Halten Sie sich heute an den Glauben und nicht an Gefühle.

Gehen Sie harter Arbeit nicht aus dem Weg

Alle Züchtigung aber scheint uns für den Augenblick nicht zur Freude, sondern zur Traurigkeit zu dienen; danach aber gibt sie eine friedsame Frucht der Gerechtigkeit denen, die durch sie geübt sind [eine Ernte von Gerechtigkeit in Übereinstimmung mit dem Willen Gottes in Zielen, Gedanken und Taten, woraus ein rechtes Leben vor Gott resultiert].

HEBRÄER 12,11 (SLT, AMP)

Wer undiszipliniert ist, sucht Gelegenheiten, harter Arbeit aus dem Weg zu gehen. In unserer Kultur herrscht Passivität vor. Alles soll das Leben leichter machen: lieber Fahrstuhl fahren als laufen; lieber Fast Food kaufen als kochen. Doch der leichte Weg ist nicht immer der beste.

Genau wie wir es nötig haben, unsere Körper zu trainieren, müssen wir auch unseren Glauben trainieren, indem wir uns schwierigen Herausforderungen stellen. Gebrauchen Sie Ihren Glauben, um denen zu vergeben, die Sie verletzen, und um Gott zu vertrauen, wenn Sie keine Ahnung haben, wie sich die Probleme jemals lösen sollen, vor denen Sie stehen. Dann werden Sie schon bald aus der Züchtigung, die Sie heute aushalten, reichlich Gerechtigkeit ernten.

Nutzen Sie Ihre Zeit optimal aus

Wo ist der Weise [der Philosoph], wo der Schriftgelehrte [der Wissenschaftler], wo der Wortgewaltige [der Meinungsbildner und Debattenredner] dieser Weltzeit? Hat nicht Gott die Weisheit dieser Welt zur Torheit gemacht?
1. KORINTHER 1,20 (SLT, AMP)

In Epheser 5,15-17 sagt Gottes Wort, dass wir zielgerichtet leben und als sensible, intelligente Menschen uns der Weisheit bedienen sollen. Das bedeutet, aus der Zeit, die uns gegeben ist, das Optimum herauszuholen. Uns allen ist dasselbe Maß an Zeit gegeben, aber nicht immer sind wir weise genug, um sie nicht zu verschwenden.

Wir müssen jede Gelegenheit beim Schopf ergreifen, den Sinn unseres Daseins auf Erden zu erfüllen, welcher darin besteht, dass wir Gott und unseren Nächsten lieben. Epheser 5,17 lautet: »Darum seid nicht töricht, sondern versteht, was der Wille des Herrn ist!« (ELB). Ziehen Sie sich allein mit Gott zurück, um sicherzugehen, dass Sie wissen, wie Sie heute Ihre Zeit nutzen sollen.

Worte sind Kraft

Und achtet [untereinander] darauf, dass nicht jemand die Gnade Gottes (seine unverdiente Gunst und seinen geistlichen Segen) versäumt, dass nicht etwa eine bittere Wurzel (Groll, Unmut, Hass) aufwächst und Unheil anrichtet und viele durch diese befleckt werden ...

HEBRÄER 12,15 (SLT, AMP)

Jesus sagt: »Wenn ihr Glauben [festes, unbeugsames Vertrauen] habt und nicht zweifelt« und »wenn ihr [dann] zu diesem Berg *sagt:* Hebe dich und wirf dich ins Meer!, so wird es geschehen. Und *alles, was ihr glaubend erbittet* im Gebet, das werdet ihr empfangen!« (Matthäus 21,21-22; SLT, AMP; Hervorhebung durch die Autorin).

Missbrauchen Sie die Kraft der Worte nicht, indem Sie entweder *zu viel* ohne Glauben oder *zu wenig* über Ihren Glauben reden. Wählen Sie freundliche, sanfte Worte, die Menschen aufrichten und Geschwätz und Streiterei zum Erliegen bringen. Glauben Sie, dass Gottes Gnade sich in dem zeigen wird, was Sie sagen.

Disziplin für ein ausgewogenes Leben

Und ich werde wandeln in weitem Raum; denn nach deinen Vorschriften habe ich geforscht [mit aller Kraft, weil für mich alles davon abhängt].

PSALM 119,45 (ELB, AMP)

Ein ausgewogenes Leben zu führen erfordert Disziplin. Sie sollten diszipliniert sein im Beten, im Bibellesen und darin, wertvolle Zeit in der Gemeinschaft mit dem Herrn zu verbringen. Nicht weniger Disziplin sollten Sie jedoch aufwenden, um wertvolle Zeit auch mit Ihrer Familie zu haben und sich um Ihre Gesundheit zu kümmern. Selbst zum Ausruhen und Spaßhaben sollten Sie sich disziplinieren.

Sehen Sie sich heute einmal Ihr Leben an und tun Sie, was notwendig ist, um in Ihrem Zeitmanagement ausgewogen zu werden. Gott möchte, dass Sie ein Leben voller Freude führen. Psalm 23,2 lehrt, dass er Sie zu stillen, frischen Wassern führen möchte. Er wird Ihr Leben auffrischen und wiederherstellen. Und er wird Sie um seines Namens willen auf den Pfaden der Gerechtigkeit führen.

Schreiben Sie Ihre Vision auf

Wo keine [erlösende] Offenbarung [von Gott] ist, wird das Volk zügellos, aber wohl ihm, wenn es das Gesetz [Gottes, was aber die menschlichen Gesetze mit einschließt] bewahrt!

SPRÜCHE 29,18 (SLT, AMP)

Habakuk wurde von Gott angewiesen, die Vision aufzuschreiben, die er von Gott erhalten hatte, und zwar sollte er sie so deutlich in Tafeln eingravieren, dass jeder Passant sie mühelos lesen konnte. Gott versprach, dass Habakuks Vision an dem dafür vorgesehenen Tag in Erfüllung gehen sollte (siehe Habakuk 2,2-3).

Wenn Sie Gott schon eine Weile gebeten haben, Ihnen den Weg zu zeigen, den Sie gehen sollen, werden Sie spüren, wie sich in Ihnen ein Gefühl von Sinnhaftigkeit aufbaut. Sie können ihn bitten, dass er Ihnen helfen möge, Ihren Tag, Ihre Woche und Ihr ganzes Leben zu planen. Ich empfehle Ihnen, die Dinge, die Gott Ihnen als Aufgabe ins Herz graviert, aufzuschreiben. Die Vision niederzuschreiben und dann irgendwo hinzuhängen, wo Sie sie immer wieder vor Augen haben, wird Ihnen helfen, den Plan, den Gott in Sie hineinlegt, auch in die Tat umzusetzen.

Leben Sie zielgerichtet

Darum, meine geliebten Brüder, seid fest (unbeugsam), unerschütterlich, nehmt immer zu in dem Werk des Herrn [werdet immer besser, ja überragend; tut im Werk des Herrn mehr als bloß das Nötige], weil ihr wisst, dass eure Arbeit nicht vergeblich ist im Herrn [sie ist niemals verschwendet oder zwecklos].

1. KORINTHER 15,58 (SLT, AMP)

Ein Leben ohne Ziel und Zweck ist leer und vergebens. Webster definiert »Zweck« als »etwas, das man sich als Objekt oder Ziel vornimmt oder vorgegeben bekommt, um es zu erreichen«. Christen sollten Menschen sein, die einen Zweck verfolgen. Uns allen ist vorgegeben, das Reich Gottes zu suchen, nämlich seine Gerechtigkeit, seinen Frieden und seine Freude im Heiligen Geist (siehe Römer 14,17).

Heute haben Sie die Gelegenheit, willentlich und entschlossen Gott zu suchen, und zwar in der Absicht, ihn besser kennenzulernen, als Sie ihn noch gestern kannten. Heute haben wir die Chance, mit Entschiedenheit voranzugehen, um Gutes für Gottes Reich zu erzielen.

7. AUGUST

Bleiben Sie auf Kurs

Lasse deine Augen geradeaus schauen [auf ein festgelegtes Ziel] und deine Blicke auf das gerichtet sein, was vor dir liegt! Mache die Bahn für deinen Fuß gerade, und alle deine Wege seien bestimmt; weiche weder zur Rechten ab noch zur Linken, halte deinen Fuß vom Bösen fern!

SPRÜCHE 4,25-27 (SLT, AMP)

Jesus kannte seine Aufgabe. Er nahm sich selbst in Zucht, um Kurs zu halten, und lebte sein Leben unter der Prämisse, jene Aufgabe zu erfüllen, um deretwillen er gekommen war. Als Christen sollen wir seinen Fußstapfen folgen und ebenfalls auf unsere Aufgabe konzentriert sein. Wir wurden um einen Preis erkauft, damit wir so leben, dass wir Salz der Erde und Licht der Welt werden (siehe Matthäus 5).

Wir müssen unseren ichbezogenen, selbstsüchtigen Lebensstil ablegen und unser Leben darauf ausrichten, dass wir etwas tun, um jemand anderem weiterzuhelfen. Dann werden wir jene »unaussprechliche und herrliche Freude« (1. Petrus 1,8) erleben.

Bleiben Sie wachsam

Glückselig (gesegnet, glücklich und beneidenswert) sind jene Knechte, welche der Herr, wenn er kommt, wachend finden wird! Wahrlich, ich sage euch: Er wird sich schürzen und sie zu Tisch führen und hinzutreten und sie bedienen.

LUKAS 12,37 (SLT, AMP)

In Epheser 6,10 lehrt Gottes Wort: »... werdet stark im Herrn [mit Kraft erfüllt durch eure Einheit mit ihm] und in der Macht seiner Stärke [jener Kraft, die euch aus seiner grenzenlosen Macht zufließt]« (ELB, AMP). Wir müssen Gottes Waffenrüstung anziehen, damit der Teufel uns nicht hinters Licht führen kann. Vers 16 desselben Kapitels lautet: »Bei alledem aber ergreift den Schild des Glaubens, mit dem ihr alle feurigen Pfeile des Bösen auslöschen könnt ...« (ELB).

In Vers 18 werden wir aufgefordert, »zu jeder Zeit«, also bei allen nur erdenklichen Gelegenheiten und egal, unter welchen Umständen, »mit allem Gebet [allen Arten von Gebet] und Flehen im Geist« zu beten, und weiter lautet der Text: »... *und wacht zu diesem Zweck in aller Ausdauer* und Fürbitte für alle Heiligen (alle Gott hingegebenen Menschen)« (SLT, AMP; Hervorhebung durch die Autorin).

Handeln Sie jetzt

Der Geist des Herrn ist auf mir, weil er mich gesalbt hat [mich, den Gesalbten, den Messias], den Armen frohe Botschaft (das Evangelium) zu verkünden; er hat mich gesandt, zu heilen, die zerbrochenen Herzens sind, Gefangenen Befreiung zu verkünden und den Blinden, dass sie wieder sehend werden, Zerschlagene [Unterdrückte, Versehrte, Herumgestoßene, im Elend Zerbrochene] in Freiheit zu setzen ...

LUKAS 4,18 (SLT, AMP)

Gute Absichten sind noch keine Handlungen des Gehorsams, und jede Menge Gelegenheiten für ein sinnerfülltes, zum Ziel führendes Leben fallen der langen Bank zum Opfer. Wozu auch immer Gott Sie inspiriert hat, dass Sie es tun sollen - tun Sie es heute!

Tun Sie einfach, was getan werden muss, und wenn das Erste, was anliegt, der Abwasch ist, der sich in der Spüle stapelt, oder die Garage, die so dringend auf Vordermann gebracht werden muss. Hat Gott Ihnen ganz gezielt aufgetragen, jemanden zu segnen, und Sie haben das auch vor, so denken Sie daran, dass *heute* die angenehme Zeit und *heute* der Tag des Heils ist (siehe 2. Korinther 6,2).

Gewinnen Sie den Wettlauf

... ich bezwinge [wie ein Boxer] meinen Leib [härte ihn ab, mache ihn durch beständiges Training widerstandsfähig] und beherrsche ihn, damit ich nicht anderen verkündige und selbst verwerflich werde [die Prüfung nicht bestehe, nicht anerkannt und als Heuchler zurückgewiesen werde].

1. KORINTHER 9,27 (SLT, AMP)

Es ist leicht, unangenehme Aufgaben vor sich her zu schieben. Aber Gott möchte, dass seine Kinder den Wettlauf zu Ende bringen, den zu laufen er für sie vorgesehen hat (siehe 2. Timotheus 4,7). Haben Sie keine Angst, auch das zu tun, was Ihnen schwierig vorkommt. Gott wird Sie salben, all das zu tun, was er Ihnen aufgetragen hat.

Von jenem Wettlauf um des Evangeliums willen spricht Paulus in 1. Korinther 9,23-26: »Lauft so, dass ihr ihn [den Preis] erlangt!« (ELB). Er weist uns an, mit fester Entschlossenheit zu laufen und ins Ziel zu kommen. Die Gnade wird das Gewinnen leichter machen als Sie denken!

Denken Sie mutig

Ich kann nichts von mir selbst tun [nicht unabhängig, nach meinem eigenen Gutdünken, sondern nur so, wie Gott mich anweist und ich seine Befehle höre].

JOHANNES 5,30 (ELB, AMP)

Ein Grund dafür, dass Menschen mit vielem nicht fertig werden, besteht darin, dass sie ihre unerledigten Verpflichtungen als monströse Unternehmungen sehen. Würden sie die Dinge bloß einmal anpacken, so sähen sie, dass die meisten gar keine so große Sache sind.

In 1. Petrus 1,13 heißt es: »Darum umgürtet die Lenden eurer Gesinnung, seid nüchtern (umsichtig, moralisch auf der Hut) und setzt eure Hoffnung ganz auf die Gnade (Gottes Gunst), die euch zuteilwird in der Offenbarung Jesu Christi (des Messias)« (SLT, AMP). Lassen Sie nicht zu, dass Ihr Verstand Sie regiert. Wenn sich unangemessene Gedanken in Ihrem Kopf ausbreiten wollen, bringen Sie diese zum Schweigen und erinnern sich daran, dass Gottes Gnade für all Ihre Bedürfnisse ausreicht. Gehen Sie einfach eine Sache nach der anderen an und konzentrieren Sie sich auf Gottes Können, nicht auf Ihr eigenes.

Nehmen Sie eine positive Haltung ein

Bewahre deinen Fuß [konzentriere dich auf das, was du tust], wenn du zum Hause Gottes gehst [wie Jakob zum Heiligtum von Bethel]! Sich nahen, um zu hören, ist besser, als wenn die Toren [achtlos und ohne Ehrerbietung] Opfer bringen; denn sie haben keine Erkenntnis, darum tun sie Böses.

PREDIGER 5,1 (AMP)

Mit Menschen, die eine positive Haltung an den Tag legen und sagen: »Das schaffe ich. Ich mach's gleich jetzt, kein Problem! Alles wird super laufen«, ist gut sein und arbeiten, weil sie die Dinge anpacken und zu Ende bringen.

Schieben Sie etwas vor sich her, was Sie längst getan haben sollten, so wird es anfangen, Sie mit Angst zu bedrohen. Lassen Sie es nicht zu, dass irgendeine Verpflichtung Sie gedanklich zu erdrücken anfängt. Halten Sie Ihre Aufmerksamkeit auf das gerichtet, was Sie sich für heute vorgenommen haben. Werden Sie unterbrochen, so kehren Sie bei erstbester Gelegenheit zu jener Aufgabe zurück und schließen sie ab. Wenn Sie sich eine positive Haltung bewahren und die Dinge auf Gottes Art angehen, gibt es nichts, womit Sie nicht fertig werden könnten.

Gehen Sie planvoll vor

Lass mich wandeln auf dem Pfad deiner Gebote, denn ich habe Lust an ihm.

PSALM 119,35 (SLT)

Abends, wenn Sie schlafen gehen, sollten Sie einen Plan für das haben, was Sie am nächsten Tag tun müssen. Nehmen Sie sich nicht nur vage vor, was Sie schaffen wollen. Eines Morgens lag ich noch im Bett, als Gottes Geist zu mir sagte: »Höre auf, doppeldeutig zu sein!« »Doppeldeutig« meint laut Wörterbuch »zweifelhaft oder unsicher« bzw. »auf zwei- oder mehrerlei Weise zu verstehen«.

Denken Sie nicht doppelbödig. Leben Sie nicht einfach in den Tag hinein und schauen, was passiert. Stehen Sie morgens mit einem Plan auf, der Gott in allem, was Sie tun, an die erste Stelle setzt. Gottes Wort ist eine Leuchte für Ihre Füße und ein Licht auf Ihrem Weg (siehe Psalm 119,105). Noch ehe Sie auf der Bettkante sitzen, sollten Sie schon mit ihm gesprochen haben. Bitten Sie ihn, Ihnen deutlich zu machen, was Sie heute schaffen sollten.

Entwickeln Sie Selbstkontrolle

Wie eine Stadt mit niedergerissenen Mauern, so ist ein Mann, der seinen Geist nicht beherrschen kann.
SPRÜCHE 25,28 (SLT)

Selbstbeherrschung ist eine Frucht des Geistes (siehe Galater 5,22-23). Sie entwickelt sich, während wir Zeit in der Gemeinschaft mit Gott zubringen und es einüben, ihm zu gehorchen. Manchmal wäre es uns lieber, Gott würde uns steuern und dafür sorgen, dass wir immer das Richtige tun. Aber er will, dass wir selbst unseren Geist beherrschen.

In Sprüche 16,32 steht: »Besser ein Langmütiger als ein Starker, und wer sich selbst beherrscht, als wer eine Stadt bezwingt« (SLT). Es braucht Selbstkontrolle, nicht beleidigt zu sein und nicht jedes Mal aus der Haut zu fahren, wenn jemand nicht nach unserer Pfeife tanzt. Selbstbeherrschung brauchen wir im Blick auf unsere Gedanken, Worte und Gelüste. Doch sobald es uns gelingt, unseren eigenen Geist zu meistern, gelten wir als stark in Gottes Augen - stärker als einer, der eine ganze Stadt erobert.

Seien Sie nicht faul

Siehst du jemand tüchtig in seinem Geschäft – bei Königen wird er im Dienst stehen; er wird nicht bei unbedeutenden Leuten dienen.

SPRÜCHE 22,29 (SLT)

In Sprüche 24,30-34 finden wir eine deutliche Warnung, was Faulheit betrifft. Faulheit führt dazu, dass uns alles im Leben über den Kopf wächst oder zusammenbricht. Wir sollen uns anschauen, was mit einem Faulen passiert, und erhalten folgenden Hinweis: »›Ein wenig schlafen, ein wenig schlummern, die Hände ein wenig in den Schoß legen, um zu ruhen‹ – so kommt deine Armut wie ein Wegelagerer ...« (SLT).

Gott wird Ihnen mit allem in Ihrem Leben wieder auf die Füße helfen, das Ihnen über den Kopf gewachsen oder schon zusammengebrochen ist. Wenn Sie Ihr Vertrauen auf ihn setzen, kann er aus Ihrem Chaos Ihr Zeugnis machen. Machen Sie es von heute an fest, Gott zu folgen. Wappnen Sie sich gegen den Geist der Faulheit. Bringen Sie die lange Bank ein für alle Mal auf den Sperrmüll und tun Sie, was immer Gott Ihnen aufgetragen hat.

Nehmen Sie Korrektur dankbar an

Wohl dem Menschen (gesegnet, glücklich und beneidenswert ist er), der Weisheit findet, dem Menschen, der Einsicht erlangt [die er aus Gottes Wort und seinen Lebenserfahrungen zieht]! Denn ihr Erwerb ist besser als Gelderwerb, und ihr Gewinn ist mehr wert als feines Gold.

SPRÜCHE 3,13-14 (SLT, AMP)

Bitten Sie Gott, Ihnen Bereiche zu zeigen, in denen Sie es nötig haben, Selbstbeherrschung einzuüben. Auch den Prozess, voll und ganz zu dem zu werden, was Gott sich für Sie gedacht hat, können Sie genießen, sofern Sie es lernen, gottgefällige Zurechtweisung von anderen dankbar anzunehmen. Vergessen Sie nicht: Gott liebt Sie genau so, wie Sie sind, aber die, die er liebt, bringt er zurecht (siehe Sprüche 3,12).

Nur reife Christen können das Fleisch des Wortes Gottes mit Genuss speisen; und da ist so viel, das er mit seinen erwachsenen Söhnen und Töchtern teilen möchte. Es gibt immer noch etwas mehr zu lernen - deshalb sollten Sie nicht nach Ausreden für Ihre Schwachstellen suchen. Die Wahrheit anzunehmen wird Sie frei machen (siehe Johannes 8,32) und Gott wird Ihnen Kraft verleihen, in den Bereichen, in denen Sie schwach sind, zum Überwinder zu werden.

Frucht des Geistes

Wenn wir durch den [Heiligen] Geist leben, so lasst uns auch durch den Geist wandeln. [Haben wir durch den Heiligen Geist Leben in Gott, so wollen wir uns konsequent auf Gott hin vorwärtsbewegen und unsere Lebensführung vom Geist steuern lassen.]
GALATER 5,25 (ELB, AMP)

Die Menschen sehnen sich nach Liebe, Glück und Frieden. Sie versuchen diese Dinge zu kaufen und bezahlen dafür sogar Therapeuten. Dabei sind all diese Qualitäten durch Vertrauen auf Jesus zu haben, der den Heiligen Geist sendet, damit er uns hilft, im Gehorsam gegen Gott zu wandeln. Ein geisterfülltes Leben zu führen wird schließlich all die Dinge hervorbringen, nach denen sich die Menschen in ihrem Leben sehnen.

In Galater 5,22-23 lesen wir: »Die Frucht des [Heiligen] Geistes aber [das Werk, das seine Gegenwart in uns vollbringt] ist: Liebe, Freude (Glück), Friede, Langmut (eine ausgeglichene Gemütsverfassung, Ausdauer), Freundlichkeit, Güte (Wohlwollen), Treue, Sanftmut (Milde, Demut), Enthaltsamkeit. Gegen diese ist das Gesetz nicht gerichtet« (ELB, AMP). Lassen Sie es heute geschehen, dass das Werk der Gegenwart Gottes in Ihnen zu anderen hinausleuchtet.

Seien Sie eifrig

Wir wünschen euch aber [nachdrücklich und mit allem Ernst], dass jeder von euch denselben Eifer beweise, sodass ihr die Hoffnung mit voller Gewissheit festhaltet bis ans Ende.

HEBRÄER 6,11 (SLT, AMP)

In Sprüche 22,29 heißt es: »Siehst du jemand tüchtig in seinem Geschäft - bei Königen wird er im Dienst stehen; er wird nicht bei unbedeutenden Leuten dienen« (SLT). Ein tüchtiger Mensch lebt nach dem Prinzip: »Mach's einfach!« Er ist einer, der schafft, schafft, schafft und dann noch einen Tick mehr schafft - so lange bis alles, was er einmal angepackt hat, vollendet ist.

Geben Sie niemals irgendetwas auf, woran zu glauben Gott Sie angewiesen hat; und lassen Sie nie etwas unvollendet, wofür Sie von ihm eine klare Anweisung erhalten haben. Ihr Eifer wird sich auszahlen durch den Segen Gottes, den Sie davontragen werden.

Bringen Sie Ihre Arbeit zu Ende

Jesus spricht zu ihnen: Meine Speise ist, dass ich den Willen dessen tue, der mich gesandt hat, und sein Werk vollbringe.
JOHANNES 4,34 (SLT)

Ich glaube, der Herr möchte, dass wir zum Abschluss bringen, wozu auch immer er uns beruft, auch wenn das Geduld, Ausdauer und harte Arbeit erfordert. Gott möchte, dass wir Wurzeln schlagen und durchstehen lernen, bis die Frucht seiner Verheißung zutage tritt.

Seien Sie willens, geduldig durchzustehen, bis Sie Gottes Plan in Ihrem Leben in Erfüllung gehen sehen. Hat Gott Ihnen eine Vision von etwas geschenkt, das er durch Sie verwirklichen möchte, dann bleiben Sie an dem dran, was er Ihnen dazu an die Hand gegeben hat, selbst wenn Sie keinerlei Begeisterung mehr dafür verspüren und beim Gedanken an die Sache schon längst keine Gänsehaut mehr bekommen. Wenn Sie keine Vision haben, dann bitten Sie Gott, dass er Ihnen etwas zeigt, das Sie tun sollen. Dann weihen Sie diese Ihre Arbeit dem Herrn, bis sie vollendet ist.

Machen Sie sich frei von Überflüssigem

Einem festen Herzen bewahrst du den Frieden, den Frieden, weil es auf dich vertraut.
JESAJA 26,3 (SLT)

Mitunter machen wir unser Leben unnötig kompliziert, indem wir an Dingen festhalten, von denen Gott gar nicht will, dass wir mit ihnen umgehen. Wenn wir uns mit unnötigen Dingen abgeben und an ihnen festhalten, belasten wir uns nur mit Stress, Verwirrung und Unordnung. Wir müssen unseren Glauben gebrauchen, um all das loszulassen, was unser Denken mit Müll belädt und uns vom Frieden fernhält.

Bitten Sie Gott darum, dass er Ihnen Möglichkeiten zeigt, Ihr Leben zu vereinfachen. Machen Sie heute einmal Inventur und beginnen Sie, sich von allem zu trennen, was Ihr Leben nur mit unproduktiven Ablenkungen erfüllt. Gott möchte, dass Sie Ihren Tag genießen; also machen Sie sich von all dem frei, was er Ihnen als wertlos zeigt.

Lieben Sie Ihre Kritiker

Wer auf die Unterweisung achtet, geht den Weg zum Leben [und er geht ihn nicht nur selbst, sondern weist ihn auch anderen] ...

SPRÜCHE 10,17 (SLT, AMP)

Lieben Sie Ihre Kritiker. Nehmen Sie Zurechtweisung durch andere dankbar an und genauso Gottes Zurechtweisung. Sprüche 3,12 lehrt, dass der Herr jeden züchtigt, den er liebt.

Selbstbeherrschung ist das Markenzeichen der Reife. Wenn Sie sich in einem bestimmten Bereich nicht in der Gewalt haben, sind Sie undiszipliniert, und in diesem Bereich fehlt es Ihnen an Reife. Wollen Sie ein reifer Christ sein, so müssen Sie sich in der Gewalt haben.

Sie müssen der Wahrheit ins Gesicht sehen, wenn Sie frei sein und Ihr Leben wirklich genießen wollen. Sie können nicht frei sein, solange Sie in irgendeinem Bereich der Schwäche, auf den Gott Sie längst aufmerksam gemacht hat, noch nach Ausreden suchen. Jeder hat Schwächen - danken Sie Gott, wenn Sie heute eine der Ihren entdecken, und dann vertrauen Sie ihm dafür, dass seine Kraft in diesem Punkt ausreicht, um Sie darüber hinwegkommen zu lassen.

Beseitigen Sie Hindernisse

Darum fegt den alten Sauerteig aus, damit ihr ein neuer [frischer] Teig seid, da ihr ja ungesäuert [nicht verunreinigt] seid!
1. KORINTHER 5,7 (SLT, AMP)

Wenn es Ihnen ernst damit ist, im Herrn zu wachsen und im Glauben reif zu werden, dann werden Sie Matthäus 5,29-30 schätzen, eine kraftvolle Bibelstelle, die im Kern sagt: »Wenn dir dein Auge Probleme bereitet, reiß es raus; wenn dir deine Hand Probleme bereitet, hack sie ab!«

In 1. Korinther 9,24-27 sagt Paulus sinngemäß: »Ich nehme an einem Wettlauf teil, und zwar *weil ich gewinnen will.* Deshalb schinde ich meinen Körper; ich unterwerfe ihn mir und härte ihn ab.«

Wenn es in Ihrem Leben Gewohnheiten oder Hindernisse gibt, die Ihnen nicht guttun, dann befreien Sie sich davon, und zwar *jetzt*! Vergeuden Sie diesen Tag nicht - es würde Ihnen leidtun. Bitten Sie Gott, Ihnen jeden Bereich Ihres Lebens zu zeigen, in dem es Ihnen an Disziplin mangelt, und schöpfen Sie dann aus seinem unermesslichen Gnadenvorrat, um die Veränderungen ins Werk zu setzen, die Sie nötig haben.

Beherrschen Sie Ihre Stimmungen

Sprüche Salomos ..., um zu erkennen Weisheit und Zucht, um zu verstehen verständige Worte, um anzunehmen Zucht mit Einsicht, dazu Gerechtigkeit, Recht und Aufrichtigkeit.

SPRÜCHE 1,1-3 (ELB)

Stimmungen können uns sonderbare Impulse geben, denen wir gar nicht nachzugeben wagen. Wenn wir in bestimmte Stimmungen geraten, verlangt es uns nach abwegigen Dingen, oder wir sind versucht, unsere Verantwortungsbereiche zu vernachlässigen.

»Ach, heute habe ich zu gar nichts Lust! Ich habe schlechte Laune. Lasst mich einfach in Ruhe!«

Disziplinierte Menschen unterwerfen ihre Emotionen der Weisheit. Sie sagen: »Klar fühle ich so, aber ich lasse mich nicht von meinen Gefühlen steuern. Ich hab wohl auch Launen, aber die schreiben mir nicht vor, was ich tue. Ich werde haargenau das tun, was ich auch tun würde, wenn ich mich besser fühlte.« Sie werden Ihren Tag mehr genießen können, wenn Sie sich selbst dazu disziplinieren, zu tun, was Sie glauben, und nicht, was Sie fühlen.

Achten Sie auf das, was Sie sagen

Eine heilsame Zunge ist ein Baum des Lebens ...
SPRÜCHE 15,4 (SLT)

Die Bibel sagt, wenn jemand seine Worte unter Kontrolle hat, kann er sein ganzes Leben im Zaum halten: »Denn wir alle verfehlen uns vielfach; wenn jemand sich im Wort nicht verfehlt [nie etwas Falsches sagt], so ist er ein vollkommener Mann, fähig, auch den ganzen Leib im Zaum zu halten« (Jakobus 3,2; SLT, AMP).

Niemand ist im Herrn restlos reif - es gibt immer noch Spielraum für Verbesserungen. Haben Sie Ihren Mund nicht unter Kontrolle, so werden Sie auch andere Bereiche Ihres Lebens nicht beherrschen. Übergeben Sie Gott heute Ihr Reden. Bitten Sie ihn, zu leiten, was Sie sagen, und gestatten Sie ihm, Ihren Mund mit Worten zu füllen, die jeden um Sie herum aufbauen.

Entscheiden Sie sich für das Beste

Ich bin dein Knecht; gib mir Einsicht (Unterscheidungs- und Begriffsvermögen), damit ich deine Zeugnisse verstehe (sie ausmache und mit ihrem Wesen vertraut bin)!
PSALM 119,125 (SLT, AMP)

Gottes Wort sagt, dass wir prüfen sollen, »worauf es ankommt [also das Höchste und Beste erkennen und die moralischen Unterschiede wahrzunehmen wissen], sodass ihr lauter und ohne Anstoß seid [Herzen voller Aufrichtigkeit, Gewissheit und Makellosigkeit habt, mit denen ihr unterwegs sein könnt] bis auf den Tag des Christus [also so, dass ihr nicht strauchelt und auch andere nicht zum Straucheln bringt]« (Philipper 1,10; SLT, AMP).

Die Menschen treffen den ganzen Tag lang Entscheidungen und wählen Dinge aus. Wer wirklich diszipliniert ist, vermag Geringwertiges Höherem und Besserem unterzuordnen. Denken Sie darüber nach, wenn es um die Entscheidung geht, welchen Weg Sie heute einschlagen sollten. Wählen Sie das Größere und ordnen Sie die geringeren Dinge diesem unter.

Sie sind in Sicherheit

Vertraue auf den Herrn von ganzem Herzen und verlass dich nicht auf deinen Verstand; erkenne ihn auf allen deinen Wegen, so wird er deine Pfade ebnen.
SPRÜCHE 3,5-6 (SLT)

Gott nachzufolgen ist kein Teilzeit-Lebensstil. Sehr klar sagt die Bibel, dass wir *jederzeit* wachsam sein müssen, weil der Teufel nur darauf lauert, uns verschlingen zu können (siehe 1. Petrus 5,8).

Doch Gott schenkt uns die Gnade, dem Teufel zu widerstehen und im Glauben von seinen Anschlägen unbeeindruckt zu bleiben. Sie können fest verwurzelt, stark, unbeugsam und entschlossen sein, wissend, dass all das, was Ihnen heute widerfahren mag, sich keinen Deut von dem unterscheidet, was Christen überall auf der Welt widerfährt. Gott selbst wird Sie vollkommen machen, sodass Sie der sind, der (oder die) Sie sein sollen. Er wird Sie heute festigen und in Sicherheit gründen, stärken und stabilisieren (siehe Verse 9-10).

Leben Sie mit Selbstbeherrschung

... setzt eben deshalb allen Eifer daran und reicht in eurem Glauben die Tugend dar, in der Tugend aber die Erkenntnis, in der Erkenntnis aber die Selbstbeherrschung, in der Selbstbeherrschung aber das standhafte Ausharren, im standhaften Ausharren aber die Gottesfurcht, in der Gottesfurcht aber die Bruderliebe, in der Bruderliebe aber die Liebe. Denn wenn diese Dinge bei euch vorhanden sind und zunehmen, so lassen sie euch nicht träge noch unfruchtbar sein für die Erkenntnis unseres Herrn Jesus Christus.

2. PETRUS 1,5-8 (SLT)

Die Schrift sagt, ein Mensch »stirbt an Zuchtlosigkeit, und infolge seiner großen Torheit taumelt er dahin« (Sprüche 5,23; SLT). Disziplin können Sie nicht kaufen, aber Sie besitzen die innere Fähigkeit, Selbstbeherrschung zu entwickeln.

Indem Sie Zeit mit Gott verbringen, können Sie voll seines Geistes werden, sodass seine Kraft Sie steuert und Sie mit der Fähigkeit zur Disziplin und Selbstbeherrschung ruhig und ausgeglichen leben lässt (siehe 2. Timotheus 1,7). Achten Sie heute bewusst darauf, sich selbstbeherrscht zu verhalten.

Überlassen Sie Gott die Kontrolle

... das standhafte Ausharren (Durchhaltevermögen) aber [bewirkt] Bewährung (anerkannten Glauben und erprobte Integrität), die Bewährung aber [eine freudige Haltung der gewissen] Hoffnung [auf die ewige Erlösung].

RÖMER 5,4 (SLT, AMP)

Sie werden Ihren Tag nicht genießen, wenn bei Ihnen irgendetwas außer Kontrolle ist. Wenn Sie Gott die Kontrolle über die Bereiche überlassen, die Sie dem Glauben unterworfen sehen wollen, können Sie Temperament, Launen, Gefühle, Gelüste, Mund und Gedanken in Übereinstimmung mit Gottes Wort halten. Gott hat uns mit freiem Willen geschaffen. Deshalb können wir uns jeweils für das entscheiden, was am besten für uns ist.

Seien Sie von alten, zerstörerischen Gewohnheiten frei, indem Sie sich einfach neue zulegen. Lassen Sie es heute nicht zu, dass Ihre Emotionen außer Kontrolle geraten. Sollten Sie zum Beispiel spüren, dass Sie in Wut geraten wollen, so beten Sie rasch, dass Gott Sie neu mit der Frucht des Heiligen Geistes erfüllt. Benutzen Sie die Selbstbeherrschung, die er Ihnen ohne Weiteres zur Verfügung stellt.

Sehnen Sie sich nach dem Herzen Gottes

... wappnet auch ihr euch mit derselben Gesinnung [nämlich, wie Christus, eher geduldig zu leiden als Gefahr zu laufen, dass man etwa Gott nicht gefalle]; denn wer im Fleisch gelitten hat [den Sinn Christi hat], der hat mit der [mutwilligen] Sünde abgeschlossen [er hat keine Freude mehr an Selbstgefälligkeit und an der Welt, sondern will nur noch Gott gefallen], um die noch verbleibende Zeit im Fleisch nicht mehr den Lüsten der Menschen zu leben, sondern dem Willen Gottes.

1. PETRUS 4,1-2 (SLT, AMP)

Sie haben Wünsche des Fleisches, aber ebenso haben Sie Wünsche, die der Heilige Geist Ihnen eingegeben hat. Sie haben einen fleischlichen Sinn, aber ebenso »den Sinn des Christus« (siehe 1. Korinther 2,16), in dem wir die Gedanken, Gefühle und Ziele seines Herzens wahrnehmen.

Lernen Sie festzumachen, woher Ihre Wünsche rühren. Wünsche aus dem Fleisch bringen keinen Frieden, Wünsche aus dem Geist Gottes dagegen wunderbaren Lohn. Üben Sie sich in Selbstbeherrschung und entscheiden Sie sich für diejenigen Wünsche, die der Heilige Geist Ihnen eingepflanzt hat.

Verschwenden Sie keine Zeit

Seht nun genau zu, wie ihr wandelt, nicht als Unweise, sondern als Weise! Kauft die rechte Zeit aus!
EPHESER 5,15-16 (ELB)

Wir brauchen solche Selbstbeherrschung, dass wir keine Zeit mehr verschwenden. Das heißt nicht, dass wir niemals irgendwas nur so zum Spaß tun dürften. Es heißt auch nicht, dass uns alles untersagt wäre, was Freude macht.

Keineswegs müssen wir streng, stur oder langweilig sein. Aber wir haben es nötig, unsere Zeit weise einzuteilen, indem wir uns entscheiden, die beste Zeit unseres Tages mit Gott zu verbringen.

Gottes Wort ermuntert uns, vorbereitet zu sein, wenn es sagt: »Gehorche dem Rat und nimm die Zurechtweisung an, damit du künftig weise bist!« (Sprüche 19,20; SLT). Wenn Sie den Tag mit Gottes Unterweisung beginnen, werden Sie sich in Weisheit bewegen und das Bestmögliche aus Ihrer Zeit herausholen.

Initiieren Sie Lösungen

Ich habe euch Leben und Tod, Segen und Fluch vorgelegt;
so erwähle nun das Leben …
5. MOSE 30,19 (SLT)

Mitunter beklagen wir uns über Dinge, die wir eigentlich ändern könnten – wenn wir nur einmal lang genug aufhören würden, uns selbst zu bemitleiden, um sie anzupacken. So können wir uns zum Beispiel, wenn wir einsam sind, bemühen, für jemand anderen ein Freund oder eine Freundin zu sein. Wir haben die Wahl, frei zu sein oder in der Gebundenheit des Selbstmitleids zu verharren. Wir können uns entscheiden, entweder bemitleidenswert oder kraftvoll zu sein.

In Psalm 25,12-14 lesen wir: »Wer ist der Mann, der Gott fürchtet? Ihm zeigt er den Weg, den er wählen soll. Dann wird er wohnen im Glück, seine Kinder werden das Land besitzen. Die sind Vertraute des Herrn, die ihn fürchten; er weiht sie ein in seinen Bund« (EU).

Bewundernswerte Tugenden

Ich sage aber: Wandelt [beständig] im [Heiligen] Geist [indem ihr auf ihn eingeht, euch von ihm lenken und leiten lasst], so werdet ihr die Lust des Fleisches (der menschlichen Natur ohne Gott) nicht vollbringen.
GALATER 5,16 (SLT, AMP)

»Die Frucht des [Heiligen] Geistes aber [das Werk, das seine Gegenwart in uns vollbringt] ist: Liebe, Freude (Glück), Friede, Langmut (eine ausgeglichene Gemütsverfassung, Ausdauer), Freundlichkeit, Güte (Wohlwollen), Treue, Sanftmut (Milde, Demut), Enthaltsamkeit« (Galater 5,22-23; ELB, AMP).

Überall auf der Welt versuchen Menschen in den Besitz dieser Werte oder Tugenden zu gelangen, indem sie Seelsorge und Beratung in Anspruch nehmen oder Selbsthilfebücher studieren. Die Bibel aber sagt, wenn wir mit Gott gehen, bringt das geisterfüllte Leben all diese Dinge in uns hervor. Geben Sie Gott jeden Tag Ihr Leben, dann wird er in Ihnen ein rechtes Herz schaffen, ein Herz, das sich wünschen wird, die Dinge zu tun, die er durch Sie getan haben möchte.

Saat und Ernte

So lasst uns nun, wo wir Gelegenheit haben, an allen [moralisch] Gutes tun [nicht nur nützlich oder gewinnbringend für sie sein, sondern auch das tun, was ihnen geistlich zugutekommt und sie fördert], besonders aber an den Hausgenossen des Glaubens [denen, die mit euch zur Familie Gottes gehören, den an Christus Gläubigen].

GALATER 6,10 (SLT, AMP)

»Denn wer auf sein Fleisch (sein niederes Wesen oder seine Sinnlichkeit) sät, der wird vom Fleisch Verderben ernten; wer aber auf den Geist sät, der wird vom Geist ewiges Leben ernten« (Galater 6,8; SLT, AMP).

Wir können unser Leben genießen (und Schwierigkeiten aus dem Weg gehen), indem wir der Führung des Heiligen Geistes folgen. Gottes Wort sagt, dass wir nicht müde werden sollen, das Richtige zu tun, weil Gott versprochen hat, dass alles, was wir heute säen, irgendwann in der Zukunft eine Ernte hervorbringen wird (siehe Vers 9). Seien Sie mutig, handeln Sie edel und halten Sie fest an den Tätigkeiten, von denen Sie wissen, sie sind richtig.

Eine neue Richtung

Das Verlangen der Elenden hast du, o Herr, gehört; du machst ihr Herz fest, leihst ihnen dein Ohr ...
PSALM 10,17 (SLT)

Manchmal kommen wir in unserem Leben in Bereiche, in denen es uns nicht gut geht. Wenn wir uns an solchen unangenehmen Tagen selbstkritisch betrachten, werden wir sehr wahrscheinlich feststellen, dass die Dinge, unter denen wir am allermeisten zu leiden haben, die Frucht von Entscheidungen sind, die wir irgendwann früher in unserem Leben getroffen haben.

Aber heute können Sie neu starten. Ich glaube, Gott hat uns 24-Stunden-Tage gegeben, weil er wusste, mehr verkraften wir nicht. Seine Gnadenerweise sind jeden Morgen neu (siehe Klagelieder 3,22-23). Noch einmal: Sie können heute, an diesem Morgen, neu starten und diesen Tag für den Herrn leben. Entschließen Sie sich, dahin zu gehen, wohin auch immer Gott Sie führt, und zu tun, was immer er Ihnen aufträgt. Sie dürfen auf ein besseres Morgen hoffen, wenn Sie heute richtig leben.

Leben Sie integer

Der Herr hat mir vergolten nach meiner Gerechtigkeit [meiner bewussten Integrität und der Seriosität meiner Beziehung zu ihm], nach der Reinheit meiner Hände hat er mich belohnt.

PSALM 18,21 (SLT, AMP)

Es reicht nicht, über Gottes Wort zu reden - wir müssen das tun, wovon wir sagen, dass wir es glauben. Gott wird uns segnen, wenn wir integer lebende Menschen sind. Als Gläubige müssen wir unsere Versprechen halten und das tun, was wir gesagt haben.

Halten Sie heute Ausschau nach Möglichkeiten, Integrität vorzuleben. Wenn Sie für etwas, das Sie jemandem zugesagt haben, doch nicht geradestehen können, sollten Sie den Betreffenden zumindest anrufen oder ihm einen Brief schreiben und erklären: »Vergib mir bitte; ich habe mich nicht von Gott leiten lassen und kann das, was ich zugesagt habe, jetzt einfach nicht halten.« So werden Sie Gott Ehre erweisen und dafür sorgen, dass Ihr Weg weiter in die richtige Richtung führt.

Halten Sie sich aus Streitigkeiten heraus

Der Habgierige erregt Streit; wer aber auf den HERRN vertraut, wird reichlich gesättigt.
SPRÜCHE 28,25 (ELB)

Ungefähr in achtzig Prozent der Kirchengemeinden, in die wir in unserem Dienst kommen, finden wir Gemeindeglieder vor, die in Streitigkeiten verstrickt sind. Streit ist ein Werkzeug, das der Teufel gegen uns einsetzt. Es bedarf persönlicher Selbstkontrolle, um sich aus Streitigkeiten herauszuhalten.

Möchten Sie den Frieden bewahren, so können Sie nicht immer alles sagen, was Sie gern sagen würden. Manchmal müssen Sie sich selbst zügeln und sich entschuldigen, auch wenn Sie dazu nicht die geringste Lust verspüren. Wenn Sie aber heute das göttliche Prinzip der Harmonie und Einheit aussäen, wird eine Zeit kommen, in der Sie den ganzen Segen, der darin steckt, werden ernten können.

Halten Sie Wort

..., aber die ehrt, die den Herrn fürchten (die ihn ehren und anbeten); wer, wenn er etwas zu seinem Schaden geschworen hat, es dennoch hält; wer sein Geld nicht um Wucherzinsen gibt [an jemanden aus seinem Volke] und keine Bestechung annimmt gegen den Unschuldigen; wer dies tut, wird ewiglich nicht wanken.

PSALM 15,4-5 (SLT, AMP)

Manchmal verspreche ich etwas und bereue mein Versprechen hinterher wieder. Dann suche ich nach einer Möglichkeit, irgendwie doch nicht das tun zu müssen, was ich versprochen habe. Ich argumentiere: »Gott, du willst doch sicher nicht, dass ich mein Versprechen halte und dadurch eine andere, riesengroße Chance verpasse.«

Der Herr sagt dann nur zu mir: »Du hast es versprochen, Joyce. Halte dein Wort und ich werde dich segnen.« Wenn man sich auf uns verlassen kann, wird Gott ein anderes Mal andere gute Gelegenheiten schenken, durch die wir sogar noch mehr Segen empfangen können.

Bitten Sie um Hilfe

Bekennt einander die Übertretungen (eure Ausrutscher, eure falschen Entscheidungen, eure Beleidigungen, eure Sünden) und betet [auch] füreinander, damit ihr geheilt werdet [und die geistliche Feinabstimmung sowohl für den Verstand als auch für das Herz wiederhergestellt wird]! Das Gebet eines Gerechten vermag viel [die Auswirkung ist dynamisch], wenn es ernstlich (von Herzen und anhaltend) ist.

JAKOBUS 5,16 (SLT, AMP)

Abhängigkeiten, schlechte Gewohnheiten oder negative Haltungen können Sie sehr auslaugen. Wenn Sie von einer bestimmten Gewohnheit Befreiung suchen, lehrt die Bibel, dass der Heilige Geist unser Helfer ist (siehe Johannes 14,16). Bekennen Sie Gott Ihre Not und bitten Sie ihn um Freisetzung.

Es mag auch sein, dass er Sie so führt, dass Sie Ihre Übertretungen anderen Gläubigen bekennen, von denen Sie wissen, dass sie für Sie beten werden. Die Bibel sagt uns, dass wir einander unsere Übertretungen bekennen sollen, *damit wir geheilt und wieder aufgerichtet werden.* Wenn Sie irgendeinen Lebensbereich nicht unter Kontrolle haben, stellen Sie sich vor anderen ehrlich dazu. Heute kann der Tag Ihrer Erlösung sein.

Vermeiden Sie Entschuldigungen

Denn der Herr, dein Gott, wandelt mitten in deinem Lager, um dich zu erretten und deine Feinde vor dir dahinzugeben. Darum soll dein Lager heilig sein, dass er nichts Schädliches an dir sieht und sich von dir abwendet.

5. MOSE 23,15 (SLT)

Wenn Sie von einer schlechten Gewohnheit geplagt werden, können Sie das Gute nicht genießen, was Gott für Sie hat. Flüchten Sie sich nicht in Entschuldigungen für Bindungen, die Sie fest im Griff haben. Verdrängung und Entschuldigungen werden Sie davon abhalten, Ihr Leben zu genießen.

Egal ob es sich um ein Essensproblem oder um Jähzorn handelt, Sie kommen nicht weiter, wenn Sie es auf Ihre Gene oder Ihre Familie schieben. Gott öffnet uns einen Fluchtweg und verheißt denen, die wiedergeboren sind, ein gutes Leben. Berufen Sie sich auf die Rechte, die Ihnen als Kind Gottes zustehen. Bekennen Sie: »Ich bin ein neuer Mensch in Christus; ich vermag alles durch Christus, der mich stark macht« (siehe Philipper 4,13).

Lassen Sie sich von Gott verändern

Viele Pläne fasst das Herz des Menschen, doch nur der Ratschluss des Herrn hat Bestand.
SPRÜCHE 19,21 (EU)

Auch wenn Sie noch in Ihren alten Gewohnheiten verhaftet sein sollten, können Sie trotzdem auf Veränderung hoffen; allerdings können Sie sich nicht selbst verändern. Gott wird es tun, wenn Sie ihn von ganzem Herzen suchen.

Seien Sie nicht ungeduldig mit Gott, weil sein Werk in Ihrem Leben noch nicht vollendet ist. Wir wollen, dass alles immer sofort geschieht, aber Gott ist nicht an unserem Zeitplan interessiert. Der Feind könnte *Ihren* Plan über den Haufen werfen, aber *Gottes* Absichten können nicht durchkreuzt werden; er hat einen einzigartigen Plan für Sie.

Streben Sie danach, Gottes Absichten in Ihrem Leben zu verwirklichen. Bleiben Sie brennend, glühend heiß und eifrig. Machen Sie seine Absichten zu den Ihren; tun Sie dies mit Ihrer ganzen Kraft. Nichts auf dieser Welt ist so erstrebenswert wie Gottes Absichten in Ihrem Leben.

Suchen Sie Gott von ganzem Herzen

Fragt nach dem Herrn und nach seiner Macht (seiner Kraft und seiner Widerstandskraft gegen Versuchung), sucht [kontinuierlich] sein Angesicht allezeit!
PSALM 105,4 (SLT, AMP)

Wenn Sie heute etwas bedrückt, suchen Sie Gott von ganzem Herzen. Die Bibel fordert uns auf, »darauf zu zielen und das zu suchen, was droben ist [große, ewige Reichtümer]« (Kolosser 3,1; SLT, AMP). Wenn Sie die Frucht des Geistes von ganzem Herzen anstreben, wird Gott in Ihnen ein Werk vollbringen. Dann werden Sie sich an einem Leben im Überfluss erfreuen. Damit Ihnen dieses Leben zusteht, starb Jesus für Sie.

Gott verheißt: »Und der Herr wird dich zum Haupt setzen und nicht zum Schwanz; und es wird mit dir immer nur aufwärtsgehen und nicht abwärts, wenn du den Geboten des Herrn, deines Gottes, gehorchst, die ich dir heute gebiete, dass du sie bewahrst und tust« (5. Mose 28,13; SLT).

Seien Sie positiv

Ich danke meinem Gott allezeit euretwegen für die Gnade (die Gunst und die geistliche Segnung) Gottes, die euch in Christus Jesus gegeben ist, dass ihr in allem reich gemacht worden seid in ihm, in allem Wort [um über euren Glauben zu sprechen] und in aller Erkenntnis [und Erleuchtung, damit ihr die Bedeutung desselben voll erkennen könnt].

1. KORINTHER 1,4-5 (SLT, AMP)

Das Wort Gottes sagt: »Weiche vom Bösen und tue Gutes, suche den Frieden (frage und hungere danach) und jage ihm nach (gehe hinterher)!« (Psalm 34,15; SLT, AMP). »Tut alles ohne Murren [ohne Fehler bei anderen zu suchen und ohne Klagen gegen Gott] und Bedenken [und Zweifel unter euch]« (Philipper 2,14; SLT, AMP).

Seien Sie positiv. Lösen Sie sich von Klatsch und Jammern. Beginnen Sie Ihren Tag mit dem Lesen der Bibel, damit Sie wissen, wie Sie durch die Autorität des Wortes Gottes reden können. Nehmen Sie sich Zeit, Gott zuzuhören und sagen Sie dann anderen das, was Sie ihn sagen hören. Bringen Sie Leben in jede Situation, die Ihnen begegnet.

Zügeln Sie Ihren Zorn

Der Langmütige ist reich an Verständnis.
SPRÜCHE 14,29 (ELB)

Menschen fühlen sich in unserer Gegenwart nicht wohl, wenn wir schnell ärgerlich werden. Wir müssen erkennen, welche *Antworten* wir auf Lebenssituationen haben, statt nur auf sie zu *reagieren*. Wenn wir das tun, werden wir uns an Gottes Kraft in unserem Leben erfreuen. Gott sagt, ein Mensch, der seinen Zorn beherrschen kann, ist besser und mächtiger als einer, der eine ganze Stadt einnehmen kann (siehe Sprüche 16,32).

Gottes Wort sagt: »Darum, meine geliebten Brüder, sei jeder Mensch schnell zum Hören [bereit zu hören], langsam zum Reden, langsam zum Zorn; denn der Zorn des Mannes vollbringt nicht die Gerechtigkeit Gottes [die Gott wünscht und fordert]« (Jakobus 1,19-20; SLT, AMP). Seien Sie ein bereitwilliger Zuhörer und erleben Sie Befreiung von Ihrem Zorn, die Gott Ihnen anbietet.

Seien Sie langsam zum Reden

»Wem das Leben lieb ist und wer gute [ob nun für alle sichtbar oder nicht] Tage sehen will, der bewahre seine Zunge vor Bösem und seine Lippen, dass sie nicht Trug (Intrige, Verschwörung) reden.«
1. PETRUS 3,10 (SLT, AMP)

Haben Sie schon einmal etwas gesagt und im gleichen Augenblick bereut, es gesagt zu haben? Sie können Worte, die einmal ausgesprochen worden sind, nicht mehr zurückholen - und Worte können in Beziehungen großen Schaden anrichten. Die Bibel sagt, wenn Sie Ihren Mund beherrschen können, dann können Sie Ihren ganzen Körper beherrschen (siehe Jakobus 3,2).

Bevor Sie vorschnell antworten, halten Sie inne und hören Sie, was der Heilige Geist über Ihre Situation zu sagen hat. Jakobus lehrte, »Jeder Mensch sei schnell zum Hören [ein bereitwilliger Zuhörer], langsam zum Reden, langsam im Sich-angegriffen-Fühlen *und* zum Zorn« (Jakobus 1,19-20; AMP). Weihen Sie heute Ihren Mund dem Dienst Gottes und gebrauchen Sie Worte, die anderen Menschen Heilung bringen.

14. SEPTEMBER

Liebe ist nicht empfindlich

Liebe (Gottes Liebe in uns) ist nicht unanständig, sie sucht nicht das Ihre, sie lässt sich nicht erbittern (sie ist nicht gereizt oder ängstlich oder ablehnend), sie rechnet das Böse nicht zu [sie schenkt erlittenem Unrecht keine Aufmerksamkeit].

1. KORINTHER 13,5 (SLT, AMP)

Die Bibel sagt, die Liebe Gottes in uns lässt sich nicht reizen. Wenn unsere Nerven allezeit blank liegen, dann brauchen wir mehr Zeit vor seinem Angesicht bevor wir uns in den Tag begeben. Unsere Tränen können bei anderen Mitgefühl hervorrufen, doch es ist besser zu geben, als immer nur zu nehmen.

Wenn Sie Ihren Tag mit Gott beginnen, bleiben Sie »gesüßt« und voller Zuversicht. Wenn Sie zuerst Ihren Geist durch seine Sanftheit und Freundlichkeit auferbauen lassen, werden Sie bereitwilliger die Beleidigungen anderer übersehen. Bitten Sie Gott, dass er Ihnen ein starkes Herz gibt, ein Herz, das bereit ist, Menschen so zu lieben, wie er es tut.

Leben Sie ausgewogen

Liebe erträgt alles, sie glaubt alles, sie hofft alles, sie erduldet alles.
1. KORINTHER 13,7 (ELB)

Wir alle werden gelegentlich emotional oder verlieren auch einmal unsere Beherrschung. Doch wenn Sie in einem dieser Bereiche nicht im Gleichgewicht sind, dann ist es sehr wichtig, die Balance wiederzufinden, wenn Sie möchten, dass Ihr Tag angenehm verläuft.

Wenn Ihre Gefühle verletzt werden, weil jemand Sie komisch anschaut, oder weil Freunde oder Familienmitglieder Ihren Geburtstag vergessen haben, dann müssen Sie mehr Zeit mit Gott verbringen. Er wird sie mit so viel Liebe und einem solchen Selbstwert füllen, dass Sie niemandem gegenüber schlecht gelaunt oder gereizt sind. Suchen Sie Gott heute von ganzem Herzen. Sprechen Sie mit ihm über Ihre Probleme und dann freuen Sie sich in der Gewissheit, dass er für Sie sorgt.

Schieben Sie nichts vor sich her

Die Frucht des [Heiligen] Geistes aber [das Werk, das seine Gegenwart in uns vollbringt] ist: Liebe, Freude (Glück), Friede, Langmut (eine ausgeglichene Gemütsverfassung, Ausdauer), Freundlichkeit, Güte (Wohlwollen), Treue, Sanftmut (Milde, Demut), Enthaltsamkeit. Gegen diese ist das Gesetz nicht gerichtet.

GALATER 5,22-23 (ELB, AMP)

Die Bibel sagt, wir sollen »Täter des Wortes und nicht nur Hörer« desselben sein (siehe Jakobus 1,22). Mit anderen Worten: Wir sollen die Lehre der Bibel in unserem Alltag anwenden.

Dinge aufzuschieben ist eines der stärksten Bollwerke gegen erlebtes Wort Gottes in unserem Leben. Es braucht Selbstbeherrschung, um etwas zu *tun;* es braucht aber auch Selbstbeherrschung, um etwas *nicht* zu tun. Selbstbeherrschung ist eine Frucht des Geistes, die in uns entsteht, wenn wir Zeit mit Gott verbringen. Bitten Sie Gott, Sie mit der Kraft der Selbstbeherrschung zu erfüllen, damit Sie die Neigung überwinden, Dinge aufzuschieben, und so ein Täter des Wortes werden.

Zerschlage Festungen

Denn die Waffen unseres Kampfes sind nicht fleischlich [Waffen aus Fleisch und Blut], sondern mächtig durch Gott zur Zerstörung von Festungen, sodass wir (...) jeden Gedanken gefangen nehmen zum Gehorsam gegen Christus (den Messias, den Gesalbten des Herrn).

2. KORINTHER 10,4-5 (SLT, AMP)

Die Bibel lehrt uns, dass Satan versucht, in unserem Leben Festungen zu bauen. Ein Erkennungszeichen dieser Festungen sind immer wiederkehrende Erlebnisse, die uns in unserem Geist niedergeschlagen sein lassen.

Wir alle wissen intuitiv, wenn etwas in unserem Leben nicht richtig läuft oder wenn etwas aus den Fugen gerät. Wenn es Ihnen auch so geht, dann suchen Sie früh das Angesicht Gottes und finden Sie heraus, was mit Ihnen los ist. Wenn sich schlechte Verhaltensweisen wiederholen, bedeutet das, dass Satan gerade dabei ist, sich in Ihrem Leben eine Festung zu bauen. Gott wird die Festungen des Teufels in Ihnen zerstören, wenn Sie seine Gegenwart suchen.

Finden Sie die Wahrheit

Und ihr werdet die Wahrheit erkennen, und die Wahrheit wird euch frei machen.
JOHANNES 8,32 (ELB)

Wenn Sie schnell wütend werden, werden Sie niemals den Tag so genießen können, wie Gott es gewollt hat. Suchen Sie den Herrn von ganzem Herzen und finden Sie heraus, was schiefläuft. Um von Dingen frei zu werden, die Sie fertig machen, müssen Sie die Wahrheit finden - die Wahrheit wird Sie immer frei machen.

Wir sind nicht immer bereit, uns der Wahrheit zu stellen, da das manchmal schmerzhaft sein kann. Manchmal zeigt sie uns, dass wir Veränderung brauchen. Wenn wir uns absolut daneben benehmen, haben wir oft viele Entschuldigungen für unser Benehmen. Aber Entschuldigungen machen uns nicht frei. Nehmen Sie Gott mit in Ihren Tag hinein; wenn Sie spüren, wie Ihr Zorn aufflackert, bitten Sie ihn, Ihnen die Wahrheit über dieses Erlebnis zu offenbaren. Die Wahrheit wird Sie immer frei machen, und Sie werden den Rest des Tages genießen können.

Werden Sie frei

Ich rief zum Herrn in meiner Not, der Herr antwortete mir und befreite mich.
PSALM 118,5 (SLT)

Wenn Ihnen auffällt, dass Sie zu einer Verabredung jedes Mal zu spät kommen (oder mindestens jedes zweite Mal), bedeutet das, dass Satan eine Festung in Ihrem Leben errichtet hat. Lassen Sie sich davon befreien, denn sonst wird der Teufel Sie beständig unter Druck setzen. Es mag ja sein, dass Sie jedes Mal, wenn Sie zu spät kommen, eine gute Erklärung dafür haben, aber etwas stimmt trotzdem nicht, wenn es Ihnen immer wieder passiert.

Bitten Sie Gott, Ihnen den Weg aus der ewigen Eile, dem Abhetzen und dem Zuspätkommen zu zeigen. Wenn Sie Ihren Tag mit Gott beginnen, fällt es Ihnen leichter, Prioritäten für den Tag festzulegen. Finden Sie die Wurzel des Problems und genießen Sie die Frucht, die Gott Ihnen durch seine Gegenwart in Ihrem Leben schenkt - pünktlich und ohne Hast und Eile.

Laufen Sie das Rennen

Ich jage auf das Ziel zu, den Kampfpreis der himmlischen Berufung Gottes in Christus Jesus.
PHILIPPER 3,14 (SLT)

Wir leben in einer Gesellschaft, die sich daran gewöhnt hat, alles zu tun, wobei man sich *gerade jetzt* gut fühlt. Doch sofortige Belohnung bringt niemals eine dauerhafte Zufriedenheit mit sich.

Wenn Sie sich durch die Kraft des Heiligen Geistes, der in Ihnen lebt, in Selbstbeherrschung üben, werden Sie sich entscheiden, die Dinge zu tun, die Sie dem Ziel, das Sie im Sinn haben, einen Schritt näherbringen. Jetzt ist die Zeit, in der Sie durch Disziplin das säen, was nötig ist, um später Ihr Ziel zu erreichen und die Belohnung zu ernten.

Paulus lehrte in 1. Korinther 9,24: »Wisst ihr nicht, dass die, welche laufen, zwar alle laufen, aber nur einer den Preis erlangt? Lauft so [euer Rennen], dass ihr ihn [den Preis] erlangt!« (SLT, AMP). Behalten Sie Ihr Ziel im Auge. Gott wird Ihnen die Gnade schenken, die Sie brauchen, um dem Ziel weiter nachzujagen.

Halten Sie sich fit

Denn Gott hat uns nicht einen Geist der Furchtsamkeit (der Feigheit, der nagenden, erdrückenden und bangen Angst) gegeben, sondern [er hat uns einen Geist gegeben, einen] der Kraft, der Liebe und des ruhigen und ausgeglichenen Denkens und der Disziplin und der Selbstbeherrschung.

2. TIMOTHEUS 1,7 (AMP)

Jeder aber, der sich an einem Wettkampf beteiligt, ist enthaltsam in *allem* (1. Korinther 9,25; SLT, Hervorhebung durch die Autorin). Das Wort *alles* in diesem Kontext ist für uns schwer zu erfassen.

Es ist wichtig, dass wir sowohl körperlich als auch geistlich und emotional Disziplin üben. Nur dann werden wir Gottes Absichten für unser Leben genießen können. Die Frucht des Geistes ist Selbstbeherrschung, die Frucht des Fleisches ist Hemmungslosigkeit.

Paulus schreibt: »... ich bezwinge [wie ein Boxer] meinen Leib [härte ihn ab, mache ihn durch beständiges Training widerstandsfähig] und beherrsche ihn, damit ich nicht anderen verkündige und selbst verwerflich werde [die Prüfung nicht bestehe, nicht anerkannt und als Heuchler zurückgewiesen werde]« (1. Korinther 9,27; SLT, AMP).

Seien Sie ein Täter des Wortes

Meine Seele rühme sich des Herrn.
PSALM 34,3 (EU)

Ich habe drei Prinzipien entdeckt, die dank täglicher Anwendung mein Leben verändert haben.

1. Dulden Sie keine Entschuldigungen mehr. Vermeiden Sie es, Dinge aufzuschieben. Ein Täter des Wortes zu sein heißt, seinen Glauben anzuwenden. Glaube ohne Werke ist tot (siehe Jakobus 2,20).

2. Schauen Sie der Wahrheit ins Gesicht, egal wie sehr es schmerzt. Wahrheit ist das Einzige auf der Welt, das uns frei macht (siehe Johannes 8,32). Gottes Wort ist voller Wahrheit. Beginnen Sie Ihren Tag mit dem Wort Gottes.

3. Hören Sie auf, in Selbstmitleid zu baden. Begreifen Sie, wer Sie in Christus sind. Sie vermögen alles durch ihn (siehe Philipper 4,13).

Freuen Sie sich über die Kraft, andere lieben zu können

Redet und handelt als solche, die durch das Gesetz der Freiheit [Christi Aussagen zu Moral und Ethik, besonders jene über die Liebe] gerichtet werden sollen!
JAKOBUS 2,12 (SLT, AMP)

Es mag sein, dass es schwerfällt, den Ausdruck »Gesetz der Freiheit« zu begreifen, da es uns so scheint, dass Gesetz und Freiheit meilenweite Gegensätze sind: Das Gesetz fordert das eine, Freiheit aber das andere. Ich meine, das Gesetz der Freiheit, von dem Jakobus schreibt (siehe Jakobus 1,25), bezieht sich auf die Freiheit der Selbstbeherrschung, denn Gott hat uns ein neues Herz gegeben, das seinem Gesetz der Liebe gehorchen *will.*

Durch dieses neue Herz, das Sie von Jesus bekommen haben, sind Sie befähigt, durch den Geist geleitet zu werden. Dieser gibt Ihnen die Kraft und macht Sie frei, andere zu lieben. Genießen Sie den Tag und erlauben Sie dem Herrn, anderen durch Sie seine Liebe zu zeigen.

Seien Sie verantwortungsbewusst

Ihr aber seid nicht im Fleisch, sondern im [Heiligen] Geist, wenn wirklich Gottes Geist in euch wohnt [er leitet und führt euch]; wer aber den [Heiligen] Geist des Christus nicht hat, der ist nicht sein [er gehört nicht zu Christus, er ist nicht wirklich ein Kind Gottes].

RÖMER 8,9 (SLT, AMP)

Römer 8,8 erklärt uns: »Die im Fleische sind [die von den Gelüsten und Impulsen ihrer fleischlichen Natur geleitet werden] können Gott nicht gefallen (oder zufriedenstellen oder ihm angenehm sein)« (SLT, AMP).

Gott möchte, dass wir ein gutes Leben haben. Heute sagt er zu uns: »Wenn ihr im Geist wandelt, werdet ihr durch ein dem Geist hingegebenes Leben von nun an Segen ernten.«

Sie sind heute für Ihre Entscheidungen verantwortlich. Sie können sich nicht für ein Leben im Fleisch entscheiden und dann erwarten, dass alles schon gut werden wird. Entscheiden Sie sich heute, der Führung des Heiligen Geistes zu folgen.

Säen Sie, was Sie ernten wollen

Sät euch Gerechtigkeit, erntet nach dem Maß der Gnade! Pflügt einen Neubruch, denn es ist Zeit, den Herrn zu suchen, bis er kommt und euch Gerechtigkeit regnen lässt!
HOSEA 10,12 (SLT)

Es gibt keine Ernte ohne eine Zeit des Säens (siehe Prediger 3,1-2). Gott kann alles umsetzen, was er sich vorgenommen hat; er hat aber ein Lebensprinzip geschaffen, das für alle gilt: »Vor der Ernte kommt die Saat.« Alles unterliegt dieser Ordnung.

Menschen, die Schwierigkeiten und Bosheiten säen, ernten diese auch. Wer Gerechtigkeit sät, wird Gnade ernten. Wenn Gott Sie um etwas bittet und Sie daraufhin Gehorsam säen, werden Sie nach dem Test der Zeit eine gute Ernte einfahren. Denken Sie daran: Was Sie *heute* säen, werden Sie *morgen* ernten.

Säen Sie reichlich

Denkt daran: Wer kärglich sät, wird auch kärglich ernten; wer reichlich sät, wird reichlich ernten.

2. KORINTHER 9,6 (EU)

Niemand erntet schon fünf Minuten nach der Saat. Wir müssen uns in Geduld üben, damit wir den Segen der Gerechtigkeit ernten. Obwohl es manchmal zehn bis 15 Jahre bis zur Ernte brauchen mag, ist Gottes Wort trotzdem wahr.

Seien Sie bereit, den Test der Zeit zu bestehen, damit Sie die Ernte genießen können, die Gott versprochen hat. Gottes Wort sagt: »Am Morgen säe deinen Samen, und am Abend lasse deine Hand nicht ruhen; denn du weißt nicht, ob dieses oder jenes gedeihen wird, oder ob beides zugleich gut wird« (Prediger 11,6; SLT). Säen Sie heute reichlich guten Samen.

Ernten Sie das gute Leben

Dies habe ich zu euch geredet, damit ihr in mir [vollkommenen] Frieden habt. In der Welt habt ihr Bedrängnis (Versuchungen, Beschwerden und Frustration); aber seid getrost [seid ermutigt, seid zuversichtlich, sicher, unbeirrt], ich habe die Welt überwunden [ich habe ihr die Macht genommen, euch zu schaden und sie für euch erobert].

JOHANNES 16,33 (SLT, AMP)

Gott zeigte mir, dass mein Leben aufgrund meiner eigenen Entscheidungen durcheinandergeraten war. Er sagte: »Joyce, du musst dich ändern. Fange an, gute Saat zu säen. Irgendwann später wirst du ernten.«

Wenn Anfechtungen Sie bedrängen, suchen Sie die Ursache nicht im Bereich von Saat und Ernte. Anfechtungen werden kommen. Doch wenn Sie dem Wort Gottes lange genug mit Ausdauer gehorchen (nicht nur fünf Minuten), werden Sie über kurz oder lang in das gute Leben, das Gott für Sie vorgesehen hat, hineinwachsen.

Pflanzen Sie sinnvoll

Irrt euch nicht (lasst euch nicht betrügen und täuschen und verführen): Gott lässt sich nicht spotten (beschimpfen, beschmutzen oder lästern durch nicht ausgeführte Vorhaben oder durch Lippenbekenntnisse oder dadurch, dass seine Prinzipien links liegen gelassen werden)! [Wenn jemand Gott täuschen will, wird er sich unweigerlich selber täuschen.] Denn was der Mensch sät, das wird er auch ernten.

GALATER 6,7 (SLT, AMP)

Wählen Sie sorgfältig Ihre Saat durch Wort und Tat. Pflanzen Sie nur das, was Sie auch ernten wollen: »Denn wer auf sein Fleisch (niedrige Motivation, Sinnlichkeit) sät, wird vom Fleisch Verderben (Verfall *und* Ruin *und* Zerstörung) ernten; wer aber auf den Geist sät, wird vom Geist ewiges Leben ernten« (Galater 6,8; ELB, AMP).

Den ganzen Tag lang haben Sie durch Ihre Taten die Gelegenheit, guten oder schlechten Samen zu säen. Wenn Ihnen das bewusst wird, können Sie Dinge in Ihrem Leben radikal ändern. Säen Sie das, was Sie später auch ernten wollen. Fangen Sie früh damit an.

Verlassen Sie sich auf Gott

Weil ich davon überzeugt bin, dass der, welcher in euch ein gutes Werk angefangen hat, es [dieses gute Werk] auch vollenden wird bis auf den Tag Jesu Christi [bis zu dem Tag seiner Wiederkunft].

PHILIPPER 1,6 (SLT, AMP)

Womit Sie heute auch zu kämpfen haben, vertrauen Sie darauf, dass der Heilige Geist Ihnen helfen wird, Ihr Leben mit Selbstbeherrschung zu leben. Die Bibel lehrt uns, dass Selbstbeherrschung eine Folge der Gegenwart des Heiligen Geistes in uns ist (siehe Galater 5,22-23).

Der Heilige Geist will Ihnen helfen, wenn es darum geht, ein Problem einzugestehen, das Sie von sich aus nicht lösen können. Dann bitten Sie Gott um Hilfe durch den Heiligen Geist.

Jesus sagte, »Siehe, ich gebe euch die Vollmacht (und Kraft) ... und [die physische und mentale Stärke und Fähigkeit] über alle Gewalt des Feindes« (Lukas 10,19; SLT, AMP).

Gottes Weg gewinnt

Wohl (glücklich, dem Glück verschrieben, beneidenswert) jedem, der den Herrn fürchtet (und ehrt und anbetet), der in seinen Wegen wandelt (und gemäß seiner Gebote lebt)!

PSALM 128,1 (SLT, AMP)

Die Bibel sagt: »Irrt euch nicht (lasst euch nicht betrügen und täuschen und verführen): Gott lässt sich nicht spotten (beschimpfen, beschmutzen oder lästern)! Denn was der Mensch sät, das wird er auch ernten« (Galater 6,7; SLT, AMP). Gottes Wort ist wahr, Gott lässt sich nicht spotten.

Selbst wenn es Ihnen so vorkommt, als ob der Feind Mauern um Sie herum gebaut hat, um Sie von Ihrer Bestimmung abzuhalten, tun Sie trotzdem weiter, was richtig ist. Der Psalmist rühmt Gott, weil er »alle seine Mauern niedergerissen und seine Festungen in Trümmer gelegt hat« (Psalm 89,41; SLT). Gott hat alles unter Kontrolle; wenn Sie heute das Richtige tun, werden Sie gesegnet werden.

Machen Sie mit dem Weitermachen weiter

Denen, die beharrlich Gutes tun und Herrlichkeit, Ehre und Unvergänglichkeit erstreben, gibt er ewiges Leben.
RÖMER 2,7 (EU)

In dem Buch der Sprüche sagt die Weisheit: »Wohl dem Menschen, der auf mich hört, indem er täglich an meiner Pforte wacht und die Pfosten meiner Türen hütet« (Sprüche 8,34; SLT). Viele Menschen scheinen von einer Sache zur nächsten zu springen, wo sie Weisheit und Beständigkeit brauchen würden.

Es ist wichtig, mit dem Weitermachen weiterzumachen: Tun Sie das, von dem Sie wissen, dass es das Richtige ist, auch wenn es außer Ihnen niemand tut. Gott ist für Sie (siehe Römer 8,31) und er kennt bereits das Ende der Geschichte. Sie werden reich beschenkt, wenn Sie ihm gehorchen.

Gehorsam bringt Erfolg

Alle Schrift ist von Gott eingegeben (durch seine Inspiration) und nützlich zur Belehrung, zur Überführung, zur Zurechtweisung (und zum Lernen im Gehorsam), zur Erziehung in der Gerechtigkeit (im Heiligungsleben, im Gleichklang mit Gottes Willen in Gedanken, Zielrichtung und Tat).

2. TIMOTHEUS 3,16 (SLT, AMP)

Die Bibel lehrt uns, dass wir das ernten werden, was wir säen. Ob wir erfolgreich sind oder versagen, hängt von unserem Gehorsam Gott gegenüber ab. Wir bitten ihn um Frucht in unserem Leben, doch nur selten beten wir für starke Wurzeln.

Das Geheimnis eines gelungenen Tages ist der Gehorsam Gott gegenüber, ganz egal worum er uns bittet. Wenn wir nicht gehorsam sind, brauchen wir uns nicht zu wundern, wenn alles im Chaos versinkt. Fühlen wir uns einsam und Gott sagt uns, wir sollen jemanden zum Kaffee einladen, wir tun es dann aber nicht, weil es uns zu viel ist, dann sind wir weiterhin einsam.

Gehorsam lässt die Frucht des Geistes in unserem Leben reifen. Graben Sie tief in Gottes Wort. Das hilft Ihnen, seinen Segen nicht zu verpassen.

Nehmen Sie Jesus als Maßstab

Er wollte, dass ... [wir uns hinentwickeln] ... zur vollen Mannesreife (eine runde und vollendete Persönlichkeit, nichts anderes als die Vollkommenheit Christi), zum Maß der vollen Größe des Christus.

EPHESER 4,12-13 (AMP)

Eines Tages verglich ich mein heutiges Benehmen mit dem von vor einiger Zeit. Aus meiner Sicht fiel der Vergleich nicht schlecht für mich aus.

Dann aber sprach Gott zu mir: »Mit wem hast du dich verglichen? Was meinst du, wie du wohl im Vergleich mit mir abschneiden wirst?« Ich sagte: »Herr, ich habe noch einen weiten Weg vor mir!«

Leben Sie nicht unter dem Maßstab, den Jesus für Sie gesetzt hat. Richten Sie Ihren Blick auf Jesus und sagen Sie ihm: »Viele wunderbare Werke hast du getan ... niemand kann sich mit dir vergleichen« (Psalm 40,6; AMP).

Empfangen Sie seine Gnade

Denn wir sind seine [eigene] Schöpfung (Kunstwerk), erschaffen [neu geboren] in Christus Jesus zu guten Werken, die Gott zuvor bereitet (geplant) hat, damit wir in ihnen wandeln sollen [Wege zu gehen, die er schon vorher vorbereitet hat, das gute Leben zu leben, das er für uns ausgedacht und geplant hat].

EPHESER 2,10 (SLT, AMP)

Die Bibel lehrt uns nicht, dass wir Selbstbeherrschung brauchen, um unseren Platz im Himmel zu sichern. Es ist Ihre Entscheidung, unbeherrscht zu reagieren, wenn Sie es für nötig halten. Die Bibel lehrt uns, dass wir an Jesus Christus als unseren Herrn und Heiland glauben müssen (siehe Römer 10,9-10).

Doch wenn Sie das gute Leben führen möchten, das sich Gott für Sie schon vor Grundlegung der Welt erdacht hat, müssen Sie sich in Selbstdisziplin üben: Tun sie einfach das, was Gottes Wort Ihnen sagt, oder was der Heilige Geist Ihnen in Ihrem Herzen deutlich macht. Gott bietet Ihnen die Gnade, ein heiliges Leben zu leben. Dadurch werden Sie in Zukunft viel Segen ernten.

Genießen Sie das gute Leben

Du hast mir Freude in mein Herz gegeben, die größer ist als ihre, wenn sie Korn und Most in Fülle haben. Ich werde mich in Frieden niederlegen und schlafen; denn du allein, Herr, lässt mich sicher wohnen.

PSALM 4,8-9 (SLT)

Gott hat sich für Sie ein gutes Leben ausgedacht und alles dafür vorbereitet. Aber Sie haben die Wahl. Entscheiden Sie sich heute, Gottes Führung zu folgen und darin zu wandeln.

Die Bibel enthält Prinzipien für dieses gute Leben. Sie ist kein Buch voller Gesetze; sie bezeugt vielmehr die innere und äußere Freiheit, ein Leben so zu leben, dass das Gute geerntet werden kann. Die Bibel ist ein Buch der Weisheit, durch das Ihnen Frieden und Freude nahegebracht werden. Wenn Sie das tun, was das Wort Gottes Ihnen sagt, wird Segen Sie verfolgen und finden, wo immer Sie sich auch aufhalten (siehe 5. Mose 28,1-2).

Wirken Sie durch Gottes Gnade

Denn die Schrift sagt zum Pharao: »Eben dazu habe ich dich aufstehen lassen, dass ich an dir meine Macht erweise, und dass mein Name verkündigt werde auf der ganzen Erde.«

RÖMER 9,17 (SLT)

Machen Sie sich auf Arbeit gefasst, wenn Sie über etwas in Ihrem Leben den Sieg haben möchten. Aber hier geht es nicht um Selbstvertrauen oder das Erreichen von Zielen durch Ihre eigene Zielstrebigkeit. Gott schenkt uns Gnade, damit wir gute Werke tun können. Gnade bedeutet jedoch nicht, dass Ihr Fleisch einen Freifahrtschein bekommt und Sie sich niederlegen können, um auszuruhen.

Sie wurden für gute Werke geschaffen, Sie sind ein Diener der Gerechtigkeit. Sie sind befähigt worden, verantwortlich zu handeln. Gott wird Ihnen beim Erreichen seiner Ziele helfen. Er hat sie befreit von der Fessel der Sünde; jetzt können Sie in Ihren Gedanken, in Ihrer Zielsetzung und in Ihren Taten mit seinem göttlichen Willen übereinstimmen (siehe Römer 6,18). Durch Gottes Gnade haben wir den Sieg. Vertrauen Sie ihm für jeden Schritt des Weges.

Entscheiden Sie sich für die Freiheit

... aber ihr seid abgewaschen (gereinigt durch eine vollständige Erlösung von Sünden und freigemacht von der Schuld der Sünde), ihr seid geheiligt (geweiht, abgesondert), ihr seid gerechtfertigt [aufgrund des Vertrauens als gerecht erklärt] worden in dem Namen des Herrn Jesus und in dem [Heiligen] Geist unseres Gottes!

1. KORINTHER 6,11 (SLT, AMP)

Der Glaubende ist frei, alles zu tun, was ihm gefällt: »Es ist mir alles erlaubt (legal - wir können tun und lassen, was uns gefällt) - aber es ist nicht alles nützlich (zweckmäßig, gewinnbringend und gesund)!« (1. Korinther 10,23; SLT, AMP).

Gott traut Ihnen zu, in der Freiheit zu leben, da er Ihnen ein neues Herz gegeben hat, ein Herz voller Sehnsucht, ihm zu gefallen. Sie brauchen sich nicht gegen Sünde und Unmoral in Ihrem Leben zu wehren, wenn Sie ihm erlauben, Ihr Herz mit seinem Geist jeden Tag zu füllen. Sie sind ein wiedergeborener, geisterfüllter Glaubender. Ihnen wurde die Freiheit gegeben, sich für ein gutes Leben zu entscheiden. Entscheiden Sie sich heute für das, was gesund, auferbauend und hilfreich ist.

Nehmen Sie Gottes Einladung an

Ich will dich unterweisen und dir den Weg zeigen, auf dem du wandeln sollst; ich will dir raten, mein Auge auf dich richten.
PSALM 32,8 (SLT)

Der Teufel liebt es, wenn die Gläubigen in die Falle der Gesetzlichkeit tappen. Wenn er es nicht schafft, uns für unser *Tun* zu verdammen, dann wird er versuchen, uns mit dem zu quälen, was wir *nicht getan haben*. Er will, dass wir uns schuldig fühlen, wenn wir nicht in der Bibel lesen oder beten. Er gaukelt uns vor, Gott habe keinen Gefallen an uns, oder Gott sei womöglich sauer auf uns, weil wir etwas *unterlassen haben*.

Gott wird uns niemals für unsere fehlende Selbstdisziplin verdammen. Er lädt uns stattdessen liebevoll ein, Zeit mit ihm zu verbringen. Der Himmel wartet auf uns, weil wir Jesus einfach vertrauen, aber das gute Leben hier auf der Erde können wir nur genießen, wenn wir so handeln, wie Jesus gehandelt hätte. Motivation für das Lesen der Bibel sollte der *Wunsch* sein, Gott näher kennenzulernen und seine Gegenwart ganz zu genießen.

Segnen Sie sich selbst

Ich liebe, die mich lieben; und die mich suchen, finden mich.
SPRÜCHE 8,17 (ELB)

Wir denken vollkommen falsch, wenn wir annehmen, wir müssten in der Bibel lesen und beten, damit wir Gott gefallen oder damit er nicht sauer auf uns ist. Der Herr hat mir einmal gesagt: »Du meinst, weil du die Bibel liest, bin ich glücklich. Ich freue mich über dich, egal ob du sie liest oder nicht. Joyce, es ist ganz anders: Wenn du die Bibel liest, bist *du* glücklich. Wenn du betest, bist *du* glücklich. Wenn du *gibst*, dann *empfängst* du.«

Alles worum er uns bittet, erbittet er nur von uns, damit wir uns selbst zum Segen sind. Er erwartet nicht von uns, dass wir uns für ihn dem Bibelstudium und dem Gebet hingeben. Wir tun das ausschließlich für uns. Das gute Leben ist deine Wahl.

Er hat's versprochen

Herr, lass mir deine Gnade widerfahren, deine Hilfe nach deinem Wort.

PSALM 119,41 (SLT)

Für manche Christen ist eine Mindestzeit für das Bibelstudium oder für persönliche Andacht ein ehernes Gesetz. Es ist aber besser, wenn wir nicht aufgrund eines Gebots, sondern aufgrund unserer Liebesbeziehung zu ihm das Wort Gottes lesen und Zeit mit ihm verbringen.

Jesus sagte: »Liebt ihr mich, so haltet meine Gebote« (Johannes 14,15; SLT). Eigentlich meinte er damit: »Wenn ihr mich liebt und Gemeinschaft mit mir habt, dann *werdet* ihr meine Gebote halten.« Wenn Sie danach streben, Gott zu lieben, wird Ihnen dieser Wunsch, seine Gebote zu halten, in Fleisch und Blut übergehen. Er hat es Ihnen versprochen.

Gott wirkt es

Verwirklicht ... eure Rettung ... [nicht durch eure eigene Kraft], denn Gott ist es, der in euch sowohl das Wollen als auch das Vollbringen wirkt [mit Energie füllt und erschafft in euch die Kraft und die Sehnsucht] nach seinem Wohlgefallen.

PHILIPPER 2,12-13 (SLT, AMP)

Das Wort Gottes spricht von Freiheit, nicht von Gesetzlichkeit, von Verheißungen, nicht von Gesetzen, und von Prinzipien für ein gutes Leben, nicht von Verdammnis. Viele leben nach christlicher Ethik ihr Leben, sind aber nicht glücklich dabei. Hier scheinen Regeln stärker im Vordergrund zu stehen als die persönliche Beziehung zu Gott.

Wenn Sie Ihr Christsein gerade so überleben, weil Sie meinen, Sie *müssen* die Bibel lesen, Sie *müssen* beten, Sie *müssen* die Frucht des Geistes ausleben, dann hören Sie auf mit diesem Denken. *Gar nichts müssen Sie tun.* Sie werden entdecken, dass Gott Ihnen Gnade schenkt, die Dinge tun zu wollen, die Ihnen durch ihn ein siegreiches Leben ermöglichen.

Ausgewogenheit bietet Sicherheit

Ein jeder nun, der diese meine Worte hört und sie tut [ihnen gehorcht], den will ich mit einem klugen (vorsichtigen, pragmatischen, weisen) Mann vergleichen, der sein Haus auf den Felsen baute.

MATTHÄUS 7,24 (SLT, AMP)

Unausgewogenheit öffnet eine Tür für den Teufel, um Menschen das gute Leben zu rauben. Der Teufel lockt sie zu einer extremen und übermäßigen Lebensführung. Er zieht alle Register, um Menschen uneffektiv zu machen: Manche entwickeln sich zu Arbeitstieren, andere zu Faultieren - was auch immer am besten funktioniert, damit sie unproduktiv bleiben. Manchen flüstert er ein, Reichtum sei erstrebenswerter als Gott; andere sind überzeugt davon, dass Armut gottgemäß ist.

Ich bin überzeugt davon, dass Ausgewogenheit der Schlüssel zu einem Leben in Sicherheit ist. Wie können wir ausgeglichen leben? Richten Sie Ihre Prioritäten an Gottes Wahrheit aus. Bauen Sie Ihr Leben auf einem festen, sicheren Fundament auf: die Gemeinschaft mit Gott und das Hören auf seine Absichten für Ihr Leben.

Leben Sie siegreich durch Sanftmut

Ich, die Weisheit, verweile bei der Klugheit, ich entdecke Erkenntnis und guten Rat.
SPRÜCHE 8,12 (EU)

Die Notwendigkeit eines ausgewogenen Lebens zeigt Gott uns auch durch die Vielfalt unserer Nahrung, die uns zur Verfügung steht. Wir brauchen jeweils etwas von jedem Grundnahrungsmittel, aber wir brauchen keines der Grundnahrungsmittel ausschließlich. Wenn wir etwas übertreiben, ist es genauso schädlich, als wenn wir etwas unterlassen.

Manche denken: *Wenn das eine gute Sache ist, dann ist mehr davon sicher noch besser.* Aber das trifft nicht immer zu. Zu viel oder zu wenig kann beides große Probleme hervorbringen. Ausgewogenheit ist der Schlüssel zu einem starken, siegreichen Leben. Bitten Sie Gott heute um Ausgewogenheit.

Lernen Sie wie man betet

Festige meine Schritte, wie du es verheißen hast. Lass kein Unrecht über mich herrschen! Erlöse mich aus der Gewalt der Menschen; dann will ich deine Befehle halten.

PSALM 119,133-134 (EU)

Es kann sein, dass Sie jeden Morgen eine Viertelstunde beten und wissen, dass Sie zum Himmel durchdringen, weil Ihre Gebete immer und immer wieder erhört werden. Wenn Sie aber dann von einer Freundin erfahren, dass sie täglich vier Stunden betet, dann denken Sie, Sie sollten auch mehr beten.

Vertrauen Sie Gott, dass er Sie individuell führt und Ihnen klarmacht, wie lange und wofür Sie insbesondere beten sollen. Zusätzlich drei Stunden und 45 Minuten im Gebet zu verharren, kann auch zum Werk des Fleisches werden, wenn sie es nur tun, um mit ihrer Freundin mitzuhalten. Es kann ohne Weiteres sein, dass Sie sich dabei schlecht und unproduktiv fühlen. Sagen Sie stattdessen lieber einfach: »Herr, lehre mich zu beten.«

Verstecken Sie seine Segnungen nicht

Und die Gnade unseres Herrn wurde über alle Maßen groß samt dem Glauben und der Liebe, die in Christus Jesus ist.

1. TIMOTHEUS 1,14 (SLT)

Gott will Sie heute segnen. Vielleicht denken Sie, Sie sollten nicht so viele schöne Dinge besitzen. Lassen Sie Ihr Denken über seine Segnungen ausgewogen sein. Er wird Ihnen zeigen, was Sie besitzen dürfen und was Sie nicht besitzen sollten. Gott segnet Sie, damit Sie ein Segen für andere sein können.

Wenn Gott sie versorgt, schöpfen Ungläubige Hoffnung: Gott ist doch treu; er versorgt die, die ihm dienen. Sie sind ein Botschafter für Christus (siehe 2. Korinther 5,20); erwarten Sie auch heute seine Versorgung und verstecken Sie seine Segnungen nicht, wenn er sie Ihnen schenkt.

Sagen Sie Gott, dass Sie ihn lieben

Wenn nun ihr, die ihr böse seid, euren Kindern gute Gaben [Gaben, die ihnen Vorteile verschaffen] zu geben versteht, wie viel mehr wird der Vater im Himmel den Heiligen Geist denen geben, die ihn bitten!

LUKAS 11,13 (SLT)

Vor einiger Zeit schickte mein Sohn mir diese SMS, während er auf Dienstreise war: »Mutti, ich hab dich lieb.« Ich freute mich sehr darüber. Später beim Einkaufen suchte ich natürlich die Gänge ab, um etwas für ihn zu kaufen. Ich wollte ihm Gutes tun und ihn wissen lassen, wie stolz ich auf ihn war.

Schicken Sie ein Gebet zu Gott und sagen Sie ihm heute, wie sehr Sie ihn lieben. Gott begegnet gern Ihren Nöten und erfüllt Ihre Wünsche. Er segnet Sie gern, wenn Sie ihm durch Ihren Gehorsam Ihre Liebe zeigen. Er ist wie ein liebender Vater. Er kann es kaum erwarten, Ihnen das zu geben, was Sie brauchen.

Erkennen Sie Gottes Wesen

Mein Gott aber wird allen euren Mangel ausfüllen (bis oben hin) nach seinem Reichtum in Herrlichkeit in Christus Jesus.
PHILIPPER 4,19 (SLT)

Es ist meine Überzeugung, dass Gott uns dahin bringen möchte, gute Saat auszusäen. Dies geschieht, indem wir bekennen, dass er höchste Priorität in unserem Leben hat. Wenn wir das umsetzen, so glaube ich, werden wir mehr von Gott empfangen, als wir dafür aufgeben müssen. Ich werde regelmäßig von Gott in diesem Bereich geprüft.

Es hat immer wieder Gelegenheiten gegeben, bei denen Gott mich bat, das Letzte was ich hatte oder das Einzige oder einfach alles für ihn zu geben. Jedes Mal, wenn ich mich darauf einließ, war ich hinterher von Gott mehr beschenkt als vorher.

Wenn Sie Gott heute Ihr Bestes anbieten, werden Sie sein Wesen erkennen; er ist *El-Shaddai* - der Gott, der mehr als genug gibt (siehe 2. Mose 6,3).

Imitieren Sie Gottes Güte

Denn du setzt ihn zum Segen für immer.
PSALM 21,7 (SLT)

Gott machte einen Bund mit Abraham. Gott segnete Abraham und bewirkte so, dass er ein Segen für andere sein konnte (siehe 1. Mose 12,2). Auch Sie sind ein Erbe der wahren Reichtümer Gottes (siehe Jakobus 1,9). Gott will, dass Sie Überfluss haben, damit Sie andere in seinem Namen segnen können. Er wartet nur darauf, dass Sie geistlich reif werden und dadurch Ihr Erbe verwalten können.

Suchen Sie Gottes Gegenwart und nähren Sie Ihre Seele mit seiner Wahrheit für Ihr Leben, bevor Sie heute zu sehr von Ihrer täglichen Routine vereinnahmt werden. Das Erleben der Nähe Gottes bringt in Ihnen den Wunsch hervor, seine Güte nachzuahmen und in seiner Fülle aufzublühen.

Lassen Sie sich nicht von Gefühlen beherrschen

Das ist mein Trost in meinem Elend, dass dein Wort mich belebt.

PSALM 119,50 (SLT)

Gott lehrte mich, dass Gefühle immer ein Teil unseres Seins sein werden; es gefällt Gott nicht, wenn wir unsere Gefühle verdrängen. Wir müssen lernen, mit ihnen umzugehen, ansonsten herrschen sie über uns.

Wenn wir uns von unseren Gefühlen leiten lassen, werden wir zerstört, da unsere Gefühle nicht immer mit Gottes Wahrheit übereinstimmen. Wir sollen im Glauben an seine Verheißungen wandeln und nicht durch Schauen, den Anschein der Dinge oder unsere Gefühle geleitet werden (siehe 2. Korinther 5,7). Nehmen Sie sich heute vor, Ihre Gefühle in Einklang mit der Wahrheit seines Wortes zu bringen.

Versuchung ist keine Sünde

An dem Tag, da ich rief, hast du mir geantwortet; du hast mir Mut verliehen, in meine Seele kam Kraft (Macht, Widerstandskraft gegen Versuchung).
PSALM 138,3 (SLT, AMP)

Die Versuchung, etwas Falsches zu tun, kann in Ihnen schreckliche Gefühle hervorbringen. Vielleicht denken Sie: *Ich sollte jetzt nicht so etwas durchmachen müssen, eigentlich sollte ich über diesem Problem stehen.* Gott hat mich gelehrt, dass Versuchung keine Sünde ist; nur wenn wir der Versuchung nachgeben, sündigen wir.

Die Bibel sagt, dass Versuchungen kommen werden. Sie sagt nicht: »Wehe dem, zu dem sie kommt«, sondern »wehe dem, durch dessen Hand sie kommt (siehe Matthäus 18,7). Jesus forderte uns auf zu beten, damit wir den Versuchungen nicht nachgeben, wenn sie kommen (siehe Lukas 22,40).

In Psalm 105,4 finden Sie eine Anleitung für einen großartigen Start in den Tag: »Fragt nach dem Herrn und nach seiner Macht (seiner Kraft und seiner Widerstandskraft gegen Versuchung), sucht [kontinuierlich] sein Angesicht allezeit!« (SLT, AMP).

Gewinnen durch Vergebung

Denn wenn ihr den Menschen ihre Verfehlungen [ihre rücksichtslosen und willentlichen Sünden] vergebt [sie loslasst, aufhört, sie dafür zu verachten], so wird euer himmlischer Vater euch auch vergeben.
MATTHÄUS 6,14 (SLT, AMP)

Mangelnde Vergebungsbereitschaft wird Ihnen den Tag ruinieren. Wenn jemand Sie verletzt, beten Sie schnell, »Gott, ich vergebe ihm im Namen Jesu.« Sollten Sie bei der nächsten Begegnung mit der Person emotional durcheinander sein, bleiben sie trotzdem bei Ihrer Entscheidung, dieser Person zu vergeben.

Beten Sie für die Person, bitten Sie Gott, Ihnen zu zeigen, wie Sie ihr Gutes tun können. Dann tun Sie das, was er Ihnen zeigt, lassen Sie seine Liebe durch Sie wirken, um den Graben zwischen Ihnen aufzufüllen. Wenn Sie Ihren Beitrag leisten, wird Gott Ihre Gefühle mit Ihrer Entscheidung in Einklang bringen und Sie werden den Rest des Tages und Ihr Leben genießen.

Seien Sie ehrlich

Du sollst nicht sagen: »Ich will Böses vergelten!«
Harre auf den Herrn, der wird dir helfen!
SPRÜCHE 20,22 (SLT)

Gott kann es aushalten, wenn Sie ihm ehrlich sagen, wie Sie sich fühlen. Es ist eher so, dass Sie erleichtert sein werden, wenn Sie ihm Ihre Gefühle mitgeteilt haben. Unterdrücken Sie Ihre Gefühle nicht. Geben Sie zu, wenn Sie ärgerlich oder verletzt sind. Versuchen Sie nicht, supergeistlich zu sein. Nur so können Sie die Heilung erfahren, die der Herr für Sie hat.

Seien Sie ehrlich vor Gott. Schmollen Sie nicht den ganzen Tag. Werden Sie sich bewusst, was in Ihnen vorgeht, und sprechen Sie mit Gott darüber. Wahrheit ist der einzige Weg in die Freiheit (siehe Johannes 8,32). Dann werden Sie den Rest des Tages genießen können.

Kommen Sie darüber hinweg

Besser offener Tadel, als Liebe, die sich nicht zeigt.
SPRÜCHE 27,5 (EU)

Verstecken Sie Ihre wahren Gefühle wie Groll oder Unvergebenheit nicht. Sie sind sonst wie ein Gefängnis für Sie. Es ist unmöglich, einen guten Tagesstart hinzulegen, wenn Sie mit dem Bewusstsein der Wunden des gestrigen Tages aufwachen. Wenn Sie dieses »emotionale Gepäck« mit sich herumschleppen, wird es Ihren Tag vergiften.

Ab und zu müssen wir Dinge konfrontieren, damit sich etwas ändert. Tun Sie das jedoch in Weisheit. Es tut natürlich gut, über das zu reden, was Sie stört. Doch bitte überschütten Sie nicht jeden, der Ihres Weges kommt, mit Ihren Gedanken und Emotionen.

Sprechen Sie mit Gott über Ihr Befinden, bevor Sie es mit jemandem besprechen. Es könnte sein, dass er Ihnen rät, mit jemandem Ihres Vertrauens darüber zu reden. Es kann aber auch sein, dass Sie so lernen sollen, ihm zu vertrauen. Dann lassen Sie die Sache einfach los.

Befassen Sie sich mit Ihren Emotionen

Behüte mich, Gott, denn ich vertraue dir.
PSALM 16,1 (EU)

Gott gab uns Gefühle. Es ist somit richtig, sich mit Ihren Gefühlen oder denen anderer auseinanderzusetzen. Tun Sie sich heute etwas Gutes und sorgen Sie so dafür, dass Ihre Gefühle gesund bleiben. Lassen Sie sich nur nicht von ihnen beherrschen.

Verwöhnen Sie sich heute mit einem heißen Bad oder einem Spaziergang im Wald. Tun Sie das, was Sie tun müssen, um sich zu entspannen. Wenn der gestrige Tag Sie erschöpft hat, lassen Sie sich geistlich und emotional erfrischen, bevor Sie diesen Tag beginnen. Verbringen Sie ein wenig Zeit allein mit Gott, hören Sie Lehrvorträge oder geistliche Lieder und füllen Sie so Ihr Herz neu. Er will Sie mit seiner Gegenwart beschenken.

Finden Sie Ihre Ausgewogenheit

Darum sollten wir desto mehr auf das achten, was wir gehört haben, damit wir nicht etwa abgleiten.
HEBRÄER 2,1 (SLT)

Wenn wir unausgewogen leben, lassen wir Satan ein Einfalltor, durch das er unser Leben zerstören kann. Menschen können in allen Lebensbereichen unausgewogen sein: von zu wenig Schlaf bis zu viel Schlaf; von häuslicher Unsauberkeit zu so viel Reinlichkeit, dass sich niemand ins Haus trauen mag.

Finden Sie Ihre Ausgewogenheit. Durch Ausgewogenheit bleibt Ihr Tag auf der Spur. Satan ist es völlig egal, ob Sie etwas unterlassen oder ob Sie etwas übertreiben, wichtig ist ihm nur, dass Sie unausgewogen sind. Nehmen Sie sich heute Zeit, sich im Gebet in Gottes Spiegel zu betrachten und bitten Sie ihn, dass er Ihnen zeigt, wie Sie ausgewogen bleiben können.

Seien Sie dankbar für Ihre Berufung

So sind auch wir, die vielen, ein Leib in Christus (dem Messias), und als Einzelne untereinander Glieder [und sind abhängig voneinander].
RÖMER 12,5 (SLT, AMP)

Seien Sie dankbar für Gottes Berufung auf Ihrem Leben. Er hat für jeden eine bestimmte Berufung. Keiner von uns ist berufen, *alles* zu tun, was getan werden muss. Doch jeder kann sich über die Aufgaben freuen, die ihm von Gott aufgetragen wurden. Dann können wir uns auch über die Werke freuen, die Gott durch andere wirkt.

Der Tag heute ist für Sie geschaffen, damit Sie in der Erkenntnis Gottes reifen und Ihre Aufgabe von Gott genießen können. Ihr Beitrag wird gebraucht. Suchen Sie Gott in der Frühe und bitten Sie ihn, Ihnen zu zeigen, wo und wie Sie Ihre Gaben einsetzen können, um anderen zu helfen.

Formulieren Sie positiv

Siehe, du verlangst nach Wahrheit im Innersten: So lass mich im Verborgenen Weisheit erkennen!
PSALM 51,8 (SLT)

Konzentrieren Sie sich an diesem Tag darauf, Worte aus Glauben heraus zu sprechen. Das was Sie bekennen, soll ehrlich sein, aber positiv formuliert. Verdrängen Sie nicht die Existenz Ihrer Umstände, aber bekennen Sie laut, was Gottes Wort über Ihre Situation sagt.

Hier ein Beispiel: Es ist einfach unehrlich, wenn sie behaupten, Sie seien nicht krank, obwohl Ihre Nase läuft, obwohl Sie husten müssen und kaum atmen können. Lernen Sie, Ihren negativen Umstand in einer positiven Art und Weise zu beschreiben. Sie könnten sagen: »Ich glaube daran, dass Gottes Heilungskraft in mir wirkt. Mein Heilungsprozess hat schon begonnen.«

Vermeiden Sie Extreme

Ergib dein Herz der Unterweisung und neige deine Ohren zu den Worten der Erkenntnis.
SPRÜCHE 23,12 (SLT)

Am Anfang meines Lebens als Christ hörte ich eine Predigt über die Kunst, den Mund zu halten. Deshalb entschloss ich mich am nächsten Tag, lieber gar nichts mehr zu sagen. Ich wollte mich durch meine Worte nicht in Schwierigkeiten bringen.

Ich schaffte es am nächsten Morgen, mehrere Stunden nichts zu sagen, bis mich jemand fragte, was mein Problem sei. War ich vielleicht sauer auf ihn! Mit der Zeit lernte ich, dass extreme Haltungen mir keinen gelungenen Tag bescheren können. Das Lesen in Gottes Wort hilft uns, in Ausgewogenheit allem zu begegnen, was der Tag so mit sich bringen mag. Das Wort sagt, dass wir ausgewogen sein sollen, weil der Teufel auf der Suche nach jemandem ist, den er verschlingen kann (siehe 1. Petrus 5,8).

Gottes Verheißungen gelten, auch wenn Sie noch nichts sehen

Und alles, was ihr im Gebet erbittet, werdet ihr erhalten, wenn ihr glaubt.
MATTHÄUS 21,22 (EU)

Gott gab Abram die Verheißung, seine Nachkommenschaft zu einer großen Nation zu machen, lange bevor die Erfüllung derselben offenbar wurde. Zwischen Verheißung und Erfüllung gab er ihm auch einen neuen Namen: aus Abram (»erhabener Vater«) wurde Abraham (»Vater einer Menge«) (siehe 1. Mose 17,1-6).

Jede Verheißung, die es im Wort Gottes gibt, kann rechtmäßig und legitim ausgesprochen werden, lange bevor sie sichtbar wird. Greifen Sie in die unsichtbare, geistliche Welt ein und ziehen Sie die Verheißungen Gottes dort heraus. Benutzen Sie dabei Ihren Mund und sprechen Sie sie in die Existenz. Lesen Sie heute Gottes Wort und sprechen Sie das aus, was der Heilige Geist Ihnen auf Ihr Herz legt.

Gottes Wort verändert Situationen

Weil wir aber denselben Geist des Glaubens haben, gemäß dem, was geschrieben steht: »Ich habe geglaubt, darum habe ich geredet«, so glauben auch wir, und darum reden wir auch.

2. KORINTHER 4,13 (SLT)

Gott schuf alles Sichtbare durch seine Worte. Gott sprach: »Es werde Licht« und es wurde Licht. Hebräer 11,3 sagt, dass alles, was sichtbar ist, aus dem Unsichtbaren entstanden ist. Gott hat für Sie in der geistlichen Welt Segnungen aufgehoben, die existent sind, auch wenn Sie sie nicht erleben sollten.

Sprechen Sie heute Positives aus und rufen Sie das, was nicht ist (was nicht sichtbar ist), über Ihr Leben aus (siehe Römer 4,17). Wenn Sie heute vor einem Problem stehen, sprechen Sie so: »Mein Problem existiert nur vorübergehend. Gottes Wort sagt, dass ich ein Überwinder bin, weil Christus mich liebt. Auch wenn ich jetzt gerade die Antwort nicht kenne, weiß ich doch, dass Gott allen meinen Nöten begegnen wird.«

Achten Sie andere höher als sich selbst

Denn jeder von uns soll seinem Nächsten gefallen (glücklich machen) zum Guten, zur Erbauung [ihn zu stärken und ihn geistlich aufzuerbauen].
RÖMER 15,2 (SLT, AMP)

Es gibt Leute, die sich »berufen« sehen, andere für ihr Tun zu kritisieren. Es ist aber oft so, dass diese Kritiker selbst überhaupt nicht mitarbeiten. Sie wollen sich selbst erhöhen, indem sie andere niedermachen.

Das Wort Gottes fordert uns auf, andere aufzubauen und sie höher zu achten als uns selbst (siehe Philipper 2,3). Vermeiden Sie den Umgang mit Leuten, die ständig andere kritisieren müssen, sonst rauben ihre negativen Aussagen Ihnen noch Ihre göttliche Begeisterung. Gott wird Sie heute möglicherweise gebrauchen, um den Glauben eines anderen zu stärken. Bitten Sie ihn heute, Ihnen offene Augen dafür zu schenken.

Lieben Sie die Wahrheit

... sondern, wahrhaftig in der Liebe, heranwachsen in allen Stücken zu ihm hin, der das Haupt ist, der Christus.
EPHESER 4,15 (SLT)

Wenn Sie Fortschritte in Ihrem Reifungsprozess machen wollen, müssen sie die Wahrheit lieben lernen. Ansonsten lassen Sie in Ihrem Leben die Tür des Betrugs für den Teufel geöffnet. Dann wird er Ihnen das wegnehmen können, was für Sie bestimmt war.

Manche Menschen finden es schwer, der Wahrheit und der Realität ins Auge zu sehen. Sie leben lieber in einer erfundenen Welt, damit sie sich nicht eingestehen müssen, dass Dinge passieren, die Ihnen nicht gefallen. Es bringt nichts, Probleme zu verdrängen oder so zu tun, als gäbe es gar keine.

Der Teufel ist real, das Leben ist real. Menschen sind real, Schmerzen sind real und Armut ist real. Aber hier ist die gute Nachricht: Es spielt keine Rolle, wie groß Ihr Problem oder wie real Ihr Schmerz ist, durch das Wort Gottes können Sie alles überwinden.

Genießen Sie den ganzen Tag

Ich will den Herrn loben von ganzem Herzen, ich will alle deine Wunder erzählen (mich erinnern und laut verkündigen).

PSALM 9,2 (SLT, AMP)

Manche Christen fühlen sich schuldig, wenn sie etwas tun, das aus ihrer Sicht nicht »geistlich« ist. Sie sehen die Notwendigkeit, sich beim Einkaufen zu beeilen und beim Saubermachen durch die Räume zu flitzen. Sie hetzen durch die anderen täglichen Aufgaben, die ihnen als nicht relevant für ihren Glauben erscheinen. Sie wollen ihre gesamte Zeit ausschließlich für etwas »Geistliches« verwenden, damit sie Gott wieder gefallen können.

Gott wollte nicht, dass Sie die weltliche Seite ihres Lebens *hassen.* Sie können ohne Weiteres *Heiligung* und Zeit mit Gott genießen, während Sie im Haushalt arbeiten, Besorgungen machen oder die Kinder irgendwo hinfahren. Ärgern Sie sich nicht über die Routine Ihres Lebens; sehen Sie vielmehr jede Aufgabe als Gelegenheit, Gott von ganzem Herzen zu dienen.

Kritisieren Sie nicht, ermutigen Sie lieber

Deshalb ermahnt einander und erbaut einer den anderen, wie ihr auch tut!

1. THESSALONICHER 5,11 (ELB)

Wir können unsere Beziehungen mit anderen enorm verbessern, wenn wir lieber ermutigen statt zu kritisieren. Es ist einfach besser, das Richtige zu tun. Christi Gerechtigkeit wohnt in Ihnen und hilft Ihnen, zu tun was richtig ist. Sie sind groß in Gottes Augen, wenn Sie sich entscheiden, das Richtige zu tun und andere zu segnen.

Egal wie hart Ihr Tag heute sein mag, ermuntern und ermutigen Sie die Menschen in Ihrer Umgebung. Loben Sie andere, wenn Sie merken, dass sie ihre Arbeit gut machen - nicht nur diejenigen, die mit Ihnen zusammenarbeiten, sondern auch alle anderen, denen Sie im Laufe des Tages begegnen - der Kassiererin, dem Automechaniker und dem Kellner. Versuchen Sie es einmal mit: »Ich danke Ihnen, dass Sie sich so sehr bemühen, um Ihre Arbeit gut zu machen.« Sie können Ihr Leben und das anderer verändern, wenn Sie sich entscheiden, Positives auszusprechen.

Bleiben Sie ausgewogen

Denn wir, die wir gläubig geworden sind, gehen in die Ruhe ein.

HEBRÄER 4,3 (SLT)

Wenn wir uns mit unseren Aufgaben übernommen und anderen zu viel versprochen haben, kann es leicht passieren, dass wir ausgebrannt, überfordert, niedergeschlagen, gestresst und müde sind. Wir sind unausgewogen, wenn wir versuchen alles zu schaffen. Wenn Ihre Aufgaben Sie erfüllen, dann machen Sie weiter so. Aber wenn Sie ermüdet sind und Ihr Pensum Ihnen den Frieden raubt, hören Sie auf damit. Es macht doch keinen Sinn, eine Aufgabe anzunehmen und während der Erledigung dieser Arbeit dann die ganze Zeit zu murren und zu klagen!

Sie werden sich nur selbst frustrieren, wenn Sie sich für alles verantwortlich fühlen. Starke Besorgnis ist eigentlich ein Zeichen dafür, dass Gott Ihnen die Aufgabe, die Sie übernommen haben, nie aufgetragen hat. Bleiben Sie ausgewogen, wenn Sie Frustration von Ihrem Leben fernhalten wollen.

Reden Sie überall mit Gott

Oder wisst Ihr nicht, dass euer Leib ein Tempel (das Allerheiligste) des in euch wohnenden Heiligen Geistes ist, den ihr von Gott [als eine Gabe] empfangen habt, und dass ihr nicht euch selbst gehört?

1. KORINTHER 6,19 (SLT, AMP)

Der Engel des Herrn sagte zu Mose: »Ziehe deine Schuhe aus von deinen Füßen, denn der Ort, wo du stehst, ist heiliges Land« (siehe 2. Mose 3,5; SLT). Der Ort war deshalb heilig, weil Gott dort war. Durch den Glauben an Jesus sind Sie nun zum Tempel des Heiligen Geistes geworden. Dadurch wird jeder Ort, an den Sie gehen, ein heiliger Ort, weil der heilige Gott in Ihnen wohnt.

Gott lebt nicht in einem Gebäude, das Sie nur einmal in der Woche besuchen dürfen, um bei ihm zu sein. Er ist bei Ihnen, egal wohin Sie gehen. Sie können mit ihm reden während Sie staubsaugen oder einen Ölwechsel machen. Wenn Sie Gott in jeden Bereich Ihres Lebens mit hineinnehmen, wird Ihr Tag spannend werden.

Beten Sie den ganzen Tag

Lass mein Gebet wie Räucherwerk gelten vor dir, das Aufheben meiner Hände wie das Abendopfer.
PSALM 141,2 (SLT)

Gott möchte im Zentrum Ihres Lebens sein: im Zentrum Ihrer Gespräche, im Zentrum Ihrer Zerstreuung, im Zentrum aller Ihrer Beziehungen. Durch Gebet rücken Sie ihn ins Zentrum ihres Lebens.

Vor einigen Jahren hätte ich Ihnen sicherlich erzählt, dass ich ungefähr eine Stunde pro Tag bete. Aber heute weiß ich gar nicht so genau, wie lange ich bete, da ich jedes Mal dann bete, wenn ich Not sehe oder mitfühle. Ich bete, während ich Auto fahre, ich bete, während ich arbeite und während ich entspanne. Manchmal höre ich mittendrin einmal auf, um Gott zu loben, und das ist auch Gebet für mich. Ich werfe meine Sorgen auf ihn und sage: »Herr, heute werde ich mir um nichts Sorgen machen, ich gebe das alles dir.« Gebet ist so natürlich wie das Atmen.

Taten der Liebe sprechen eine deutliche Sprache

Seid demütig, friedfertig und geduldig, ertragt einander in Liebe.

EPHESER 4,2 (EU)

Es ist gut, wenn die Unerlösten aus Ihrer Familie Sie beobachten können, während Sie die Bibel studieren, während Sie in den Gottesdienst gehen und während bei Ihnen die Frucht des Geistes reift. Es könnte aber die Offenheit Ihrer Familie für das Evangelium erhöhen, wenn Sie den Bedürfnissen der Familienmitglieder begegnen können. Ihrer Familie zu dienen könnte allerdings auch beinhalten, dass Sie die Teilnahme bei einem Gebetstreffen absagen, um etwas mit ihr zu unternehmen. Wie wäre es, mit Ihrem Ehepartner zum Angeln oder Einkaufen zu gehen, Ihren Sohn beim Werkeln an seinem Auto zu unterstützen oder mit Ihrer Tochter mal wieder mittags essen zu gehen?

Die Bibel lehrt, dass der natürliche Mensch den geistlichen Menschen nicht versteht (siehe 1. Korinther 2,14). Manchmal ist das Schwingen geistlicher Reden für Ungläubige nicht verständlich, Ihre Taten der Liebe dagegen sprechen eine deutliche Sprache.

Gehen Sie weise mit dem Feind um

Seid nüchtern und wacht! Denn euer Widersacher, der Teufel, geht umher wie ein brüllender Löwe und sucht, wen er verschlingen kann.
1. PETRUS 5,8 (SLT)

Satan kann nicht jeden verschlingen, den er will. Er muss zuerst jemanden finden, der ihm dafür eine Tür in seinem Leben öffnet. Eine Eingangstür für unsere Zerstörung ist unser unausgewogenes Leben. Wenn wir uns beispielsweise längere Zeit ungesund und unausgewogen ernähren, öffnen wir Haus und Hof für den Feind, um Krankheit und Not in unser Leben zu bringen.

Es ist oft so, dass der Genesungsprozess bei einem Kranken durch eine strikte Diät begünstigt wird. Durch diese Diät werden die Essgewohnheiten wieder normalisiert. Bleiben Sie ausgewogen in allem, was Sie tun. So halten Sie den Feind von Ihrer Tür fern.

Der Segen Gottes zeigt sich von innen nach außen

Darum: Ist jemand in Christus (dem Messias) [eingepfropft], so ist er eine neue Schöpfung (eine rundherum neue Kreatur); das Alte [vorheriger moralischer und geistlicher Zustand] ist vergangen, es ist alles neu geworden!
2. KORINTHER 5,17 (SLT, AMP)

Als der Herr mich mit dem Heiligen Geist taufte, hatte ich das Gefühl, ich sei mit flüssiger Liebe gefüllt worden. Er tat etwas ganz Tiefes in meinem Leben und man konnte es auch äußerlich an mir sehen. Die Veränderung, die im Inneren geschieht, hält an und wird in allem, was wir tun, erkennbar.

Deshalb können Sie kein Christ im Untergrund sein. Wenn Sie errettet worden sind, werden andere es sehen. Wenn Sie über Ihre Errettung reden, aber keine Veränderung in Ihrem Leben stattgefunden hat, ist etwas grundsätzlich verkehrt. Wenn Sie Jesus in Ihr Leben eingeladen haben, wird er Ihren Lebensstil und Ihre Haltung zum Leben verändern, damit Sie ihm ähnlicher werden. Seien Sie offen und dankbar für die Veränderungen, die er heute in Ihnen bewirken will.

Sprechen Sie über Gott - und nicht über den Teufel

Gebt dem Teufel keinen Raum in eurem Leben!
EPHESER 4,27 (NGÜ)

Gott hat einmal zu mir gesagt: »Höre auf, so viel über die Werke und Aussagen des Teufels zu sprechen. Jetzt rede *ich!* Erzähle das, was ich dir sage. Jetzt handle *ich!* Erzähle das, was *ich* gerade tue.«

Später dann sprach Gott ein Wort zu mir, das mein Leben verändert hat: »Warum studierst du nicht das Wort und schaust dir an, wie Jesus den geistlichen Kampf kämpfte?«

Ich fand heraus, dass Jesus nicht viel über den Teufel sprach oder gar lehrte. Was der Teufel sagte oder tat interessierte Jesus nicht. Er befasste sich lediglich mit ihm, indem er ihn aus dem Leben von Menschen austrieb. Er befahl ihm, den Mund zu halten. Er konfrontierte ihn mit dem Wort Gottes (siehe Lukas 4,1-13). Widerstehen Sie dem Teufel und erzählen Sie heute jemandem von den guten Dingen, die Gott gerade für Sie tut.

Lassen Sie sich nicht aus der Ruhe bringen

In seinen [Christi] Tagen wird der [kompromisslose] Gerechte blühen, und Fülle von Frieden wird sein, bis der Mond nicht mehr ist.

PSALM 72,7 (SLT, AMP)

In der Bibel werden Menschen aufgefordert, den persönlichen Frieden nicht zu verlieren, da Frieden eine Position der Macht ist. Gott ermahnt uns, wir sollen uns nicht erschüttern lassen, wenn unsere Gegner und Feinde gegen uns aufstehen. Wir sollen unerschüttert, furchtlos und ruhig bleiben. Sein Wort sagt: »Der Herr wird für euch kämpfen und ihr sollt still und ruhig sein« (2. Mose 14,14; SLT).

Egal was Ihnen heute passiert, lassen Sie sich nicht aus der Ruhe bringen; behandeln Sie Ihre Mitmenschen gut und wandeln Sie weiterhin in der Frucht des Geistes. Sie wissen ja nicht, welche Frucht an Ihnen wächst, bis jemand kommt und diese einmal so richtig untersucht. Sie wissen auch nicht, wie viel Frucht an Ihnen wächst, bis jemand sich anschickt, den ganzen Tag von Ihnen zu ernten.

Tun Sie das, was richtig ist

Vertraue auf den Herrn (lehne dich bei ihm an und fasse Mut) und tue Gutes, wohne im Land und ernähre dich von seiner Treue zu dir, und ja, dann wirst du genährt sein.

PSALM 37,3 (AMP)

Sie werden erstaunliche Resultate erleben, wenn Sie das Richtige tun. Es ist wie geistliche Kriegsführung mit Hightechwaffen! Sie bringen sich damit in eine Position, in der der Teufel Sie nicht angreifen kann. Sie haben sich nämlich entschieden, fest zu stehen und Ihre Position nicht zu verlassen.

Bleiben Sie im Glauben und vertrauen Sie auf Gott. Die Bibel sagt in Psalm 31,1-2 dass die Übeltäter, »die, die Unrecht tun (also das, was nicht recht ist oder nicht Gottes Maßstäben entspricht)«, wie Gras verdorren werden. Vertrauen Sie auf den Herrn und tun Sie Gutes, auch wenn Probleme sich auftürmen, Ihre Feinde Sie angreifen oder das Böse zum Generalangriff auf Sie ausholt.

Verlieren Sie Ihren Fokus nicht

Denn die Waffen unseres Kampfes sind nicht fleischlich [physisch, aus Fleisch und Blut], sondern mächtig durch Gott zur Zerstörung von Festungen.
2. KORINTHER 10,4 (SLT, AMP)

Manchmal verlieren wir unseren Fokus. Es mag sein, dass wir den ganzen Tag lang von Liebe erfüllt waren und alles lief wunderbar, bis jemand des Weges kam und uns verletzt hat. Sobald wir unseren Fokus der Liebe aus den Augen verlieren, machen wir keine Fortschritte mehr und erleben Stillstand: Wir fühlen uns genervt, beleidigt und verletzt.

Begreifen Sie, dass der Verstand einem Schlachtfeld gleicht. Wenn Sie Satan nicht davon abhalten, in Ihre Gedanken einzudringen, dann können Sie auch nicht verhindern, dass er in Ihrem Leben Fuß fasst. Bleiben Sie fokussiert. Bitten Sie Gott, Ihnen zu helfen, von Liebe erfüllt zu bleiben, ganz egal wer oder was Ihnen heute begegnen wird.

Auf festem Fundament gebaut

Denn einen anderen Grund kann niemand legen außer dem, der gelegt ist, welcher ist Jesus Christus.
1. KORINTHER 3,11 (ELB)

Wir können eine Menge über geistliche Methoden (oder Formeln) wissen, durch die wir Dinge empfangen, doch durch viele dieser Methoden strömt einfach keine Kraft. Kraftlose Methoden sind wie leere Behälter - nutzlos.

Ich habe viele geistliche Methoden kennengelernt und habe versucht, sie immer wieder anzuwenden, bis ich merkte, dass es gar nicht um Methoden geht. Es war so, als ob ich auf einem rissigen Fundament baute: nichts davon bestand den Test der Zeit. Wenn unsere Fundamente brüchig sind, haben wir bei jedem Sturm Probleme.

Bauen Sie Ihr Leben auf Ihre Identität in Christus. Nehmen Sie sich Zeit, über die Grundlagen des Christseins nachzudenken. Bauen Sie Ihr Leben auf das feste Fundament, dass Sie ein Erbe der Gnade Gottes und seiner unverdienten Gunst sind.

Vertrauen Sie Gott

Denn der Herr wird deine Zuversicht sein und deinen Fuß bewahren vor dem Fallstrick [vor versteckter Gefahr].
SPRÜCHE 3,26 (SLT, AMP)

Jesus wusste, woher er kam, er wusste um seinen Auftrag und er wusste, wohin er gehen würde. Wenn Sie dieses Vertrauen zu Gott haben - Sie kennen Gott und wissen um seine Absichten für Ihr Leben -, sind Sie immun gegen die Meinungen und die Kritik anderer Leute.

Sie wissen, Sie gehören Gott. Sie wissen, er hat seine Hand auf Sie gelegt. Sie wissen, er hat Sie gesalbt. Sie wissen, wozu er Sie berufen hat. Sie wissen, dass Sie ihm mit jedem Atemzug nachfolgen wollen. Und Sie wissen, wohin Sie gehen werden, wenn dieses alles hier vorbei ist. Sagen Sie: »Nichts, was mir heute passieren wird, kann mich von der Liebe Gottes und seinen Absichten für mein Leben trennen.«

Gottes Verheißungen werden erfüllt

Kinder, ihr seid aus Gott [ihr gehört ihm] und habt [schon] jene [die Boten des Antichrist] überwunden (und besiegt), weil der, welcher in euch ist, größer (mächtiger) ist als der, welcher in der Welt ist.

1. JOHANNES 4,4 (SLT, AMP)

Seien Sie sich Ihrer Identität in Christus bewusst. Begreifen Sie, dass Sie durch die Erlösung in der geistlichen Welt Kleider des Heils und einen Mantel der Gerechtigkeit erhalten haben und auch tragen (siehe Jesaja 61,10). Gott ist auf Ihrer Seite. Er ist unter Ihnen, über Ihnen, um Sie herum, mit Ihnen, für Sie und *in* Ihnen.

Der Teufel *weiß*, dass Sie zu Christus gehören, da »Gott [uns vor ihm angenehm gemacht und als die seinen anerkannt] uns auch versiegelt und das Unterpfand [und die Garantie der Erfüllung seiner Verheißung] des [Heiligen] Geistes in unsere Herzen gegeben hat« (2. Korinther 1,22; SLT, AMP).

Christsein voller Kraft

Sondern ihr werdet Kraft empfangen, wenn der Heilige Geist auf euch gekommen ist, und ihr werdet meine Zeugen sein in Jerusalem und in ganz Judäa und Samaria und bis an das Ende der Erde!

APOSTELGESCHICHTE 1,8 (SLT)

Gott hat die Erfüllung mit dem Heiligen Geist nicht nur auf einen bestimmten Teil der Christenheit limitiert. Menschen, die mit dem Heiligen Geist erfüllt worden sind, gibt es in jeder Kirche und in jeder Denomination. Es sind Menschen, die darum wissen, dass sie die Kraft des Heiligen Geistes in ihrem Innern brauchen, damit sie ein siegreiches Leben führen können.

Das Wort Gottes sagt, dass es wichtig ist, dass wir »voll Geistes und durch den Geist motiviert« werden sollen (Epheser 5,18; AMP). Es deutet an, dass wir uns zu einem geisterfüllten Leben entschließen können. Bitten Sie Gott, dass er Sie überfließend mit seinem Geist erfüllt. Er will Sie mit Kraft für den heutigen Tag ausrüsten.

Bleiben Sie in Gottes Gegenwart

Nun ragt mein Haupt hoch über meine Feinde, die um mich her sind, und ich will Jubelopfer bringen in meinem Zelt; ich will singen und spielen dem Herrn.

PSALM 27,6 (SLT)

Der Psalmist David singt von seinem größten Wunsch, alle Tage seines Lebens in der Gegenwart Gottes zu verbringen (siehe Psalm 27,4). David liebte Gott um seiner selbst willen, nicht weil er etwas für ihn tat.

Das Wort Gottes sagt, wenn wir in Gottes Gegenwart bleiben, wird er unsere Feinde besiegen und uns am Tage des Unheils verbergen (siehe Vers 5). Der Herr wacht über uns, doch wir müssen uns ihm ganz zuwenden, damit wir die Fülle seiner Gegenwart in unserem Leben genießen können. Wir müssen Gott in unseren Alltag einladen, und dann nicht vergessen, ihm für seine Güte in unserem Leben zu danken.

Trachten Sie zuerst nach Gott

Denn das Reich Gottes ist nicht [das Besorgen von] Essen und Trinken [das man mag], sondern Gerechtigkeit (der Zustand, der uns vor Gott angenehm macht), Friede [im Herzen] und Freude im Heiligen Geist; wer darin Christus dient, der ist Gott wohlgefällig und auch von Menschen geschätzt.

RÖMER 14,17-18 (SLT, AMP)

Vergessen Sie alle *Dinge*, von denen Sie meinen, dass Sie sie brauchen und geben Sie vor Gott einfach zu, dass Sie *ihn* brauchen. Trachten Sie zuerst nach dem Reich Gottes und nach seiner Gerechtigkeit, so wird Ihnen alles, was Sie brauchen, hinzugefügt werden (siehe Matthäus 6,33).

Gott kennt Ihre Anliegen schon, bevor Sie ihn um Hilfe bitten. Trachten Sie nicht nach Beförderung oder Status. Verschwenden Sie Ihr Leben nicht mit dem Versuch, reich zu werden. Suchen Sie den Einen, der reich macht. Suchen Sie den Einen, der heilt. Suchen Sie den Einen, von dem jede gute und vollkommene Gabe kommt.

Bleiben Sie treu

Und Abram glaubte (vertraute, war abhängig von, blieb beständig bei) dem Herrn, und das rechnete er ihm als Gerechtigkeit (rechter Stand vor Gott) an.

1. MOSE 15,6 (SLT, AMP)

Zeit mit Gott hilft Ihnen, stabil, ausdauernd und ruhig zu bleiben. Gott sagt, er will Sie stärken und durch Schwierigkeiten hindurchtragen (siehe Jesaja 41,10). Wenn Ihr Glaube täglich durch Gottes Gegenwart genährt wird, kann der Teufel keinen Einfluss auf Sie haben, da Sie nicht so schnell sauer werden.

Mit Gottes Wahrheit gefüllt zu sein macht es Ihnen leichter, das Leben zu leben, das Gott für Sie geplant hat. Lassen Sie Gott den Anker inmitten Ihrer tobenden Umstände sein. Bleiben Sie Gott treu.

Lassen Sie sich nicht verwickeln

Zieht die ganze Waffenrüstung Gottes an [die Rüstung eines schwer bewaffneten Soldaten, die Gott stellt], damit ihr (erfolgreich) standhalten könnt gegenüber [allen] den listigen Kunstgriffen des Teufels.
EPHESER 6,11 (SLT, AMP)

Gott hat uns berufen als Soldaten in seiner Armee. Paulus ermahnt Timotheus, dass er sich nicht in die Beschäftigungen des Lebens verwickeln lassen soll, damit er dem gefällt, der ihn in den Dienst gestellt hat (siehe 2. Timotheus 2,4). So ist es auch mit uns: Wenn wir dem Herrn dienen, sollen wir uns auf sein Werk konzentrieren und nicht auf unsere eigenen Anliegen. Wenn wir Gottes Kraft bezeugen wollen, müssen wir zuerst das tun, was er uns sagt. So zeigen wir anderen die Frucht, die aus dem Dienst für ihn entsteht (siehe Verse 6-7). Wir dienen ihm, indem wir ständig an Jesus Christus denken. Natürlich müssen wir noch unseren Alltag bestreiten, aber wir lassen nicht zu, dass die Dinge der Welt uns herunterziehen.

Es ist Gottes Kampf!

Der Engel des Herrn lagert sich um die her, die ihn fürchten [die ihn mit Ehrfurcht anbeten und verehren], und er rettet sie.

PSALM 34,8 (SLT, AMP)

Wenn im Alten Testament die Völker in den Krieg zogen, trugen sie Banner und sandten die Sänger und Lobpreiser zuerst in den Kampf. Als der Stamm Juda sang: »Dankt dem Herrn, denn seine Gnade währt ewiglich« (siehe 2. Chronik 20,21; SLT), waren die Feinde so verwirrt, dass sie sich gegenseitig angriffen und selbst ihre Niederlage herbeiführten (siehe Vers 22).

König Josaphat bereitete sich für den Kampf vor, indem er sich auf sein Angesicht warf, um Gott anzubeten (siehe Vers 18). Wenn Sie zu kämpfen haben, nehmen Sie die Position eines Kriegers ein und beten Sie Gott an. Gottes Antwort auf unsere Anbetung ist: »Fürchtet euch nicht und erschreckt nicht vor diesem großen Haufen; denn nicht eure, sondern Gottes Sache ist der Kampf« (Vers 15; SLT).

Geistlicher Kampf

Und der Friede Gottes (seelische Harmonie) regiere (fungiere als ständiger Schiedsrichter) in euren Herzen [beschließe und beruhige endgültig und auf friedvolle Art und Weise alle Fragen, die in euren Gedanken entstehen] ... und seid dankbar [wertschätzend, immer Gott lobend]!

KOLOSSER 3,15 (SLT, AMP)

Sie sind mitten im geistlichen Kampfgetümmel, wenn Sie Gott unbeirrt inmitten all Ihrer Not und Ihres Mangels loben. Wenn Sie Gott dankbar sind für das, was er für Sie getan hat und noch tun wird, dann besiegen Sie den Feind. Wenn Sie in der Mitte des Sturms Ruhe bewahren, dann kämpfen Sie mit geistlichen Waffen (siehe 2. Korinther 10,4-5). Jesus sagte: »Frieden hinterlasse ich euch; meinen Frieden gebe ich euch ... [lasst es nicht zu, dass ihr genervt und durcheinandergebracht werdet; erlaubt euch nicht, ängstlich und eingeschüchtert und feige und unruhig zu sein]« (Johannes 14,27; SLT, AMP). Jesus hat Ihnen Frieden geschenkt! Ziehen Sie ihn wie ein Kleid an und tragen Sie ihn, wohin Sie auch gehen.

Bleiben Sie standfest!

Gedenkt an das Frühere von der Urzeit her, dass ich Gott bin und keiner sonst; ein Gott, dem keiner zu vergleichen ist. Ich verkündige von Anfang an das Ende, und von der Vorzeit her, was noch nicht geschehen ist. Ich sage: Mein Ratschluss soll zustande kommen, und alles, was mir gefällt, werde ich vollbringen.

JESAJA 46,9-10 (SLT)

Es gibt manchmal Zeiten, in denen wir augenscheinlich keine Fortschritte im Glauben machen. Aber wenigstens müssen wir keine Rückschritte machen. Vielleicht wissen Sie nicht, wie Sie nach vorne stürmen können. Sie können aber fest bei dem bleiben, was Sie von Gott erkannt haben.

Sie brauchen dem Feind nicht kampflos das Feld zu überlassen. Sagen Sie stattdessen: »Dies ist das Land, das ich eingenommen habe. Teufel, ich werde mich nicht zurückziehen. Du wirst mich nicht in das Loch zurückdrängen, aus dem Gott mich herausgeholt hat. Ich werde hier durch die Kraft Gottes stehen bleiben, bis er mich rettet.«

Unterwerfen Sie sich Gott

Bei Gott allein kommt meine Seele zur Ruhe; denn von ihm kommt meine Hoffnung.

PSALM 62,6 (EU)

Jakobus 4,7-8 gibt den besten Ratschlag zu geistlicher Kampfführung: »So unterwerft euch nun Gott! Widersteht dem Teufel [stellt euch ihm entschlossen entgegen], so flieht er von euch; naht euch zu Gott, so naht er sich zu euch!« (SLT, AMP).

Wenn Sie sich vor Gott demütigen, wird er Sie erheben, hochheben und Ihr Leben bedeutungsvoll machen (siehe Verse 9-10). Gott wird Ihnen zeigen, wie Sie dem Teufel widerstehen können. Verbringen Sie Zeit in Gottes Gegenwart und setzen Sie das um, was er Ihnen sagt!

Bleiben Sie nicht zornig

Steh ab vom Zorn und lass den Grimm; erzürne dich nicht! Es entsteht nur Böses daraus.
PSALM 37,8 (SLT)

Das Wort Gottes zeigt uns noch einen anderen Weg, der Versuchung zu widerstehen: »Zürnt ihr, so sündigt nicht; die Sonne gehe nicht unter über eurem Zorn (eure Erbitterung, eure blinde Wut, eure Entrüstung)! Gebt auch nicht [einen solchen] Raum dem Teufel [gebt ihm keine Gelegenheit]« (Epheser 4,26-27; SLT, AMP).

Paulus fordert zu einem Lebensstil der Vergebung auf, damit Satan keinen Einfluss über uns gewinnt (siehe 2. Korinther 2,10-11). Wenn Sie heute jemand beleidigt hat, lassen Sie das schnell hinter sich, denn so öffnen Sie dem Teufel keine Tür. Es ist Sünde, in seinem Herzen Zorn und Bitterkeit zu bewahren. Schlafen Sie deshalb nicht wütend ein. Vergeben Sie jedem, gegen den Sie etwas haben, bevor Sie einschlafen. Sie werden befreit von Ihren falschen Herzenshaltungen und so am nächsten Morgen den neuen Tag recht beginnen.

Gehen Sie hindurch

Und wenn ich auch wanderte durchs [tiefe, sonnenlose] Tal des Todesschattens, so fürchte ich kein Unglück, denn du bist bei mir; dein Stecken [zum Schutz] und dein Stab [als Wegweiser], die trösten mich.
PSALM 23,4 (SLT, AMP)

Gott persönlich zu kennen heißt, ihm durch die schweren Zeiten unseres Lebens hindurch zu vertrauen und vor Bewährungsproben nicht wegzulaufen. Es bedeutet auch, das vertrauensvoll umzusetzen, was er uns aufgetragen hat, darin treu zu sein und zu erwarten, dass er uns mit unseren Problemen zu seiner Zeit helfen wird.

Sie begreifen die Treue und die Güte Gottes, wenn Sie das Ausmaß seines Erlösungswerks in Ihrem Leben erkennen. Diese Sicherheit gewinnen Sie nicht, wenn Sie nur ein Buch über Gott lesen. Ihr Glaube wächst immer dann, wenn Sie durch schwere Zeiten *hindurchgehen* und dabei erfahren, dass seine Gegenwart in Ihrem Leben Ihre Haltung zur aktuellen Situation verändert. Laufen Sie nicht vor Gott weg, wenn Sie durch Herausforderungen und Prüfungen gehen; suchen Sie stattdessen seine Nähe und hören Sie seiner Stimme zu, die Ihnen Sicherheit gibt.

Seien Sie entschlossen

... auch uns, die wir tot (ermordet) waren durch die Übertretungen, mit dem Christus lebendig gemacht [er gab uns das Leben Christi, dasselbe neue Leben, mit dem er ihn auferweckt hat] - aus Gnade (seine Gunst und Barmherzigkeit, die wir nicht verdient haben) seid ihr errettet (vom Gericht errettet und Teilhaber der Errettung Christi)! - und hat uns mit auferweckt und mitversetzt in die himmlischen Regionen in Christus Jesus.

EPHESER 2,5-6 (SLT, AMP)

Paulus schrieb: »Ich habe mich auf ein Ziel festgelegt - ihn und die Kraft seiner Auferstehung zu erkennen, die Kraft, die mich von den Toten auferstehen lässt, auch wenn ich jetzt noch in diesem Leib lebe« (siehe Philipper 3,10-11).

Nutzen Sie die Gelegenheit, Gott an jedem Tag ein wenig mehr kennenzulernen. Lesen Sie die Bibel, damit Sie verstehen, was er Ihnen heute offenbaren möchte. Empfangen Sie seine Gnade, die Sie aus allem Versagen der Vergangenheit herausholt. Erleben Sie, wie seine Kraft Sie in ein Leben nach seinem Maßstab hineinhebt.

Lassen Sie sich nicht verunsichern

Achtet doch auf ihn, der solchen Widerspruch von den Sündern gegen sich erduldet hat [erwägt und bedenkt alles im Vergleich mit euren Prüfungen], damit ihr nicht müde (oder erschöpft) werdet und den Mut verliert (und um Entspannung und um euren Verstand gebracht werdet)!

HEBRÄER 12,3 (SLT, AMP)

Wir haben Autorität über den Teufel erhalten, das heißt aber nicht, dass er nie versuchen wird, uns anzugreifen. Dem Teufel zu widerstehen, befreit uns noch nicht von dem eigentlichen Problem. Wir müssen uns im Glauben auf Gottes Verheißungen stellen. Wenn wir dann noch abwarten bis Gott eingreift, bewahren wir uns davor, dass wir selbst wie der Teufel draufloswerkeln.

Lassen Sie sich nicht vom Teufel verunsichern. Wenn er Ihnen heute Probleme in den Weg stellt, dann sagen Sie nur: »Das kannst du dir aus dem Kopf schlagen, Teufel! Ich bleibe nicht verletzt, bitter, verwundet oder wütend. Ich vertraue auf Gott! Ich gehöre Christus - du kannst jetzt schon wieder sehen, dass ich glücklich bin.«

Lassen Sie Christus durch Sie leben

Was ich aber jetzt im Fleisch lebe, das lebe ich im Glauben (im Festhalten, in Abhängigkeit und vollem Vertrauen) an den Sohn Gottes, der mich geliebt und sich selbst für mich hingegeben hat.

GALATER 2,20 (SLT, AMP)

Manche Menschen müssen zuerst wieder etwas verlernen, bevor sie lernen können, was Gott für sie möchte. Manche versuchen zum Beispiel, andere mit ihrem Selbstmitleid oder mit ihrem Ärger zu manipulieren. Sie setzen diese Gefühlswerkzeuge ein, um etwas von den anderen zu bekommen. Andere glauben, dass sie ganz auf sich allein gestellt sind und wollen sich deshalb zuerst um sich selbst kümmern. Verletzung oder Missbrauch ist oft die Ursache dieser Haltung.

Beide Haltungen spiegeln eine gemeinsame Angst wider: »Was wird aus mir? Wer denkt an mich?« Paulus lädt uns ein, diesem lebensverändernden Prinzip zu folgen: »Ich bin mit Christus gekreuzigt; und nun lebe ich, aber nicht mehr ich selbst, sondern Christus lebt in mir« (Galater 2,20). Lassen Sie Christus in sich leben. Sie werden jeden Tag Ihres Lebens genießen.

Vertrauen Sie Gott

Aber alle werden sich freuen, die auf dich vertrauen; ewiglich werden sie jubeln, denn du wirst sie beschirmen; und fröhlich werden sein in dir, die deinen Namen lieben!

PSALM 5,12 (SLT)

Viele Menschen, die verletzt worden sind, wissen nicht, wie sie das empfangen können, was sie wirklich brauchen. Deshalb wälzen sie sich in Selbstmitleid. Gott hat mir einmal gesagt: »Joyce, du kannst entweder voller Selbstmitleid oder voller Kraft sein. Beides zusammen ist nicht möglich.«

Erst wenn wir nicht mehr auf uns schauen, können wir zu Gott aufschauen. Dadurch erhalten wir den Glauben, dass Gott alle unsere Bedürfnisse kennt und uns helfen will. Gott weiß ganz genau, welche Bedürfnisse wir haben, und er hat versprochen, uns durch seine überfließende Gnade zu versorgen.

Bitten Sie ihn, Sie heute mit seiner Kraft zu erfüllen. Vertrauen Sie ihm als *Jahwe-Jireh*, dem Herrn, unserem Versorger (siehe 1. Mose 22,14).

Erwarten Sie Gottes Gerechtigkeit

... da ihr [mit großer Überzeugung] wisst, dass ihr von dem Herrn [und nicht von Menschen] zum [wirklichen, echten] Lohn das Erbe empfangen werdet; denn [wem] ihr [dadurch wirklich] dient [ist] Christus (der Messias), dem Herrn!

KOLOSSER 3,24 (SLT, AMP)

Gott hat als Ausgleich für den Missbrauch, den ich in meinem ersten Lebensabschnitt erlitten habe, eine reiche Belohnung in mein Leben gebracht. Heute habe ich ein wunderbares Leben. Er beschenkt mich durch das, was er für mich tut. Er öffnet mir viele Türen. Er macht mich glücklich. Er gibt mir Freude.

Wenn Sie Gott wirklich vertrauen, wird er Gerechtigkeit in Ihr Leben bringen. In Jesaja 61,7 sagt der Herr: »Die erlittene Schmach werde ich euch doppelt vergelten« (sinngemäß wiedergegeben). Glauben Sie dieser Verheißung, auch wenn Menschen Sie misshandelt haben, Sie abgelehnt oder verlassen haben. Gott hat noch viele Segnungen für Sie. Vertrauen Sie Gott für eine gute Zukunft und genießen Sie den Tag, während sie Gottes Gerechtigkeit erwarten.

Entscheiden Sie sich für Veränderung

Wir aber haben Christi Sinn.
1. KORINTHER 2,16 (ELB)

Werden Sie schnell sauer, wenn jemand Sie ungefragt kritisiert oder Ihnen sagt, wie Sie etwas besser machen können, weil Sie immer im Recht sein wollen? Wenn Sie diese Frage mit »Ja« beantwortet haben, dann bin ich mir sicher, dass Sie nicht glücklich sind. Sie können die anderen nicht verändern, aber Sie können Gott bitten, Sie so zu verändern, dass solche Dinge Ihnen nichts mehr ausmachen.

Sie können durch Christus, unseren Erlöser, lernen, Ihr Leben zu verändern. Sie können Frieden haben. Sie können die Nächte durchschlafen. Sie dürfen sich selbst mögen. Sie können Beziehungen wieder aufnehmen, die zerstört worden sind. Ihr Sinn kann so erneuert werden, dass Sie Christi Sinn haben. Lesen Sie in seinem Wort und bitten Sie ihn um Hilfe, damit sie das Leben im Überfluss erleben können. Das ist der Grund, warum er gekommen ist (siehe Johannes 10,10).

Setzen Sie Ihre Autorität gut ein

Sondern wer unter euch groß werden will, der sei euer Diener, und wer unter euch der Erste sein will, der sei euer Knecht, gleichwie der Sohn des Menschen nicht gekommen ist, um sich dienen zu lassen, sondern um zu dienen und sein Leben zu geben als Lösegeld für viele.

MATTHÄUS 20,26-28 (SLT)

Gott verlangt es danach, unsere Autorität und rechtmäßige Position in Christus wiederherzustellen. Allerdings müssen wir zuerst lernen, Autorität zu respektieren, bevor wir sie selbst ausüben.

Jeder von uns hat mit Autoritäten zu tun und Gott erwartet, dass wir uns ihnen unterordnen. Unsere Regierung, unsere Justizbeamten und sogar unsere Kaufleute haben das Recht, Regeln aufzustellen, die wir zu befolgen haben. Wenn wir uns der Autorität, die Gott eingesetzt hat, nicht unterordnen, wird unsere Haltung bald öffentlich erkennbar werden.

Bleiben Sie unter den Ordnungen Gottes und genießen Sie die Autorität, die Ihnen gegeben worden ist, in der Gegenwart Gottes zu verweilen.

Veränderung kommt durch Erkenntnis

Befiehl dem Herrn deinen Weg [rolle alle Sorge und Last auf ihn ab und ruhe darin] und vertraue auf ihn (sei abhängig von ihm, lehne dich an, sei zuversichtlich), so wird er es vollbringen.

PSALM 37,5 (SLT, AMP)

Wir können es kaum erwarten, dass unsere Umstände und unsere Beziehungen sich verändern. Doch Veränderung kommt nur durch die Erkenntnis aus dem Wort Gottes. In Hosea 4,6 sagt Gott: »Mein Volk geht zugrunde aus Mangel an Erkenntnis« (SLT).

Veränderung geschieht zuerst durch Gebet und dann durch geduldiges Warten auf Gott. Während wir darauf warten, dass Gott unsere Probleme löst, sollten wir nicht gegenüber jedermann über unsere Umstände klagen. Gott fordert uns auf, ihm zu vertrauen. Wir sollen nicht den Menschen vertrauen, die in unsere Probleme involviert sind; wir sollen ihm vertrauen. Das ist ein Unterschied. Er ist vertrauenswürdig und befreit uns aus all unseren Schwierigkeiten.

Seien Sie hilfsbereit

Der Größte aber unter euch soll euer Diener sein.
MATTHÄUS 23,11 (SLT)

Wenn wir jemandem helfen, in die Bestimmung Gottes hineinzukommen, wird Gott jemanden zu uns schicken, der uns wiederum helfen wird, in unserer Bestimmung zu leben.

Einmal bat ich einen unserer Musiker um einen Gefallen. Er antwortete: »Ich werde alles tun, worum du mich bittest. Ich bin hier, um dir zu dienen.«

Ich fragte ihn: »Aber *möchtest* du das überhaupt tun? Du musst mir nicht helfen. Ich kann auch jemand anderes bitten.«

Er sagte: »Es spielt keine Rolle für mich, ob ich das möchte oder nicht. Sage mir, was getan werden muss und ich werde es tun.« Auf ihm lag die Salbung eines Helfers und er genoss es, das zu tun, was getan werden musste.

Genießen Sie Ihren Tag. Seien Sie bereit, anderen bei dem zu helfen, was Gott ihnen aufgetragen hat.

Gelegenheit bringt Gegenwind

Wer aber hineinschaut in das vollkommene Gesetz der Freiheit und darin bleibt, dieser Mensch, der kein vergesslicher Hörer, sondern ein wirklicher Täter ist, er wird glückselig sein in seinem Tun.

JAKOBUS 1,25 (SLT)

Viele Menschen stimmen mit der Botschaft einer Predigt oder Schriftstelle überein. Sie erleben jedoch keine Veränderung, da sie das Gehörte nicht in ihrem Alltag anwenden. Sie meinen irrtümlicherweise, dass das bloße Übereinstimmen mit dem Wort Gottes in sich schon Veränderung bewirkt.

Das stimmt aber nicht, Veränderung geschieht nicht automatisch. Wir müssen *Täter* des Wortes und nicht nur Hörer des Wortes sein. Jesus sagte, »Wacht (seid sehr aufmerksam, seid vorsichtig und hellwach) und betet, damit ihr nicht in Versuchung kommt! Der Geist ist willig, aber das Fleisch ist schwach« (Matthäus 26,41; SLT, AMP). Wenn Sie eine Gelegenheit haben, Gott um Veränderung zu bitten, rechnen Sie immer auch mit Gegenwind. Beten Sie, dass Sie Versuchungen überwinden.

Genießen Sie Freiheit

Glückselig ist der Mann, der die Anfechtung erduldet; denn nachdem er sich bewährt hat, wird er die Krone des Lebens empfangen, welche der Herr denen verheißen hat, die ihn lieben.

JAKOBUS 1,12 (SLT)

Das Leben macht keine Freude, wenn wir uns von anderen nichts sagen lassen oder wenn wir sauer werden, weil keiner unsere Meinung teilt. Wenn wir uns emotional so treiben und beherrschen lassen, sind wir gebunden. Wenn Jesus uns frei gemacht hat, heißt das, dass wir frei in der Entscheidung sind, auch einmal *nicht* sauer zu werden, wenn wir etwas nicht bekommen, was wir haben wollen.

Es ist wunderschön, frei zu sein. Wir können Gott dafür danken, dass er uns Entscheidungsfreiheit in Bezug auf unsere Umstände gegeben hat, dass wir auf seine Hilfe hoffen und trotz widriger Umstände geduldig weitermachen können. Unser Leben kann jetzt glücklich, gesegnet und friedevoll sein. Wir können uns freuen, ganz egal wie unsere Umstände auch aussehen mögen.

Genießen Sie einen Neuanfang

Aber bei dir ist die Vergebung [das, was der Mensch braucht], damit man dich fürchte (und anbetet).
PSALM 130,4 (SLT, AMP)

Manchmal sagen mir Menschen, »Ich habe etwas falsch gemacht, und ich weiß nicht, ob Gott mir das jemals vergeben kann«. Selbst wenn wir schwere Fehler gemacht haben, ist bei Gott die Tür der Vergebung und des Neuanfangs immer offen. Wenn wir mit Christus einen Neuanfang gemacht haben, brauchen wir unsere Vergangenheit nicht zu beklagen. Wir müssen Buße tun und dann weitergehen. Wiederholte Buße für das gleiche Vergehen ist nicht nötig.

Wenn Sie das Wesen Gottes kennen, dann wissen Sie, dass er jede Sünde vergeben wird, egal wie schwer auch die Sünde war, denn für ihn ist Sünde gleich Sünde. Vergessen Sie nicht, Gott kann aus unseren Fehlern Wunder machen. Wenn Sie heute seine Vergebung brauchen, bekennen Sie vor Gott einfach, was Sie getan haben. Genießen Sie dann einen Neuanfang (siehe Johannes 1,9). Dieser beginnt im Moment der Vergebung.

Übernehmen Sie Verantwortung

Im Übrigen, ihr Brüder, freut euch, lasst euch zurechtbringen (seid vollkommen, vervollständigt, zu dem geworden, was ihr sein solltet), lasst euch ermahnen (und ermutigen und trösten), seid eines Sinnes [stimmt überein], haltet Frieden; so wird [dann] der Gott der Liebe [der die Quelle inniger Liebe, Güte und Milde dem Menschen gegenüber ist] und (der Urheber und Förderer) des Friedens mit euch sein!

2. KORINTHER 13,11 (SLT, AMP)

Jeder von uns muss Verantwortung für die Richtigkeit seines Handelns übernehmen, egal ob andere es genauso machen oder nicht. Wenn wir das nicht tun, kommt es zu einem Machtkampf: »Na gut, wenn du dich nicht entschuldigst, dann entschuldige ich mich auch nicht.« »Du gehst nicht freundlich mit mir um, dann brauche ich das auch nicht.« »Du hast mir ein Jahr lang kein Kompliment gemacht, dann brauche ich das auch nicht zu machen.« Diese Haltung belastet Beziehungen. Gott möchte, dass wir gegen den Strom schwimmen und den ersten Schritt tun.

Beginnen Sie etwas

Die Liebe sei ungeheuchelt (real und echt)! Hasst das Böse [hasst mit tiefem Hass alles, was gottlos ist, wendet euch mit Grausen von allem ab, was böse ist], haltet fest am Guten! In der Bruderliebe seid herzlich gegeneinander [wie Familienmitglieder]; in der Ehrerbietung komme einer dem anderen zuvor! Im Eifer lasst nicht nach, seid brennend im Geist, dient dem Herrn!

RÖMER 12,9-11 (SLT, AMP)

Stellen Sie sich vor, wir alle hätten eine Haltung zueinander, die Gott gefällt. Es würde nicht lange dauern, bis sich diese Haltung verfestigen und sich wie ein Virus ausbreiten würde. Fänden Sie es nicht auch wunderbar, wenn wir so etwas wie einen guten Virus verbreiten könnten?

Stellen Sie sich nur das Getuschel vor: »Haben Sie schon gehört? Es verbreitet sich gerade etwas Wunderbares. Sind Sie schon angesteckt worden? Es ist sehr ansteckend. Schauen Sie mal, alle Menschen um uns herum haben eine *neue Haltung* zueinander!«

Lassen Sie uns damit heute beginnen! Lassen Sie uns heute dafür entscheiden, wie Christus zu denken. Lassen Sie uns heute entscheiden, jeden zu lieben, dem wir an diesem Tag begegnen und das Wort weiterzugeben, sodass jeder es versteht.

Beginnen Sie mit Gutem

... sondern es soll eine Saat des Friedens geben: der Weinstock soll seine Frucht bringen und das Land seinen Ertrag abwerfen und der Himmel seinen Tau spenden, und dem Überrest dieses Volkes will ich dies alles zum Erbteil geben.

SACHARJA 8,12 (SLT)

Beginnen Sie diesen Tag damit, dass Sie in das Leben eines anderen etwas Gutes säen. Säen Sie Glaube für Heilung. Säen Sie Hoffnung für Wiederherstellung. Ein ernst gemeintes Kompliment kann Selbstvertrauen in jemandem bestärken, der sich nach Ermutigung sehnt. Wenn Sie während eines Streits schon vergeben können, säen Sie einen Samen, der ohne Weiteres eine Situation wie durch ein Wunder verändern könnte.

Beten Sie heute für die Not einer anderen Person. Geben Sie ein besonderes Opfer, damit heute etwas Positives im Namen des Herrn begonnen werden kann. Erinnern Sie sich bitte daran, Gott würde Sie nicht darum bitten, etwas zu säen, ohne dass er Ihnen die Gnade zum Geben schenkt. Genießen Sie die vielfache Ernte, die Sie erhalten, wenn Sie in das Leben anderer hineinsäen.

Seien Sie Gottes Diener

Der Herr aber ist der Geist; und wo der Geist des Herrn ist, da ist Freiheit (Loslösung von Gebundenheit).
2. KORINTHER 3,17 (SLT, AMP)

Paulus schrieb, dass er sich als Sklave von nichts und niemand anderem als Jesu Christi verstand: »Alles ist mir erlaubt - aber nicht alles ist nützlich. Alles ist mir erlaubt - aber ich will mich von nichts beherrschen lassen« (1. Korinther 6,12; SLT). Er schrieb auch, »Wenn ich allerdings den Menschen noch gefällig wäre, so wäre ich nicht ein Knecht des Christus« (Galater 1,10; SLT).

Wenn Sie zulassen, dass andere Menschen Kontrolle über Sie ausüben, können Sie die Berufung Gottes auf Ihrem Leben nicht erfüllen. Fürchten Sie sich nicht vor der Ablehnung durch andere. Ändern Sie deshalb nicht Ihren Fokus. Sie stehen sonst in der Gefahr, nicht das zu tun, was Gott von Ihnen möchte. Seien Sie ein Sklave nur für Gott, aber ein Diener der Menschen um seinetwillen.

Folgen Sie Jesus

Und wer seine Gebote hält [wer seinen Befehlen gehorcht und seine Pläne erfüllt, lebt und wird weiterhin leben und bei ihm wohnen], der bleibt in ihm und er in ihm [für ihn ist Christus eine Heimat und er ist das Zuhause für Christus], ...

1. JOHANNES 3,24 (SLT, AMP)

Einige Menschen wollten Jesus folgen, befürchteten aber den Ausschluss aus der Synagoge (siehe Johannes 12,42). Heute befürchten manche Menschen den Ausschluss aus ihrer Familie, ihrer Clique oder gar ihrer Kirche, wenn sie dem Herrn folgen würden.

Am Ende werden wir uns nur vor einer Person verantworten müssen - Gott. Sie wollen bestimmt nicht, dass er zu Ihnen sagen wird: »Ich hatte so viel für dich geplant, aber du hast es nicht angenommen, da es dir so wichtig war, was andere über dich dachten. Du wolltest Menschen gefallen.« Jesus ließ sich nicht von den Meinungen, Drohungen, Urteilen oder Kritiken der Menschen beeinflussen. Folgen Sie Jesus nach und genießen Sie das Leben.

Hören Sie auf Gott

Gehorche dem Rat und nimm die Zurechtweisung an, damit du künftig weise bist!
SPRÜCHE 19,20 (SLT)

Sie fragen sich vielleicht: »Woher weiß ich, wenn ich jemanden für das, was er getan hat, konfrontieren muss und wann ich es einfach loslassen soll?« Wenn Sie zu sehr darauf aus sein sollten, jemandem die Meinung zu sagen, könnte es sein, dass dieser Impuls nicht von Gott motiviert ist. Wenn wir jemanden korrigieren müssen, tun wir das in Liebe, um ihn aufzubauen und nicht um ihn niederzumachen. Beten Sie immer zuerst darüber. Erwarten Sie dann, dass Gott Ihnen deutlich sagt, was er von Ihnen möchte.

Sie müssen sich vom Geist leiten lassen. Wenn Sie den Impuls haben, mit jemandem wegen seines Benehmens zu reden, prüfen Sie bitte Ihr Motiv genau: Wollen Sie das tun, weil Sie der Person weiterhelfen möchten oder weil Sie sich einen Vorteil davon versprechen? Wenn Gott Ihnen gesagt hat, dass Sie jemanden konfrontieren sollen, könnte es sogar sein, dass Sie es am liebsten gar nicht machen würden. Sie sollten es aber dann als einen Akt des Gehorsams trotzdem tun. Doch was immer Sie tun – tun Sie es in Liebe.

Werden Sie nicht ausgebrannt

Und werdet kontinuierlich erneuert im Geist eurer Gesinnung [und erhaltet eine frische geistige und geistliche Haltung] ...
EPHESER 4,23 (AMP)

Erwarten Sie von Gott, dass er Ihnen heute etwas Neues zeigt. Manche von uns mögen keine Veränderung, doch Gott hat uns so gemacht, dass wir wenigstens ab und zu etwas Neues brauchen. Wenn wir immer und immer wieder nur dasselbe machen müssen, laufen wir innerlich leer. Gott will unser Leben spannend machen. Wir sollen ihn täglich suchen.

Überlegen Sie mal, ob Sie etwas von Ihrem Tagesablauf heute anders machen können. Sollten Sie seit dreißig Jahren ein und dieselbe Arbeitsstelle und denselben Arbeitsweg haben, finden Sie wenigstens ab und zu einmal einen neuen Weg zur Arbeit. Machen Sie heute etwas, das Neues in Ihr Leben bringt. So können Sie viele Arten der Gottesoffenbarung entdecken.

Lassen Sie sich vom Heiligen Geist leiten

Denn alle, die durch den Geist Gottes geleitet werden, die sind Söhne Gottes.
RÖMER 8,14 (SLT)

Wir leben in einer Gesellschaft, die Menschen dazu antreibt, sich in vielerlei Aktivitäten zu engagieren. Manchmal können wir uns nach so viel Aktivität kaum noch bewegen, weil wir so müde sind. Doch wir sind nicht dazu berufen, unser Leben durch Geschäftigkeit zu vergeuden.

Gott will uns nichts *aufzwingen*; er möchte uns vielmehr dadurch *leiten*, dass er in unser Herz all die Dinge hineinlegt, die wir heute für ihn machen sollen. Wenn Sie der Leitung des Heiligen Geistes folgen wollen, werden Sie »Nein« zu einigen Aktivitäten sagen müssen, zu denen Sie bisher noch »Ja« gesagt haben. Wenn das, was Sie gerade tun, Sie müde macht und auslaugt, könnte es sein, dass Sie die Salbung Gottes für diese Aufgabe nicht haben. Wenn er Sie führt, etwas zu tun, wird er Ihnen auch die Kraft und Energie zur Erfüllung Ihrer wahren Berufung schenken.

Befreien Sie Ihr Leben von dem, was Sie auslaugt. Bitten Sie Gott, dass er Ihnen hilft, Ihre wahre Berufung zu leben, damit Sie gesund weiterwachsen.

Hören Sie auf zu klagen und lassen Sie sich verändern

Es ist mir alles erlaubt [und ich habe die Freiheit, alles zu tun, was mir gefällt] - aber es ist nicht alles nützlich (ratsam, rentabel, gesund)! Es ist mir alles erlaubt - aber es [ist nicht alles konstruktiv für das Wesen und] erbaut nicht alles [das geistliche Leben]!

1. KORINTHER 10,23 (SLT, AMP)

Es gibt Menschen, die über Stress klagen, und solche, die lieber klagen, als sich verändern zu lassen. Der Gedanke, von der Hochgeschwindigkeitstretmühle des Lebens abzuspringen, ängstigt viele Menschen, besonders dann, wenn sie nicht wissen, welche Dinge sie aufgeben sollen, um die Geschwindigkeit ihres Lebens zu reduzieren.

Gott möchte, dass Sie ein schönes Leben genießen können, das sich durch einen einfachen Lebensstil, gesunden Menschenverstand und eine klare Richtung auszeichnet. So etwas erreichen Sie nur, wenn Sie Zeit mit Gott verbringen, sein Wort lesen, mit ihm reden und zuhören, wenn er Ihnen antwortet. Sollten Sie zu beschäftigt sein, um sich an jedem Tag eine Zeit der Zweisamkeit mit Gott leisten zu können, ziehen Sie Grenzen um Ihr Leben.

Ruhen Sie sich ein wenig aus

Kommt her zu mir alle, die ihr mühselig und beladen und überladen seid, so will ich euch erquicken [ich will euere Seelen erleichtern, befreien und erfrischen].

MATTHÄUS 11,28 (SLT, AMP)

Wenn uns das Leben zu sehr stresst, brauchen wir mehr als nur Gebet. Sie müssen selbst Veränderungen herbeiführen und mit allem aufhören, was den Stress verursacht. Sie können einen entspannten Umgang mit den Dingen Ihres Alltags lernen.

Jesus lädt uns ein, zu ihm zu kommen, wenn wir beladen sind. Er hat versprochen uns zu erfrischen, wenn wir müde, ausgelaugt oder überarbeitet sind. Nehmen Sie sich Zeit, um mit Jesus zu reden. Tun Sie das besonders in Zeiten, in denen Sie merken, dass Sie Ihren Frieden verloren haben und im Stress versunken sind. Lassen Sie sich durch Gottes Gegenwart erfüllen und erfrischen.

Ziehen Sie sich zurück, damit Sie nicht zusammenbrechen

Und das Werk der Gerechtigkeit wird Friede sein und der Ertrag der Gerechtigkeit Ruhe und Sicherheit für ewig.
JESAJA 32,17 (ELB)

Wenn Sie sich verpflichtet fühlen, so viel erledigen zu müssen, dass Sie an die Grenze Ihrer physischen Kräfte kommen, könnte es sein, dass Sie getrieben und nicht geführt werden. Vergessen Sie nicht: Sie müssen erst Ihre Geschäftigkeit abstellen, bevor Sie innerlich zur Ruhe kommen können. Ziehen Sie sich von allem zurück, nur dann können Sie körperlich, geistig und emotional entspannen. Gönnen Sie sich mal wieder ausreichend Schlaf.

Manchmal finden wir es reizvoll, das zu tun, was alle anderen machen, bei allem dabei zu sein, über alles Bescheid zu wissen, von allem zu hören und überall zu finden zu sein. Doch das ist nicht das, was Gott sich für Sie ausgedacht hat. Seien Sie bereit, anstrengende Tätigkeiten abzugeben, sonst brechen Sie noch zusammen! Verbringen Sie Zeit mit Gott und bitten Sie ihn, Ihnen beim Festlegen Ihrer Prioritäten zu helfen.

Machen Sie mal Pause

Kehre zurück, meine Seele, zu deiner Ruhe, denn der Herr hat dir wohlgetan!
PSALM 116,7 (SLT)

Ab und zu brauchen wir alle eine Ruhepause. Sich auszuruhen ist nicht nur eine gute Idee - es ist auch ein Gebot Gottes: »Sechs Tage sollst du deine Werke verrichten, aber am siebten Tag sollst du ruhen, damit dein Rind und dein Esel ausruhen und der Sohn deiner Magd und der Fremdling sich erholen können« (2. Mose 23,12; SLT). Der Herr fügte noch hinzu »[auch] in der Zeit des Pflügens und des Erntens sollst du ruhen« (2. Mose 34,21; SLT).

Das heißt für uns, dass wir uns an einem Tag der Woche von unserer Arbeit zurückziehen sollen, um auszuruhen. Arbeiten Sie nicht an diesem Tag, auch nicht während einer besonders intensiven Phase oder in der Hauptsaison. Weihen Sie diesen Tag Gott, um mit ihm Zeit zu verbringen und ihn anzubeten. Fangen Sie Ihre Woche richtig an und besinnen Sie sich auf das, was wirklich wichtig ist: Gott die Ehre zu geben.

Qualität macht den Unterschied

Geliebte, lasst uns einander lieben! Denn die Liebe ist (entspringt) aus Gott, und jeder, der [seine Mitmenschen] liebt, ist aus Gott geboren und erkennt [zunehmend] Gott [wahrnehmend, wiedererkennend und klare Erkenntnis über ihn erlangend].

1. JOHANNES 4,7 (SLT, AMP)

Wir glauben manchmal, je mehr wir zu tun haben, desto mehr tun wir auch für das Reich Gottes. Doch Gott sucht *Qualität* und *nicht Quantität*. Die meisten Menschen wissen eigentlich, dass sie mehr Zeit in gute Beziehungen investieren sollten.

Wenn Sie nie Zeit in eine Freundschaft investieren, wird sie sich nicht weiterentwickeln. Bitten Sie Gott, Sie an jemanden zu erinnern, dem Sie etwas Gutes tun können. Tun Sie, was er Ihnen sagt und teilen Sie auch der Person mit, dass Gott sie an sie erinnert hat.

Ausruhen ist ein Gebot Gottes

So wollen wir denn eifrig bestrebt sein, in jene Ruhe [Gottes, die wir für uns erkennen und erfahren sollen] einzugehen, damit nicht jemand als ein gleiches Beispiel des Unglaubens [und des Ungehorsams, zu dem diejenigen in der Wüste fähig waren] zu Fall kommt.

HEBRÄER 4,11 (SLT, AMP)

Arbeiten Sie nicht so viel, dass Sie Ihre Zeit mit Gott vergessen. Ausruhen ist wichtig für unseren Geist und unseren Körper. Wir dürfen unseren Bedarf an Erholung nicht ignorieren, weil Ausruhen ein Gebot Gottes ist. So wie die Gesetze bezüglich Ernährung oder Saat und Ernte können wir auch das Prinzip des Ausruhens nicht brechen, ohne den Preis unseres Ungehorsams zu bezahlen.

Paulus sandte Epaphroditus zurück nach Hause und ließ ihn berichten, dass er durch sein Werk für Christus dem Tod nahe gekommen war (siehe Philipper 2,25-30), doch Gott schenkte ihm Gnade und verschonte sein Leben. Finden Sie regelmäßig die Zeit, vor Gott abzuschalten. In den Zeiten des Ausruhens ist es sehr wahrscheinlich, dass Sie hören, was Gott Ihnen sagen will.

Ruhen Sie sich aus und lassen Sie sich erneuern

Also bleibt dem [wahren] Volk Gottes noch eine Sabbatruhe vorbehalten; denn wer in seine [Gottes] Ruhe eingegangen ist, der ruht auch selbst von seinen Werken [und der damit einhergehenden Müdigkeit und dem Schmerz], gleichwie Gott von den seinen.
HEBRÄER 4,9-10 (SLT, AMP)

Wir alle haben weit mehr Gaben und Talente, als wir einsetzen, weil wir oft so erschöpft sind, dass wir uns nicht mehr aufraffen wollen. Doch selbst Gott ruhte von seiner Arbeit. Er war nicht müde, er wollte nur seine Schöpfung genießen (siehe 1. Mose 2,1-3). Arbeiten Sie nicht die ganze Zeit, entspannen Sie sich auch hin und wieder.

Selbst der Boden braucht jeweils nach einigen Jahren eine Ruhephase, damit er weiter guten Ertrag bringt. Wenn Sie nicht ausruhen, werden Sie Ihre Produktivität einschränken und Ihre Kreativität ersticken. Sie müssen sich Gottes Absichten für Sie nicht erarbeiten; er sorgt dafür, dass sie zustande kommen (siehe Philipper 1,6). Finden Sie Ihre Ruhe in ihm.

Füllen Sie sich neu mit Energie

Leite mich in deiner Wahrheit und lehre mich, denn du bist der Gott meines Heils; auf dich harre ich allezeit.

PSALM 25,5 (SLT)

Wenn Sie schon eine längere Zeit erschöpft sind, wird dieser Zustand auch Auswirkungen auf Ihr geistliches Leben haben, da Sie sich nicht zum Gebet, zum Bibelstudium oder zum Leben in der Frucht des Geistes aufraffen können. Wenn Sie nicht mehr für die Nöte anderer offen sind, können Sie auch nichts von Gott hören.

Wenn Sie so müde sind, dann ist es an der Zeit, Ihr Leben wieder neu aufzuladen. Lösen Sie sich von den Dingen, die Sie auslaugen; tun Sie etwas nicht nur deshalb, weil andere es auch tun. Warten Sie auf Gottes Führung, ruhen Sie sich aus und genießen Sie dann Ihre Beziehung mit Gott.

Genießen Sie

Ist es dann nicht besser für den Menschen, dass er esse und trinke und seine Seele Gutes genießen lasse in seiner Mühsal? Doch habe ich gesehen, dass auch das von der Hand Gottes abhängt.

PREDIGER 2,24 (SLT)

Es gibt für uns immer etwas, das getan werden muss. Und trotzdem möchte Gott, dass wir unsere Lebensreise genießen. Wenn wir zu beschäftigt sind, blockieren wir den Fluss des Heiligen Geistes und sein Werk durch uns.

Geschäftigkeit hält uns davon ab, für das Reich Gottes Frucht zu bringen. Gott hat uns nicht hierhergestellt, damit wir arbeiten, streben, etwas anhäufen und gestresst werden. Er möchte, dass wir ihn und seine Schöpfung genießen.

Nehmen Sie sich Zeit, das zu genießen, was Gott Ihnen gegeben hat. Genießen Sie heute Ihre Familie, Ihr Zuhause und sich selbst.

Strecken Sie sich aus nach dem, was vor Ihnen liegt

Brüder, ich halte mich selbst nicht dafür, dass ich es ergriffen habe; eines aber tue ich: Ich vergesse, was dahinten ist, und strecke mich aus nach dem, was vor mir liegt, und jage auf das Ziel zu, den Kampfpreis der himmlischen Berufung Gottes in Christus Jesus.

PHILIPPER 3,13-14 (SLT)

Gott wird Sie für Ihren Auftrag salben. Wenn aber die Salbung wieder weicht, lassen Sie einfach los. Lösen Sie sich von dem, worauf früher eine Salbung war, die jetzt aber nicht mehr zu finden ist. Machen Sie nicht einfach nur weiter, weil Menschen es von Ihnen erwarten.

Beenden Sie Aktivitäten, die zwar Ihren Zeitplan füllen, aber nicht Ihr Leben bereichern. Manchmal kleben wir an Aufgaben, die Gott uns einmal gegeben hat, die für ihn aber längst erledigt sind. Bitten Sie Gott um Weisheit und lassen Sie dann von den Aufgaben ab, die er Ihnen nicht mehr aufgetragen hat. Machen Sie Raum, damit neues Leben durch das Werk Ihrer Hände aufblühen kann.

Lassen Sie Gott Ihren Terminplan bestimmen

Sondern dieses Wort habe ich ihnen befohlen: Gehorcht meiner Stimme, so will ich euer Gott sein, und ihr sollt mein Volk sein; und wandelt auf dem ganzen Weg, den ich euch gebieten werde, damit es euch wohlergehe!
JEREMIA 7,23 (SLT)

Vergessen Sie nicht, dass Sie für Ihre Terminplanung verantwortlich sind und sie auch ändern können. Beten Sie für Ihren Tag, Ihre Woche und Ihre Lebensziele. Sie werden so herausfinden, was Gott von Ihnen möchte und was er nicht möchte.

Wenn Sie nicht das tun, was Gott Ihnen aufgetragen hat, kann es passieren, dass Menschen Sie lenken und manipulieren, bis Sie das tun, was sie sich für Sie ausgedacht haben. So kann es sein, dass Sie etwas tun, wozu Sie keine Salbung haben. Wenn Sie das tun, was Gott Ihnen aufträgt, wird er Sie mit Freude, Frieden, Ruhe und wunderbaren Beziehungen beschenken.

Werden Sie Ablenkungen los

Die Zierde des Menschen ist seine Güte [und sein Ruhm und seine Freude ist das, was er gibt], ...
SPRÜCHE 19,22 (SLT, AMP)

Manchmal müssen Sie einfach Ihren Wirrwarr wegschieben, um wieder klar sehen zu können. Hier ist ein einfacher Vorschlag: Behalten Sie nicht mehr, als Sie verwalten können. Wenn Sie zu Hause so viel herumstehen haben, dass Sie Stunden brauchen, um alles abzustauben, dann trennen Sie sich von etwas.

Suchen Sie sich einen großen Karton und schreiben Sie »Segnungskiste« darauf. Fangen Sie an, überflüssige Sachen dort hineinzutun, und das Abstauben wird Ihnen bald leichter fallen. Suchen Sie sich jemanden, der nicht so viel hat wie Sie und beschenken Sie ihn. Sie werden erstaunt merken, dass es Ihnen leichter fällt, Ihren Tag richtig zu beginnen, wenn Sie nicht länger von unbrauchbaren Dingen abgelenkt werden.

Stehen Sie auf und arbeiten Sie

Und die Freundlichkeit des Herrn, unseres Gottes, sei über uns, und das Werk unserer Hände fördere du für uns, ja, das Werk unserer Hände wollest du fördern.
PSALM 90,17 (SLT)

Offensichtlich sollen wir prozentual mehr arbeiten als ausruhen. Es gibt Menschen, die nur auf dem Sofa liegen, Chips und Schokolade essen und den ganzen Tag fernsehen. Und dann wundern sie sich, dass ihr Leben ein Wrack ist.

Wenn Sie sich ausgeruht haben, stehen Sie auf und arbeiten Sie. Sie können Ihr Leben nicht beherrschen, wenn Sie noch nicht einmal die Kraft aufbringen, ein Spülbecken voller schmutziger Teller oder eine unaufgeräumte Garage im Griff zu haben. Wenn Sie im Dienst an anderen weiterkommen wollen, müssen Sie zuerst lernen, Ihr eigenes Haus ordentlich zu verwalten (siehe 1. Timotheus 3,5). Bleiben Sie heute zu Hause und putzen Sie, wenn es nötig ist. Gewinnen Sie zuerst den Kampf, Ihr Leben ordentlich zu gestalten. Danach können Sie versuchen, die ganze Welt in den Griff zu kriegen.

Der Dienst für Gott erfüllt

Du wirst dich nähren von der [Frucht der] Arbeit deiner Hände; wohl dir (gesegnet seiest du, beglückt und beneidenswert), du hast es gut!

PSALM 128,2 (SLT, AMP)

Wenn ich nach einer Ruhephase wieder bereit bin, das Werk, zu dem mich Gott berufen hat, anzupacken, dann empfinde ich eine tiefe Erfüllung. Gott bewirkt in uns das Verlangen, anderen Menschen zu dienen, egal womit wir gerade beschäftigt sind. Gott zu dienen erfordert körperliche, emotionale und geistliche Stärke.

Harte Arbeit wird belohnt, wenn Sie auf Gottes Weg gehen und anderen Menschen durch »das Werk Ihrer Hände« dienen. Deshalb ist es so wichtig, Ihren Tag mit Gott zu beginnen. Seine Gegenwart wird Sie emotional aufbauen, seine Worte werden Sie geistlich stärken und die Zeiten der Ruhe, die Sie genießen sollen, werden Ihnen helfen, körperlich zu Kräften zu kommen, damit Sie sich mit dem befassen können, was Ihnen heute über den Weg läuft.

Joyce Meyer

Über die Autorin
Joyce Meyer ist eine der weltweit bekanntesten Bibellehrerinnen. Als Bestsellerautorin hat sie mehr als 80 wegweisende Bücher geschrieben, unter anderem „Gib niemals auf“, „Powergedanken“ sowie „Das Schlachtfeld der Gedanken“. Darüber hinaus hat sie Tausende von Lehrvorträgen auf CD und DVD herausgegeben. Joyce' Radio- und Fernsehprogramme *Enjoying Everyday Life (Das Leben genießen)* werden weltweit ausgestrahlt und Joyce bereist viele Länder, um dort Konferenzen abzuhalten. Sie und ihr Mann Dave haben vier erwachsene Kinder und leben in St. Louis, Missouri, USA.

Über Joyce Meyer Ministries (JMM)

Hilfe für Arme und Leidende
Joyce und Dave Meyers zentrales Anliegen ist es, armen und verletzten Menschen in der ganzen Welt zu helfen. Darum bringt Joyce Meyer Ministries (JMM) humanitäre Hilfe in verschiedene Krisenregionen der Welt. Dies geschieht mit 15 internationalen Büros und in Zusammenarbeit mit über 50 weltweit tätigen Missionsgesellschaften und Hilfsorganisationen.
Auf diese Weise werden über 20 Millionen Mahlzeiten pro Jahr in den Hungerregionen der Welt ausgegeben, über 45 Waisenheime in armen Ländern unterhalten, Dörfer mit sauberem Trinkwasser versorgt und Tausende von Gefängnisinsassen unterstützt. Außerdem gründet und fördert JMM

Gemeinden in Ländern, wo Christen unter Verfolgung leiden, bietet medizinische Hilfe und hilft alten wie jungen Menschen in den „Gettos“ von Großstädten, wie mit dem Dream Center in St. Louis.

TV und Radio
Die *Enjoying Everyday Life (Das Leben genießen)* Sendungen werden von rund 500 Fernsehsendern und nahezu 400 Radiosendern weltweit ausgestrahlt und erreichen täglich Hunderttausende. Das Programm wird mittlerweile in viele verschiedene Sprachen übersetzt und kann sogar in der arabischen Welt empfangen werden. So wird das Evangelium täglich weltweit verbreitet.

Internet
Unter **www.joyce-meyer.de** können Sie die Sendung *Das Leben genießen* rund um die Uhr sehen. Außerdem erhalten Sie dort aktuelle Informationen, können Bücher, DVDs und CDs bestellen oder Kontakt zu uns aufnehmen. Vorträge von Joyce Meyer in anderen Sprachen finden Sie unter **tv.joycemeyer.org**

Konferenzen
Konferenzen quer durch die USA (bis zu 14 im Jahr) und auch im Ausland sind nach wie vor Joyce' Leidenschaft. Die Menschen kommen in Scharen, und Joyce predigt das Wort Gottes und gibt praktische Lebenshilfe in der ihr eigenen direkten und humorvollen Art. Gleichzeitig werden diese Konferenzen für Fernsehsendungen aufgezeichnet.

Joyce Meyers persönliches Geschenk an Sie
Als Leser dieses Buches können Sie jetzt ein kostenloses Geschenk von Joyce Meyer erhalten. Einfach diesen Gutschein-Code [BK0112] mit Ihrer Anschrift versehen und an

Joyce Meyer Ministries
Postfach 76 10 01
D-22060 Hamburg
schicken, oder ins Internet gehen unter
www.joyce-meyer.de/geschenk

Dort Adresse und Gutschein-Code eingeben, abschicken. Das Geschenk wird vierteljährlich verschickt. Wir bitten deshalb um etwas Geduld.

Weitere Bücher von Joyce Meyer

Das Schlachtfeld der Gedanken
Gewinne die Schlacht in deinem Verstand
288 Seiten, Paperback,
€ 17,– [D], 17,50 [A], CHF 23.80
ISBN 978-3-939627-00-5
Ein wahrer Bestseller. Mit diesem Buch hat Joyce Meyer Millionen geholfen, ihre Gedankenwelt in göttliche Bahnen zu lenken. Gedanken von Sorgen, Furcht und Zweifel müssen nicht mehr ihr ungehindertes Spiel mit Ihnen treiben. Fangen Sie an darüber nachzudenken, worüber Sie nachdenken, und erneuern Sie Ihr Denken mit dem Wort Gottes. Ihr Leben wird sich drastisch verändern. Die Wahrheit macht frei.

Powergedanken
12 Strategien für einen Sieg auf dem Schlachtfeld der Gedanken
336 Seiten, Paperback,
€ 17,– [D], 17,50 [A], CHF 23.80
ISBN 978-3-939627-27-2
Werden Sie immer wieder von negativen Gedanken bedrängt und können diese nur schwer abschütteln? Lassen Sie nicht länger zu, dass Ihre Gedankenwelt zu einem geistigen Schrottplatz verkommt!
In „Powergedanken" – dem Nachfolgeband zu „Das Schlachtfeld der Gedanken" – leitet Joyce Meyer Sie anhand biblischer Prinzipien an, neue Denkweisen zu entwickeln, die das Leben positiv beeinflussen.

Ich und meine große Klappe (Neuauflage)
224 Seiten, Paperback,
€ 11,– [D], 11,40 [A], CHF 15.50
ISBN 978-3-939627-28-9
Können Sie Ihr Mundwerk nur schwer im Zaum halten, wenn Alltagsprobleme und Lebensängste mal wieder überhandnehmen? Die Wahrheit ist: Sie entscheiden, welche Worte Sie aussprechen! Setzen Sie sie deshalb zu Ihrem Nutzen ein. In diesem Buch fordert Joyce Meyer Sie heraus, einen neuen Umgang mit Worten einzuüben. Bringen Sie Ihre Worte in Übereinstimmung mit dem, was Gott sagt und Sie werden anfangen, im Sieg zu leben.

Gib niemals auf

Sei fest entschlossen, die Herausforderungen des Lebens zu meistern

304 Seiten, Paperback,

€ 13,– [D], 13,40 [A], CHF 18.30

ISBN 978-3-939627-23-4

Jeder hat schon einmal versagt oder ist an einer Sache gescheitert. Wichtig ist, in diesen Momenten nicht aufzugeben, sondern die eigenen Träume und Ziele mutig weiterzuverfolgen. In diesem Buch verbindet Joyce Meyer inspirierende und verblüffende Geschichten von unterschiedlichen Menschen mit ganz praktischer Lebenshilfe und Anleitung, wie Hindernisse überwunden werden können. Ein absoluter Mutmacher, der herausfordert, aufzustehen und sich nicht unterkriegen zu lassen!

Wie man Gottes Reden hört
Erkennen Sie Gottes Stimme und treffen Sie die richtigen Entscheidungen
280 Seiten, Paperback,
€ 12,– [D], 12,40 [A], CHF 16.80
ISBN 978-3-939627-18-0
Gott möchte Sie bei allem, was Sie tun, leiten: ob bei schwerwiegenden Fragen des Lebens oder bei kleinen Herausforderungen des Alltags. Er will Sie auch seine Absichten für Ihr Leben wissen lassen. Lebensnah erklärt Joyce Meyer, welche Wege Gott wählt, um zu Ihnen zu sprechen. Gott redet gerne mit Ihnen. Und wenn Sie zuhören, werden Sie ihn hören.

Die Kraft einfachen Gebets
Wie man mit Gott über alles reden kann
320 Seiten, Paperback,
€ 16,– [D], 16,50 [A], CHF 22.50
ISBN 978-3-939627-26-5
Oft sehen wir das Gebet als ein Mittel zum Zweck. Wir beten, weil wir bestimmte Wünsche an Gott haben oder seine Hilfe bei der Lösung von Problemen benötigen. Doch mit Gott reden bedeutet mehr. In diesem Buch leitet Joyce Meyer Sie zu einem tieferen und interaktiveren Gebetsleben an, das von Ehrlichkeit und Natürlichkeit geprägt ist und dazu noch Spaß macht.

Aufbruch in ein neues Leben
Die Rundumerneuerung für Körper, Geist und Seele
304 Seiten, Paperback,
€ 14,– [D], 14,50 [A], CHF 19.60
ISBN 978-3-939627-24-1

Das Leben kann sich zu einem eintönigen Dasein entwickeln. Wo der Alltag nur noch von negativen Gedanken und ungünstigen Verhaltensmustern bestimmt wird, ist es Zeit für einen Neuanfang. Joyce Meyer erklärt in diesem Buch, welche Entscheidungen zu den ersehnten Veränderungen führen. Gleichzeitig beleuchtet sie die Zusammenhänge zwischen Körper, Geist und Seele eines Menschen. Ihre praxisorientierten Tipps ermutigen in kurzen Kapiteln dazu, konkrete Schritte in diesen drei Bereichen zu unternehmen, um eine neue Lebensqualität zu erreichen und einen tragfähigen Glauben hervorzubringen.

The Love Revolution
Lebe, liebe, handle – und verändere die Welt
272 Seiten, Paperback,
€ 11,– [D], 11,40 [A], CHF 15.50
ISBN 978-3-939627-20-3
Haben Sie die Nase voll vom Leid dieser Welt? Nichts wird sich an der Situation ändern. Außer Sie tun etwas! Die Welt braucht dringend Menschen, die eine Revolution der Liebe starten und nicht länger nur für sich selbst leben. Zusammen mit Gastautoren zeigt Joyce Meyer auf ihre unnachahmlich inspirierende, ermutigende und herausfordernde Art und Weise einen neuen Lebensstil echter Freundlichkeit und Hilfsbereitschaft auf, der nicht nur Ihr Umfeld, sondern auch Sie selbst radikal verändern wird.

Gott hören – jeden Morgen
Tägliche Andachten
400 Seiten, Hardcover,
€ 15,– [D], 15,50 [A], CHF 21.–
ISBN 978-3-939627-29-6
Wir leben in einer Zeit, die von Hektik und Lärm geprägt ist. Jeden Tag reden viele unterschiedliche Stimmen auf uns ein. Sie lenken uns ab und können verhindern, dass wir auf die wichtigste Stimme hören – die Stimme Gottes. Lassen Sie sich durch dieses Andachtsbuch von Joyce Meyer anleiten, eine engere Beziehung zu Gott aufzubauen und Verhaltensweisen einzuüben, die dabei helfen, Gottes Stimme besser zu erkennen.

Nur Mut!
Lebe leidenschaftlich und zielgerichtet
368 Seiten, Paperback,
EUR 16,50 [D], 17,– [A], CHF 23.–
ISBN 978-3-939627-25-8
Leidenschaft oder Langeweile – Sie haben die Wahl! Um jeden Morgen motiviert aufzustehen, ist es wichtig, Ziele zu haben und die von Gott gegebene Bestimmung für unser Leben zu erkennen. Gleichzeitig brauchen wir ein Herz voller Leidenschaft. In diesem Buch fordert Joyce Meyer Sie heraus, diese Dinge zu entwickeln und unproduktive Haltungen zu überwinden. Jedes Kapitel enthält außerdem praktische Tipps zur konkreten Umsetzung. Wagen Sie es!

Schreiben Sie uns!

Was hat Ihnen dieses Buch konkret gebracht? Haben Sie Anregungen? Möchten Sie Joyce Meyer Ministries etwas mitteilen? Dann schreiben Sie uns.

Joyce Meyer Ministries
Postfach 76 10 01
D-22060 Hamburg